좋은 인연 되길 바랍니다.
부자 되시고 행복하세요.

유인알 컨설팅 박 상 연

오르는 부동산
돈 되는 부동산
잘 팔리는 부동산

오르는 부동산
돈 되는 부동산
잘 팔리는 부동산

앞으로 5년 반드시 이기는 부동산 투자의 법칙

• 박상언 지음 •

한스미디어

피자와 주머니,
그리고 발상의 전환

"부동산 가격을 잡아주면 피자 한 판씩 쏘겠다."

문재인 대통령은 7월 청와대에서 열린 '기업인 간담회'에서 뼈 있는 농담을 건넸다. 정부 고위 관료들에게 전하는 의미심장한 메시지였다. 그 이후 8·2 부동산 대책이 발표되었다. 또 취임 100일 기자회견에서는 "집값이 잡히지 않으면 쓰려고 더 강력한 대책을 주머니에 넣어두고 있다"고 언급하면서 저가 매수 기회를 저울질하는 부동산 투자자들을 더 주저하게 만들었다. 피자(8·2 대책)를 더욱 확고히 감싸는 후속 대책(투기 과열 지역 추가 지정, 분양가 상한제, 보유세 인상, 전월세 안정화 대책)이 주머니 속에 있음을 내비쳐 부동산 투심을 더 얼어붙게 만든 것이다.

실제로 분양가 상한제 시행과 함께 경기도 성남시 분당구와 대구광역시 수성구가 투기 과열 지구로 추가 지정되는 내용의 '8·2 부동산 대책 후속 조치'를 단행했다. 규제로 투기 수요가 인근 지역으로 옮겨가는 풍선 효과에도 빠르게 대처해서 과도한 집값 상승 자체를 막겠다는 의지다. 인천 연수·부평구, 안양 만안·동안구, 성남 수정·중원구, 고양 일산 동·서구, 부산 전역(16개 구·군) 등 24개 지역은 집중 모니터링 지역으로 분류됐다. 이들 지역은 시장 과열 조짐이 있다고 판단되면 투기 과열 지구로 지정될 가능성이 있다. 이들 지역은 이번 8·2 대책의 대표적인 '풍선 효과' 수혜 지역으로, 집값이 단기간에 상승했지만 이번 정부의 조치로 한동안 주춤할 것이다. 여당에서도 보유세를 인상하자는 주장이 계속 나오고 있다.

그럼에도 50층 재건축이 허용된 잠실 주공5단지 호가가 다시 치솟았고 강남 재건축 아파트인 '신반포 센트럴자이'에 168 대 1의 청약 신청이 몰렸다. '래미안 강남포레스트'(개포 시영 재건축)은 평균 40 대 1의 경쟁률을 보이며 수억 원대 프리미엄이 붙었다. 또 원주기업도시가 공급한 점포 겸용 단독주택 용지에도 수십만 명이 몰려 평균 경쟁률 2천 대 1을 뛰어넘었다. 입지가 좋은 필지에는 1만 명 이상이 몰리기도 했다.

즉, 문재인 정부의 부동산 규제에도 불구하고 부동 자금은 계속 돈이 되는 곳을 노리고 있다. 부동산의 특성상 한쪽을 누르면 다른 한쪽이 부풀어 오르듯 풍선 작용을 하면서, 돈 되는 투자처가 상품과 지역을 바꾸어가며 급속히 이동할 것이다. 이 책을 집어 든 독자들은 남들보다 한두 발 빠르게 투자처를 귀신처럼 물색할 수 있을 것이다.

저성장 시대, 현재 가치와 사용 가치에 투자하라

현재 가치, 사용 가치, 미래 가치 등 이 삼박자가 잘 맞는 곳이 최고의 투자처다. 하지만 삼박자가 고루 맞는 투자처란 전문가 소리를 듣는 필자조차 정확히 짚어내기 힘들다. 그러나 문재인 정부 내내 저성장이 지속될 것으로 예상되는 지금, 불확실한 미래 가치보다는 현재 가치와 사용 가치가 우수한 곳에 투자해야 할 것이다. 즉, 앞으로 문재인 정부 내내 부동산 규제가 나올 때마다 매수 기회를 잘 포착해서 월세가 잘 나오면서도 현재 가치와 사용 가치가 우수한 곳에 투자하면 된다.

월세 수요가 많은 곳은 수요가 안정적이고 대부분 직장 가까운 도심에 위치해 실거주도 가능하다. 월세가 받쳐주기 때문에 집값이 빠질 우려도 거의 없다. 게다가 이런 곳이 수요가 많아 잘 팔리는 지역이다. 10여 년 전에 용산의 미래 가치를 보고 투자한 사람과 월세가 잘 나오는 강남의 현재 가치와 사용 가치를 보고 투자한 사람 중 누가 승자가 되었는지 잘 헤아릴 필요가 있다.

우리나라 부동산에 관심 있는 외국인들도 미래 가치보다는 철저하게 투자금 대비 얼마의 현금이 바로 들어오는지를 따져 투자한다. 마찬가지로 부동산, 특히 아파트에 대한 규제를 강화하고 있는 문재인 정부 아래에서 부동산에 접근할 때는 "시간이 지나면 막연히 개발 호재가 있으니 오르겠지"라는 생각보다는 철저하게 보수적으로 판단해야 한다. 임대수익률까지 감안해 부동산에 투자해야 하는 것이다. 저성장을 감안해 미래 가치보다는 현재 가치와 사용 가치인 월세가 잘 나오는 곳에 투자하라는 뜻이다.

발상의 전환 투자법

좋은 부동산보다 좋아질 부동산을 사는 것이 투자의 진리다. 1차적으로 지하철이나 도로가 개통되면 좋은 부동산으로 변한다. 리모델링이나 신축이 된 깔끔한 상가 건물을 비싸게 살 바에는 구축이나 허름한 상가를 사서 리모델링을 하고 이후 단정해질 상가주택을 사는 것이 고수의 투자법이다.

누구나 1층에 편의점이나 유명 프랜차이즈 커피숍이 있어 보기 좋은 상가주택에 투자하는 것을 선호한다. 하지만 이런 사람들은 안정적인 수익률을 올릴 뿐 큰돈은 벌지 못한다. 차라리 목이 안 좋지만 임차인이 있는 건물을 싸게 사서 이런 업종들을 적극 유치시켜 매년 임대료를 높게 받을 수 있으면 상가 건물 가치도 덩달아 올라간다. 월임대료를 10만원만 올릴 수 있어도 1년에 120만 원이고, 이를 통해 통상 건물 가격은 1천만 원 이상 상승한다.

필자는 거의 분기마다 프랜차이즈 박람회에 가서 유명 업체 점포 담당자나 대표들과 안면을 튼다. 이들은 프랜차이즈 신규 모집도 해야 하지만 그만큼 좋은 점포를 구하는 것도 급선무이기 때문이다. 상가 건물뿐 아니라 오피스텔, 아파트 투자도 마찬가지다.

정권 말기의 반등 기대, 길게 보고 투자하라

8·2 대책 발표 이후 일부 증권사 리서치센터는 부동산 대기 자금이 유입돼 코스피지수가 3000도 가능하다는 섣부른 예상을 내놓았

다. 하지만 2008년 글로벌 금융위기 전까지는 어느 정도 맞는 말이었을지도 모른다. 그러나 2008년 금융위기 이후에는 부동산 대기 자금과 주식 매입 자금 간 상관관계가 더 멀어지고 있다. 각종 연구 자료를 봐도 부동산 대기 자금과 주식 매입 자금 간 대체 계수는 0.2~0.3 안팎으로, 주요 국가에 비해서도 낮다. 주식 매도 자금이 부동산 매입 자금으로 유입될 가능성이 훨씬 높다. 실제로 상담을 해보면 아파트를 팔아서 주식에 투자하겠다는 분은 거의 없다.

현 정부의 아파트 관련 대책은 정권 말기까지 계속 나올 것이다. 아파트 투자 일변도에서만 벗어나면 상가, 오피스텔, 토지, 상가주택, 꼬마 빌딩 등으로 분산 투자를 할 수 있다. 따라서 투자자들은 아파트 투자에만 머무르지 말고 아파트가 아닌 그 밖의 부동산에도 신경을 바짝 써야 한다.

필자 주변의 있는 고수들은 규제가 나올 때마다 오히려 부동산을 조금씩 사들이고 있다. 문재인 정권 말기쯤 되면 다시 규제 완화 이야기가 서서히 나올 가능성을 보는 것이다. 당장 지방 선거를 앞두고 벌써부터 규제 완화 분위기가 여기저기서 나오고 있다.

전문가와 네트워크와 성공의 지름길

마침 필자의 사무실이 강남 교보문고 앞에 있는지라 필자는 최신 트렌드를 살펴보기 위해 자주 서점을 방문한다. 가보면 내용이 거의 비슷한 부동산 관련 서적들이 많다. 하지만 8·2 부동산 대책 전후에 발행된 책 또한 선별해서 읽어야 한다. 8·2 부동산 대책으로 부동산 투자 공식도 180도 달라졌기 때문이다.

그러나 시중에 있는 부동산 투자 서적을 전부 싸들고 산 속에 들어가서 수년간 '도 닦듯이 공부'를 한다고 해도 절대 부동산 전문가가 될 수는 없다. 물론 부자는 더더욱 되기 힘들다. 차라리 본인에게 도움이 되는 관련 서적을 1년에 한두 권만 깊게 보고 현장을 다니며 부동산 전문가들과 네트워크를 구축하는 편이 부동산 투자로 성공하는 지름길이다. 부동산은 이론보다 실전이 중요하다. 따라서 실제로 현장에서 뛰면서 돈 번 사람들의 말을 믿고 필요에 따라 컨설팅도 받는 것이 부자가 되는 시간을 절약해줄 것이다.

20여 년 전 회원으로 가입하신 많은 분들이 지금도 유엔알컨설팅과 가족처럼 지내고 있는 것을 필자는 큰 보람으로 여긴다. 부동산 자산 관리뿐만 아니라 자녀들 취업, 결혼 문제, 심지어 부부관계까지 상담해오기도 한다. 이 글을 읽고 있는 독자들도 유엔알과 인연을 맺어 필자와 앞으로 20년 이상 가족처럼 지내기를 바란다.

반포동 연구실에서,

백상언

8장 전문가도 모르는 6가지 시크릿 투자법 · 279

1장

앞으로 5년,
무조건 돈 되는 부동산 투자법

PRR로 투자하라

연 수익률 2~3% 전후라면 보유 OK

"10여 년 전 종로, 서대문, 중구 아파트와 용인 수지 지역 아파트 중에서 어디가 더 시세가 높았을까요?"

컨설팅을 할 때 필자는 고객들에게 10년 전 거품 가격을 판단해볼 수 있게 해당 지역의 아파트 사례를 예로 들어 설명한다. 위에서 던진 질문에 답을 하자면 당시에는 용인 집값이 종로구, 서대문구, 중구보다 훨씬 더 비쌌다. 하지만 평단가 대비 월세로 전환해보면, 즉 가치투자자 입장에서 바라보면 이는 지극히 비정상이었다.

10여 년 전 미국의 유명한 경제학자가 인천공항으로 출국하면서

했던 말 중 하나가 지금도 필자 뇌리에 박혀 있다. 당시 그는 서대문, 중구, 종로구 등 서울 중심권 아파트가 용인 아파트보다 저렴한 것이 이해가 안 된다고 했다. 도심권과 가깝고 월세도 더 높게 받을 수 있는 서대문, 중구, 종로구 아파트가 지극히 저평가되었다는 얘기였다.

당시 서대문, 중구, 종로구 일대 아파트는 임대수익률이 연 5~6%대로 우수했던 반면, 용인 일대 아파트는 연 1% 월세도 받기 힘들었다. 금리가 서서히 떨어지고 2008년 금융위기를 거치면서 서대문구, 중구, 종로구 일대 아파트의 연간 임대수익률은 연 3%로 낮아졌으나 아파트 가격은 평당 3,000만 원대로 급등했다. 반대로 용인 지역 아파트는 평당 1,700만 원에서 평당 1,000만 원대로 추락했다. 수년 전 필자가 개인적으로 회원들에게 분양권을 많이 사줬던 서울 종로구 '경희궁 자이'를 비롯해 서대문구, 중구, 종로구 등 30평대 아파트는 정부 부동산 대책에도 10억 원을 웃돈다.

부동산 규제가 집중되고 있는 강남권과 마포 일대 새 아파트를 월세로 환산하면, 연 2~3% 정도가 나오기 때문에 거품이라 부르기 힘들 뿐만 아니라 가격하방 경직성이 강해 쉽사리 가격이 떨어지지 않는다. 하지만 수도권 외곽 지역에 있는 아파트가 평당 1,000만 원 이하로 저렴하다고 해도 연 수익률이 1% 이하가 나온다면 거품이라고 할 수 있다. 선진국에 거주하는 외국인들은 아파트에 투자할 때 철저하게 수익률을 분석한다. 우리나라처럼 역세권, 개발지, 대학가 인근에 투자하는 것은 부가적인 문제다.

PRR로 살펴볼 때 우리나라 집값은 저평가

국제통화기금^{IMF}의 '글로벌 주택 동향' 집계 결과를 예로 들어보자. 이 자료에서 IMF는 2010년도 각국의 소득 대비 집값^{PIR: price-to-income ratio}을 '100포인트'로 고정하고 이후 변동 추이를 조사한 결과를 다음과 같이 내놓았다.

뉴질랜드(137)가 가장 높고, 오스트리아(126), 독일(124), 스웨덴(123) 순이었다. 미국(105)은 13위, 일본(101)은 15위였다. 한국은 조사 대상 31국 중 25위에 해당하는 86.4포인트를 기록했다. '소득 대비 집값이 7년 전과 비교해 오히려 13.4% 싸졌다'는 의미다. 한국보다 낮은 국가는 슬로베니아, 그리스, 네덜란드, 이탈리아, 폴란드, 스페인뿐이었다. 즉, IMF는 "현재 한국 집값이 장기적 관점에서 봤을 때 다른 나라보다 비싸지 않다"는 통계를 내놓은 셈이다.

임대료 대비 집값 비율^{PRR: price to rent ratio}도 마찬가지다. 한국은 93포인트로 36국 중 25위였다. 터키가 150으로 1위였고, 뉴질랜드(140), 이스라엘(133), 캐나다(133)가 뒤를 이었다. 일본·영국·미국도 109~110이었다. 다만 IMF는 별도 보고서에서 2010년 이후의 주택 시장 상황에 따라 세계 50여 개국을 '침체^{gloom}', '호황 진입'^{bust and boom}, '호황^{boom}' 이 3단계로 분류했는데, 한국은 호황에 해당하는 21국에 포함시켰다.

연소득 대비 집값을 의미하는 PIR^{price to income ratio}을 기준치로 많이

사용하는데, 우리나라 국토교통부가 2016년 발표한 PIR은 5.6배로 영국, 일본, 호주 등과 비교하면 거의 비슷하다. 세계에서 가장 집값이 높은 탓에 당나라 시절부터 열심히 밭을 갈아야 겨우 집 장만이 가능하다고까지 일컫는 중국 베이징과 선전 지역을 비롯해, 베트남 하노이, 중국 홍콩, 상하이, 영국 런던, 이탈리아 로마, 일본 도쿄 등보다 낮다. 즉, 체감상 서울 주택 가격은 높지만 과하지는 않다는 얘기다.

경제협력개발기구OECD에서 발표하는 국가별 주택매매가격지수 추이를 살펴봐도 국내 집값은 지극히 안정적이다. 국민의 일반적 시각과는 다소 괴리가 있기는 하지만, 부동산 관련 연구 결과 대부분은 국내 집값이 안정적이라는 공통된 결론을 내놓고 있다.

PER이 낮은 부동산이 투자 가치 있어

주가 수준을 나타내는 보조 지표의 한 수단인 주가수익배율PER: price earning ratio을 통해 거품을 판단하고 부동산에 투자하는 것도 좋은 방법이다. 일반적으로 주식이든 부동산이든 PER가 낮을수록 투자 가치가 좋다. PER가 낮다는 것은 그만큼 해당 자산이 그 가치에 비해 저평가되었다는 뜻이고, 반대로 높다는 것은 고평가되었다는 뜻이다. PER가 낮은, 즉 월세 수익률이 우수한 부동산은 시장 회복 시 반등 속도가 빠를뿐더러 시장이 악화될 때 떨어지는 속도도 느리다.

오르는 부동산 돈 되는 부동산 잘 팔리는 부동산

펜션, 타운하우스, 골프 회원권 같은 것을 사야 할지 고민될 때도 PER로 거품 지수를 판단하면 답이 명확해진다. 투자 금액 대비 임대 수익률이 낮은 외곽 지역 대형 아파트, 펜션, 타운하우스, 골프 회원권 등은 PER이 높다. 반면에 도심권의 전세가율이 높고 월세 전환이 원활한 중소형 아파트와 새 아파트들은 PER가 낮아 투자 수익률이 훌륭하다고 볼 수 있다.

정부의 8·2 부동산 대책 이후 보유하고 있는 아파트를 매도할지 보유할지 고민하는 다주택자의 상담이 봇물을 이루고 있다. 결론적으로 안정적으로 월세가 연 2~3% 나오는 아파트라면 우량 상가를 샀다고 생각하고 임대사업자로 등록해 중장기적으로 보유하는 것이 좋아 보인다. 반대로 월세도 잘 안 나오면서 호재도 별로 없는 아파트라면 매도하는 것이 좋다.

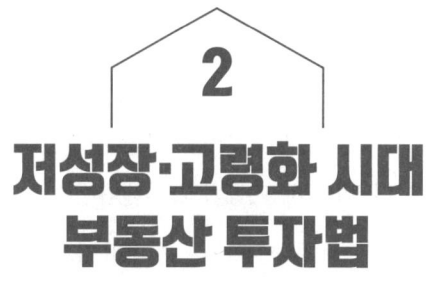

저성장·고령화 시대 부동산 투자법

부동산 규제 강할수록 핵심 부동산에 집중하라

현재 우리나라 부동산 시장을 비롯한 경제 사정은 세계 보호무역 주의로 인한 트럼프발 글로벌 리스크, 북한 핵, 중국의 사드^{THAAD} 보복, 미국 기준금리 인상이 불러올 금융 시장의 불안, 국내 가계 부채로 인한 소비 제약 심리, 부동산 규제로 인한 경기 하강 요인 발생 등 악재가 산적해 있다.

이런 상황에서 문재인 정부 임기 내내 한국 경제는 성장률 2%대에 머물 것이 거의 확실해 보인다. 현대 등과 같은 민간 경제연구소를 비롯해 국제통화기금^{IMF}도 우리나라 경제 성장률을 2%로 예상하고 있다.

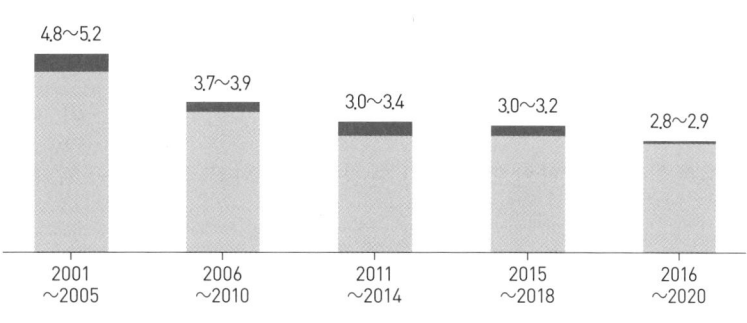

잠재 성장률 추이

단위: %

4.8~5.2 (2001~2005)
3.7~3.9 (2006~2010)
3.0~3.4 (2011~2014)
3.0~3.2 (2015~2018)
2.8~2.9 (2016~2020)

* 자료: 한국은행

실제 한국 경제의 기초체력을 의미하는 잠재 성장률은 2%대로 떨어졌다. 앞으로 한국 경제가 연간 3%대 성장을 하기는 쉽지 않다는 뜻이기도 하다. 인구 고령화와 이에 따른 노동 생산성 하락, 자본 축적 부진 등이 원인으로 꼽힌다. 한국은행이 내놓은 경제 전망 간담회 발표에 따르면, 2016~2020년 우리나라 잠재 성장률은 연평균 2.8~2.9%로 추정된다고 한다. 한국은행이 잠재 성장률 추정치를 2%대로 공식 발표한 것은 이번이 처음이다. 잠재 성장률은 자본과 노동 등 생산 요소를 최대한 사용해 물가 상승과 같은 부작용을 유발하지 않고 이루어낼 수 있는 최대 성장률을 가리킨다. 한국은행이 2016년 초에 발표한 우리나라 잠재 성장률은 연평균 3.0~3.2%(2015~2018년) 였다.

앞으로 우리나라는 인구 고령화가 빠르게 진행되면서 잠재 성장률이 더욱 빠르게 하락할 우려가 있다. 이미 민간 연구기관에서는 2016년부터 잠재 성장률을 2%대로 낮춰서 보고 있는 상태다. 경제 성장을 주도했던 조선, 해운, 전기·전자 등 주력 업종의 위세가 예전 같지 않은 데다, 최근 수출이 다소 회복세를 보이고는 있지만 이 또한 보호무역주의의 확산으로 교역 환경이 악화되고 있는 점도 영향이 있다.

저출산·고령화에 따른 '인구 절벽'은 소비 부진 → 투자 감소 → 성장 위축으로 이어지고 있다. 앞서 언급한 한국은행은 인구 고령화로 인해 우리나라의 경제 성장률이 10년 뒤에는 0%대로 떨어질 수 있다는 내용의 보고서를 내기도 했다.

10년째 국민 총소득 제자리걸음

한국은행이 발표한 '2016년 국민계정(잠정)'에 따르면, 2016년 1인당 국민 총소득GNI은 2만 7,561달러(약 3,198만 4,000원)로, 2015년(2만 7,171달러)과 비교하면 그보다 1.4% 늘어나는 데 그쳤다. 2006년에 처음으로 2만 달러를 돌파한 1인당 GNI는 선진국 진입의 기준으로 여겨지는 '3만 달러' 고지를 10년째 넘지 못하고 있다. 주요 선진국들이 GNI 2만 달러를 넘어 3만 달러대로 진입하는 데 걸린 기간은 평균 8.2년으로 알려져 있다. 일본, 독일, 호주 등은 3만 달러 문턱을 넘기는 데 5년이 걸리기도 했다. 이와 달리 한국은 오랜 기간 2만 달러대에 발이 묶여 있다. 최고점을 기록한 2014년 이후부터 우리나라 1인당 GNI는 3년 연속 2만 7,000달러대에 머물고 있다.

1인당 국민소득이 제자리걸음을 하는 데는 국내 소비, 투자, 수출 등이 전방위로 흔들리면서 저성장이 굳어진 영향이 크다. 원화 약세 등도 한국 경제의 2%대 저성장이 장기화된 주요 원인의 하나로 꼽힌다.

문재인 정부 기간 내내 대내외 악재가 많아 보이므로, 1인당 국민소득 3만 달러 돌파는 쉽지 않아 보인다. 가계는 고령화에 따른 노후 불안으로 지갑을 닫고, 기업은 불확실한 경제 상황으로 투자를 하지 않는 탓이다.

소득 주도 성장론: 소득이 늘면 소비도 증가한다

'소득이 늘면 소비도 증가한다.' 문재인 정부가 내세우는 '소득 주도 성장론'의 대전제다. 그 밑바탕에는 최저 임금을 올리고 안정적인 일자리를 제공하면 우리 경제의 난제인 '소비 부진'을 해결할 수 있을 것이란 믿음이 깔려 있다.

이른바 'J노믹스'의 핵심 기조인 최소 임금과 근로 복지를 끌어올려 내수 활성화로 선순환이 되면 연 3~4%대 성장이 가능해 보일 수도 있다. 그러나 은퇴 세대와 맞물려 저성장이 장기화된 선진국의 사례를 떠올려보면 생각만큼 쉽지는 않을 것이다.

문재인 대통령은 경제 정책의 기조를 '착한 성장'으로 설정하고 이에 따라 경제 성장률 수치에 집착한 경제 정책은 운용하지 않겠다는 방침을 세웠다. 다시 말해, 성장과 분배를 모두 추구하는 '착한 성장'을 비전으로 삼아 2%대 후반의 성장률로도 지금 안고 있는 사회 문제를 해결할 수 있어야 한다는 것이 핵심이다. 이는 문재인 대통령이 대선 후보 시절부터 강조해온 '소득 주도 성장' 혹은 '사람 중심의 경제'를 본격적으로 추진하겠다는 뜻으로도 해석할 수 있다. 'J노믹스'가 추진하는 일자리 정책의 기본 전략은 '고용의 질' 제고를 기반으로 한다.

지금은 모른다

이런 경제적 상황을 배경으로 부동산 투자는 앞으로 어떤 방향으로 나아갈까. 여기서는 필자의 저성장기 부동산 투자법 강연의 일부를 옮겨 그 답을 대신하고자 한다.

"여러분, 올해에 경기가 좋을 것 같나요, 좋지 않을 것 같나요?"
"안 좋아요"
"그럼 내년에는요?"

　　　　　　　　　　　오르는 부동산 돈 되는 부동산 잘 팔리는 부동산

"안 좋아요."

"그럼 여지껏 살아오면서 경기가 좋은 적이 있었나요?"

"… (웃음) …."

"그럼 사모님들은 30년 결혼생활을 하면서 남편이 잘해준 적이 많이 생각나나요?"

"… (웃음) …."

"그렇죠. 거의 생각 안 나죠. 그럼 배우자가 서운하게 했던 적은 언제였나요?"

"… (웅성웅성) …."

"그렇죠. 셀 수 없이 많을 겁니다. 이처럼 대부분 배우자가 잘해줬던 건 기억 못하지만 상대방이 서운하게 했던 건 30년 전 일이라도 어제 일처럼 생생하게 기억합니다. 경기도 마찬가지입니다. 경기가 좋든 나쁘든 절대로 당시에는 못 느끼지만 지나고 보면 경기가 좋았다는 걸 느끼게 되지요."

"그럼 배우자는 언제 좋은 사람이었다는 걸 깨닫게 될까요?"

"죽으면 느낍니다. 그때 되면 후회해도 소용없습니다."

3

핵심 부동산에 집중하라

"박 대표, 경기가 안 좋을수록 제일 비싼 땅 사야 돼."

40년 이상 부동산업에 종사하면서 온갖 부침을 경험한 건설사 회장님 한 분이 필자를 볼 때마다 거듭 되풀이하는 말이다. 최근 세계 부동산 트렌트 중 하나가 바로 경기가 안 좋을수록 도심권에 위치한 부동산에 집중하라는 것이다. 도심권은 수요가 풍부해 환금성도 뛰어나기 때문이다.

"6개월만 지나면 부동산은 다시 회복할 것이다. 대신 뉴욕, 런던, 파리와 같은 세계 대도시에만 투자해야 한다."

"부동산은 결국 승리할 것이다. 인내심을 갖고 기다려라."

미국 주택 시장이 꽁꽁 얼어붙어 있을 때 부동산에 대한 믿음을 잃지 않은 이가 있었다. 그는 미국 경제가 침체 국면에 돌입했다고 인정하면서도 '역사적으로 부동산 가격은 부침이 있었지만 결국 이겼다'며 '부동산 불패론'을 펼쳤다. 또 '부동산 투자에서 성공하기 위해서는 투자 대상을 종합적으로 잘 알아야 한다'고 강조했다. 그리고 인내라는 요소를 하나 더 덧붙였다. 부동산 가격이란 언제나 오르내림이 있으므로 적절한 시기가 올 때를 기다려야 한다고 했다. 바로 그런 때를 위해 20년을 기다린 적도 있다. 그 주인공이 바로 현재 미국 대통령인 도널드 트럼프다.

뉴욕 맨해튼이나 도쿄, 홍콩이나 싱가포르 등 대도시 중심 지역에 위치한 부동산들은 수요가 충분하고 거품이 거의 없기 때문에 불황에도 하락폭이 적었다. 그리고 호황기가 돌아오자 오히려 상승폭을 더 키웠다. 경기에 따른 거품 지수를 판단할 때는 '에그 프라이egg fry 이론'을 떠올려봐야 한다. 에그 프라이 이론은 이름 그대로 달궈진 프라이팬 안에 놓여 있는 계란 프라이를 상상해보면 쉽게 이해가 가능하다. 열로 데워진 흰자와 노른자가 프라이가 되는 것은 거의 동시지만 반대로 식을 때는 노른자가 아닌 흰자부터 식어가는 데서 이름 붙인 이론이기 때문이다. 마찬가지로 선진국형 경제 성장기에는 철저하게 거품이 적은 핵심 지역(노른자위)인 서울이나 지방 대도시 중심부를 정부의 부동산 규제가 나올 때마다 저점 매수 전략을 취해야 한다는 것이다.

필자는 저성장기라는 부정적인 표현보다는 선진국형 경제 성장기로 변화하고 있다고 바꿔 말하고 싶다. 지난 20년간 부동산 전문가로 활동하면서 항상 들어왔던 이야기는 경기는 안 좋고 인구는 줄어들고 있기 때문에 부동산에 투자하면 과거 일본처럼 부동산 투자로 망한다는 소리였다.

그러나 지금 현실은 어떠한가. 그간 경기 탓만 하고 부동산 투자를 안 한 사람들은 지난 몇 년 동안 몇 배씩 오른 부동산을 바라보며 한탄만 하고 있다. 지난 수십 년간 경기에 관계없이 서울과 수도권, 지방 핵심 지역 등 여러 곳을 다니며 저평가된 아파트와 단독, 상가주택, 토지 등을 꾸준히 분산 매입한 사람들은 자산이 급격하게 증가했을 뿐만 아니라, 정부의 부동산 규제에도 별다른 영향을 받지 않는다는 것을 알 수 있다.

선진국형 경제 모델로 가는 과도기

우리는 장기간 경기 불황과 가계 부채, 고령화 등의 복합적인 요인을 염두에 두고 앞으로 꽤 긴 기간 2%대 저성장 기소늘 보일 것이라는 현실을 받아들여야 할 때다. 또한 받아들이는 것을 넘어 여기서 살아남는 법도 깨우쳐야 한다.

우리나라는 은행에 예금을 하면 아직 예금 이자를 준다. 그리고 제자리걸음이라고는 하지만 꾸준히 2%대 성장률을 기록하고 있기도 하다. 나라 밖 외국인들 눈에는 대한민국이란 나라가 대단해 보일 수도 있다. 이미 대부분의 선진국에서는 일정 금액 이하로 예금하면 오히려 마이너스 이자, 즉 보관료를 무는 지경이기 때문이다. 우리보다 훨씬 잘사는 유럽이나 아베노믹스로 경기가 활황이라는 일본조차 헬리콥터 머니를 풀어도 우리나라보다 낮은 1~2%대 성장률을 힘겹게 기록하고 있다(단, 유럽에서 4% 성장률을 보이고 있는 독일은 제외한다).

핵심 부동산 매수, 저울질할 만하다

한국투자증권이 최근 내놓은 보고서에 따르면, 정부의 8·2 부동산 대책에도 급격한 집값 하락은 없다는 예상이다. 투기 수요가 집중된 재건축을 겨냥한 규제이기 때문에, 주택 가격 과열은 일시적으로 진정되겠지만 급격한 하락 가능성은 낮다는 것이다. 그 근거로 2,000조 원에 달하는 유례없는 유동성과 저조한 서울 지역의 입주량, 강남 4구의 두터운 수요 등이 집값을 떠받치는 요인으로 지목됐다.

2015~2016년 강남 3구의 멸실은 1만 531가구였다. 2010~2014년의 7,565가구보다 크게 증가한 규모다. 강남 3구의 주택 공급은 2015년 1만 2,672가구에서 2016년 6,888가구, 2017년 6,200여 가구로 여전히 부족한 상황이다. 한국투자증권은 2019년에는 1만

아파트 매매 가격 변동률

단위: %

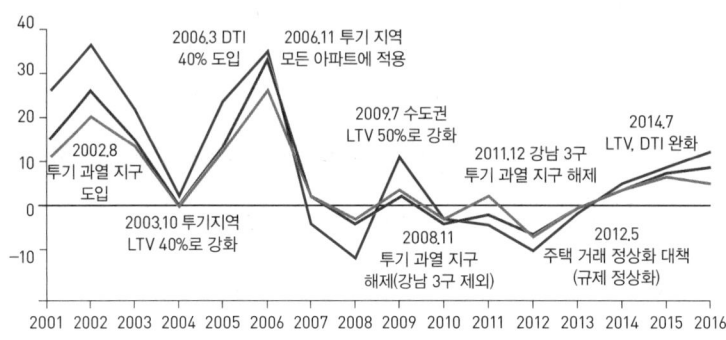

── 강남 4구 ── 수도권 ── 전국

2002.8
투기 과열 지구 도입

2003.10 투기지역
LTV 40%로 강화

2006.3 DTI
40% 도입

2006.11 투기 지역
모든 아파트에 적용

2009.7 수도권
LTV 50%로 강화

2008.11
투기 과열 지구
해제(강남 3구 제외)

2011.12 강남 3구
투기 과열 지구 해제

2012.5
주택 거래 정상화 대책
(규제 정상화)

2014.7
LTV, DTI 완화

* 자료: 국토교통부, 기획재정부, 한화투자증권 리서치 센터

4,766가구가 공급되기 전까지 수급 불균형이 이어지면 서울 전역과 인근 수도권의 전세난으로까지 퍼질 우려가 있다고 내다봤다. 이런 상황에서 문재인 정부 기간 동안 부동산 규제가 나오고 그때마다 부동산 가격이 출렁거린다면 이것이 오히려 각 지역별 핵심 부동산을 노릴 기회가 될 수 있다.

부자 되려면
강변으로 가라

굽이굽이 물이 흐르는 지역으로 가라

예전 사극을 보면 부잣집 앞마당에는 연못이 있었다. 또 예로부터 산이 좋으면 인물이 나고 물이 좋으면 재물이 난다고 해서 '산관인정 수관재물山管人丁水管財物'이라고 했다. 풍수에서는 물이 곧 재물이다. 물이 굽이굽이 흘러야 그쪽 부동산에 기가 흘러 들어가 거주하고 있는 사람들도 잘 풀리기 마련인 것이다. 이를 반대로 보면, 물이 일자로 흘러 들어가면 부동산도 죽고 거기에 사는 사람들에게도 좋은 기운이 가지 않는다는 뜻이다.

실제로 사업으로 크게 성공한 사람들을 만나보면 강변에 있는 부동산을 선호하는 경향이 뚜렷하다. 또 풍수까지 고려해서 부동산 구매를 결정할 때가 많다. 예를 들어 서울 이촌동과 압구정동 일대는 전통적으로 부자들이 선호하는 지역인데, 이 지역은 물이 휘감고 도는 곳으로 재물운이 있는 명지로 알려져 있다. 허리에 벨트를 찬 듯이 집터를 둥글게 감싸며 흐르는 금성수金星水가 재물을 불러들이는 자리라는 것이다. 산에서 지맥이 뻗어 나와 지기가 왕성히 응집되고 바람도 순하다(반대는 반궁수反弓水라 한다). 이촌동과 압구정동은 대표적인 금성수 땅이라 할 수 있다.

유럽식 분위기로 만들어놓은 상가를 둘러보면 운치를 위해 대개는 상가와 상가 사이에 물길을 설치한 곳이 많다. 하지만 물이 직선으로

송도 캐널워크 수변 상가

오르는 부동산 돈 되는 부동산 잘 팔리는 부동산

흐르게 만든 곳을 가보면 역시나 고객보다 종업원이 더 많은 등 상권이 죽어 있는 곳이 많다. 사람이든 뱀이든 죽으면 일직선으로 죽 뻗는다. 이런 점을 떠올려보면 부동산이 살기 위해서는 물이 굽이굽이 흘러야 한다. 물길이 나를 감싸고 휘감는 부동산이 좋다는 것이다.

남자는 산, 여자는 강

남자들은 대개 산에 가야 기분이 좋아지고 지갑을 연다. 은퇴를 앞둔 부부와 상담을 하다 보면 남편 대부분은 은퇴 후 전원주택이나 시골에 가서 땅 파고 살고 싶다고 한다. 풍수학적으로 보면 맞는 얘기다. 남자들은 그런 곳을 가야 스트레스가 풀린다.

반면 여자들은 롯데, 현대, 신세계 같은 백화점을 가야 스트레스가 풀린다. 친구랑 맛집도 가고 강변 쪽에 가야 기분이 더 좋아진다. 쉽게 말해 여자는 강이 맞는다. 강가 분위기 좋은 음식점이 아무리 비싸더라도 여자들은 가고 싶어 한다. 풍수학적으로 살피면, 음기가 강한 여자들은 양기가 가득한 강가에 가면 기분이 좋아져서 자연스레 주머니를 연다. 반대로 남자들은 음기가 가득한 산에 가면 마음이 가벼워지고 기쁜 마음이 생긴다. 필자 또한 마음이 심란할 때면 등산길에 오르는데, 그때는 마음도 정리되고 다시 일할 힘도 생긴다.

2009년에 필자가 펴낸 베스트셀러 『10년 후에도 살아남을 부동산에 투자하라』는 책에서도 한강변에 투자하라고 강조했다. 그 책을 집 필할 당시 필자는 30대 중후반이었다. 당시 한강변이 시간이 갈수록 가치가 더 높아질 것이란 걸 어떻게 알았을까. 필자는 해외에 가면 관광지보다는 해외 부자들이 모여 사는 동네와 유명 건축물들을 돌아본다. 새벽부터 밤늦게까지 찾아 다니며 살펴보고 입지 분석을 해둔 덕인 것이다.

해외에서도 강변이 가장 부촌이다

부동산 사업을 20년간 하면서 필자는 선진국 등을 방문할 때마다 가는 곳이 있다. 바로 그 나라에서 가장 부자들이 모여 있다는, 이른바 부촌이다. 마침 각 나라의 부자 동네는 공통적으로 모두 강변에 위치하고 있다.

가까운 일본을 보면, 도쿄 도심의 부자 집성촌은 미나토 구와 지요다 구다. 또한 오사카와 고베도 새롭게 주목을 받고 있다. 서로 인접한 이들 부유층 거주지는 물이 가깝다는 것이 공통분모다.

선진국일수록 소득 수준이 높기 때문에 상 소방권을 최우선시히는 성향을 보인다. 강 다음으로 선호되는 것이 공원, 산 순이다. 수년 전 방문했던 싱가포르는 1인당 국민소득이 6만 달러에 이르는 나라다. 싱가포르는 요트와 유람선이 떠다니는 도심 강변에 고급 주택과

물과 하늘을 끌어들인 마카오 베네시안 리조트

싱가포르 강변에 위치한 고급 주택가

빌딩 등이 대거 몰려 있다. 해당 지역의 주택 1채가 50~100억 원 정도를 호가할 정도인데도 국내뿐 아니라 아시아 각국의 부자들을 끌어들이고 있다.

개발 열기에 휩싸여 있는 싱가포르에서 '부동산 왕'으로 불리는 필립 응Phillip Ng 파이스트 그룹Far East Organization 총재CEO는 "부동산 사업은 지식 사업"이라고 지적하며 "소비자에게 독특한 것을 제공할 수 있어야 한다"고 늘 강조한다. 그는 "세계화로 주요 도시 부동산이 투자처로 각광받는 새로운 현상에 직면하고 있다"며 "물가waterfront나 바다 조망sea view이 가능한 곳이 유망하다"고 전망했다.

전국 자산가들, 강변으로 모이는 중

자산가들이 선호하는 국내 주택 시장의 투자 패턴도 1인당 국민소득이 증가할수록 급격히 변하는 중이다. 1990년대 중반까지 우리나라 최고의 부촌으로 꼽히던 강남구 압구정동과 송파구 아시아선수촌 일대는 2000년대에 접어들면서 사교육에 대한 관심과 고급 주상복합 단지 바람이 불면서 대치·도곡동 일대의 아파트 단지로 잠시 그 명성을 넘겨야 했다. 현재는 한강변 조망권에 대한 관심과 투자 가치까지 고려해 압구정, 청담, 반포, 삼성, 잠실 일대로 자산가들이 급격히 이동하고 있다.

오르는 부동산 돈 되는 부동산 잘 팔리는 부동산

국토교통부 실거래가 공개 시스템에 따르면, 세빛섬 전망이 가능하고 한강 공원과 걸어서 5분 거리에 있는 서울 서초구 '반포 아크로리버파크'(전용 면적 84㎡ 기준)의 가격은 도보 15분 거리에 있는 같은 조건의 '반포 자이'보다 2~3억 원 정도 높게 형성되어 있다. 학군과 백화점 등 생활 인프라가 거의 비슷한 조건에서 단지 한강과의 거리 때문에 2~3억 원이 넘는 차이를 보이는 것이다.

한 해 동안 전국에서 가장 가격이 많이 오른 단지도 대부분 한강변 아파트였다. 앞으로도 그 희소성 때문에 유지될 가능성이 높다. 강남권 중에서도 대치동과 도곡동처럼 한강에서 거리가 있는 아파트 시세는 압구정이나 반포에 밀린 지 오래다.

10여 년 전에 회원들에게 적극 투자를 권유했던 성동구 옥수동은 2007년만 해도 3.3㎡당 가격이 1,700만 원에 불과했으나 현재는 3,000만 원대로 상승했다. 강남구 압구정동의 또다른 애칭으로 일명 '뒷구정동'이라고 불린다. 강북 최고의 금싸라기 땅으로 불리는 한남 뉴타운도 재개발 사업이 본궤도에 오르면서 소형 평형 대지 지분이 3.3㎡당 8천~1억 원에 달한다.

한강변 메리트로 날아오른 대표적인 곳이 압구정동이다. 압구정 구현대 1차 전용 161㎡은 시세가 25~27억이다. 송파구 잠실동에 위치한 '잠실 엘스' 전용 84㎡은 13~15억 원에 이른다. 강북권인 용산구 동부이촌동의 초고층 아파트 '래미안 첼리투스'도 전용 124㎡는

해운대 일대 고급 주상복합 아파트

오르는 부동산 돈 되는 부동산 잘 팔리는 부동산

현재 25~27억을 호가한다.

이렇듯 정부의 부동산 규제가 쏟아지고 있어도, 월세 수익률도 우수하고 주변 개발 호재도 많으며 대기 수요가 탄탄한 엘리트(엘스, 리센츠, 트리지움)로 불리는 잠실 일대 아파트도 투자 가치가 좋다. 중장기적으로 본다면 우상향 그래프를 그리면서 반포나 압구정 일대의 아파트와 어깨를 나란히 할 것이다.

서울에 한강이 있다면 부산에는 해운대가 있다. 부산에서도 해운대 조망권이 좋은 '엘시티 더샵'이 인기를 끌었는데, 특히 68억의 가격으로 주목을 받은 펜트하우스의 청약 경쟁률이 무려 68.5 대 1을 기록했다. 이처럼 서울은 한강변, 부산은 해운대 주변, 울산은 남구 태화강 주변이 가장 비싸다. 새로 만들어진 세종시 또한 금강변 주위에 있는 아파트가 가장 비싼 동네다.

준강남권 동작구 흑석동, 몸값 재평가

정부의 부동산 규제로 잠시 주춤하기는 하지만, 총 11개의 정비 구역이 있는 흑석 뉴타운 몸값도 다시 반등할 것으로 보인다. 앞서 언급한 대로 한강변 아파트가 지닌 희소성과 높은 삶의 질 보장 등 명품 아파트 조건을 갖춘 것으로 손꼽히면서 시세를 주도하고 있기 때문이다. 분양 당시부터 고분양가 논란에 휩싸였던 '아크로리버파크'는 지난 2013년 말 3.3㎡당 평균 3,830만 원에 분양했다. 하지만 분양 당시 13억 원대였던 전용 84㎡가 현재 시가 18~19억 원에 이른다. 한강변 프리미엄이 6억 이상 붙은 셈이다. 동작구는 강남 4구(강남, 서초, 송파, 강동), 서울 7구(마포, 용산, 성동, 양천, 강서, 영등포, 노원) 등과 달리 투기 지역에서 빠져 있으므로 타격은 상대적으로 덜하다.

반포가 바로 근처인 동작구는 일대 재건축 이주 수요까지 흡수할 수 있다. 그런 점에서 보면 서초구 반포동의 절반가도 안 되지만 바로 옆동네면서 재건축을 앞두고 있는 흑석동 '한강현대'나 '명수대현대'도 상당히 저평가되어 있다는 것을 알 수 있다. 정부 규제가 집중되어 있는 지금이 오히려 저가 매입 타이밍이다.

고소득 지역의 강변 투자는 진행형

사업으로 크게 성공한 지인이 가족을 데리고 한강에 간다고 하면 카페, 와인, 요트 등이 떠올라 부러운 마음이 든다. 반대로 사업하다 쫄딱 망한 지인이 가족을 데리고 한강에 간다고 하면 무섭고도 안타까운 마음에 '조금만 참고 힘내라'는 마음이 먼저 든다. 왜 그럴까?

강변과 접해 있다는 이유로 모든 지역에서 공통적으로 부동산 가격이 오르는 것은 아니라는 뜻이다. 같은 강변이라도 강변 프리미엄 효과는 생활이 비교적 안정된 곳에서만 나타난다. 20년간 부동산만을 바라봐온 관점에서 볼 때, 강변에 접해 있으면서도 소득이 높은 지역의 부동산은 장기적으로 투자에 유효하다.

압구정에 이어 반포, 서초, 여의도 아파트 지구는 지구 단위 계획이라는 큰 틀에서 관리되고 있다. 즉, 서초구 반포동, 잠원동 일대 반포 지구 55개 단지(3만 1,945가구, 264만 9천 71.5m^2)가 지구 단위 계획으로 묶인다. 서초동 일대 서초 지구 22개 단지(1만 3,602가구, 149만 1천 261m^2)와 여의도동 일대 여의도 지구 11개 단지(6,323가구, 55만 734.4m^2)도 지구 단위 계획이 적용된다. 여기에 정부의 부동산 규제로 재건축 추진은 상당 기간 늦어질 가능성이 있으나 장기적으로 보면 투자가 유망하다.

한강변 투자 중장기적으로 유망

부촌을 형성하는 데 한강이 미치는 영향 가운데 가장 손꼽히는 것은 단연 수급 면에서 보이는 희소성이다. 서울을 남과 북으로 가르는 한강 주변 아파트들은 조망권과 생활 환경, 도심 접근성 등 모든 측면에서 우월성을 갖고 있다.

서울 곳곳에는 숲, 산, 하천 등 좋은 주거지를 만들어주는 자연 환경은 풍부한 편이다. 그러나 희소성이라는 면에서 보면 한강은 차원이 다르다. 서울시가 조망권 등을 이유로 35층 규제 등과 같이 개발을 제한하고 있기 때문에, 현존 단지를 재건축하더라도 공급 증가분은 한정적일 수밖에 없다.

서울시가 한강변 재건축에 사실상 '35층 층수' 규제를 두면서 한강변 아파트의 희소가치는 더욱 높아질 것으로 전망된다. 해외 선진국의 사례를 봐도 주요 도시 강변에 고급 주택가가 형성되는 것과 마찬가지로. 서울 또한 한강변 아파트의 가치는 나날이 높아질 것이므로 긴 호흡을 가지고 투자하는 것이 좋다.

5

문화가 깃든 부동산에 투자하라

문화가 있는 곳에 투자하라

"어머님, 아버님들이 들어가려고 하는데 신분증을 검사하고 못 들어가게 하는 장소라면 바로 거기가 뜨는 장소입니다."

필자가 강의 중 간혹 우스갯소리로 던지는 농담 겸 진담이다. 대표적으로 홍대 지역을 떠올릴 수 있다. 홍대 하면 '홍대 미대'가 먼저 생각나는 사람은 구세대고 '클럽'이 떠오르면 신세대라는 말도 있다. 시간이 지나면서 홍대의 가치가 어떻게 달라졌는지를 잘 보여주는 말이다.

부동산이 오르기 위해서는 음악이나 미술과 같은 문화가 덧입혀져야 한다. 특히 음악이라는 소프트 파워와 결합되면 폭발력을 지닌다. 예를 들어 물(?) 좋은 클럽이 새로 문을 열면 밤새 놀기 위해 전국 각지에서뿐만 아니라 해외에서까지 젊은 선남선녀들이 몰려들기 마련이다. 버스킹 등 길거리 음악인들도 상권에 생기가 돌게 만들어주기 때문에 부동산 가격 상승에 긍정적인 영향을 미친다.

음악이 부동산을 들어 올린다: 대구 김광석 거리

"사랑~ 했지만~ 그대를 사랑했지만~~."

가수 김광석의 노래가 울려 퍼지는 '대구 김광석 거리'는 대구 지역 대표 관광지로 거듭났다. 전통 시장과 예술이 함께하는 특별한 문화 예술 공간으로 탈바꿈한 것이다. 주말이면 하루 5,000명이 넘는 국내외 관광객들이 찾는 대구 지역 대표적 관광 명소다.

이 거리에 있던 낡은 건물들도 하나둘 리모델링이나 재건축을 통해 변신을 거듭하고 있다. 이 일대에서 공사 중이거나 철거한 주택만 5곳이 넘는다. 땅값도 폭등하고 있다. 수년 전까지만 해도 골목 서쪽 샛길 주변 땅은 3.3m^2에 300만 원이 채 안 되었지만 지금은 1,000만 원이 넘는다. 김광석 거리 바로 옆에는 2,000만 원을 주겠다고 해도 매물이 없다. 명소로 변한 김광석 거리는 방천 시장을 포함해 주변 대봉동 상권까지 되살렸다. 현재 김광석 거리 주변으로는 90여 개의 식당과 카페가 들어서 있다. 최근에는 유품 전시관인 김광석 스토리 하우스까지 생겨났다.

젊은 문화가 부동산을 살린다
: 되살아난 신촌 상권과 거듭나는 성수동 일대

오랫동안 홍대에 밀려 죽어 있던 신촌도 차 없는 거리 활성화와 각종 축제, 특히 거리의 음악가(버스킹) 등장으로 임대료가 다시 상승하고 있다. 서울 서대문구 연세대 정문 앞 옛 지하보도에 위치한 창작 지원 센터, 일명 '독수리 아지트'로 불리는 곳에서 간간히 공연도 열린다. 이곳은 1978년부터 연세대 정문과 신촌을 이어주는 지하보도였다. 2014년 지상에 횡단보도가 생기면서 제기능을 잃었지만 서대문구와 연세대 등 지역 기관들이 폐쇄 대신 이곳에 공연장과 세미나룸, 창업 지원 센터 등으로 꾸려진 '창작 지원 센터'로 만들어 대성공을 거두었다. 신촌 여기저기에 창업과 문화 지원 센터가 생기면서 신촌이 과거의 '젊음'을 되찾아가는 중이다.

원래 신촌 일대는 2000년대 초반까지만 해도 서울의 대표 상권이었다. 그러다 2000년대 중반부터 임대료가 오르고 근처 홍익대 일대에 젊은 예술가들이 몰리면서 활기를 잃었다. 쇠락하던 신촌이 변하기 시작한 것은 2014년부터다. 지하철 2호선 신촌역과 연세대 정문을 잇는 연세로가 대중교통 전용 지구로 탈바꿈하면서 이 일대가 길거리 공연장으로 변신했기 때문이다.

　앞으로 이 일대로 관광, 숙박, 업무, 주거 시설 등이 대거 들어설 전망이다. 신촌로터리 주변은 대학생 등 유동 인구가 많은 점이 고려돼 신촌 연세로 대중교통 전용 지구와 연계된 보행 공간도 확보된다. 신촌 지역 도시 환경 정비 구역 지정안이 통과되면서 그동안 홍익대 상권에 밀린 신촌 지역 상권과 대학 문화가 다시 살아날 것이다. 신촌은 지역 경제 거점으로 다시 태어나면서 부동산 가격도 반등할 것으로 예상된다.

　성수동에도 지식산업센터 같은 건물들이 속속 들어서면서 젊은

건국대학교 커먼그라운드 전경

오르는 부동산 돈 되는 부동산 잘 팔리는 부동산

층의 유입 인구가 늘어나고 있으며, 이에 따라 부동산 가격도 오르고 상권도 눈에 띄게 좋아졌다. 성수동 수제 맥주집 등과 같이 새로운 것을 찾는 사람들의 발길이 잦아지고 있다.

서울 광진구 자양동 건국대 근처에 가면 20~30대 젊은 층과 외국인들이 즐겨 찾는 파란색 건축물이 시선을 사로잡는다. 자세히 살펴보면 화물용 컨테이너로 만들어졌는데, 여기가 바로 20~30대 사이에서 유명한 '커먼그라운드'다. 이 건물은 40피트 컨테이너 200개를 쌓고 붙이고 쪼개서 만들어졌다. 커먼그라운드는 지역 랜드마크로 자리 잡았으며 유명 아이돌의 공연이나 신품 전시회 등이 자주 열린다. 컨테이너를 이용한 만큼 건설 기간이 짧고 건축비도 대폭 줄일 수 있어 획기적인 건축 방식으로 꼽히고 있다.

성수동 '대림창고' 내부 전경

이와 같은 컨테이너 박스촌인 '커먼그라운드'가 서울 도봉구에도 세워졌다. 바로 '박스파크'다. 건대에 조성된 '커먼그라운드'가 쇼핑몰 형태라면 도봉구 '박스파크'는 유명 인디 밴드와 요리사, 사진작가 등이 총출동해 공연을 열거나 일반 시민들이 뮤직 스튜디오에서 음악을 배우는 곳으로 활용되고 있다.

다시 성수동으로 돌아가면 '대림창고'라는 젊은이들의 핫 플레이스가 있다. 높은 천장과 화려한 조명, 재즈 음악, 커피, 수제 맥주, 매장서 구워주는 빵과 피자 등 유행에 민감한 젊은이들의 입맛을 사로잡고 있다. 이곳은 1970년 초 정미소로 사용됐다가 1990년부터 공장 부자재 창고 등으로 사용됐다. 지금은 젊은 예술가들이 예술 행사, 패션쇼 등을 여는 공간으로 활용, 산업 디자인으로 찾는 이들이 상당하다. 이렇듯 창고를 개조한 카페가 인기를 끌면서 이 일대 부동산 가격 상승을 주도하고 있다.

미술관이 부동산을 들어올린다
: 북촌과 종로구 이화동 벽화마을

스페인 북부 지역에 있는 빌바오라는 도시에는 유명 미술관으로 널리 알려진 구겐하임 미술관이 건립되면서 새로운 부흥이 일어났다. 빌바오는 원래 중공업 중심 도시였으나 제조업 경쟁력이 쇠퇴하면서 하락의 길을 걷고 있었다. 그러던 중 미국의 철강왕 구겐하임이 뉴욕에 미술관을 건립해 성공을 거두자 당시로서는 거금인 1억 달러를 투자해 구겐하임 미술관을 빌바오에 유치했다. 유명 건축가 프랭크 게리의 독특한 설계로 완성된 구겐하임 미술관을 보기 위해 2000년대 초반부터 많은 관광객이 빌바오로 몰려들었고 덕분에 빌바오는 화려하게 부활할 수 있었다.

이처럼 런던 도심의 무용지물이었던 화력 발전소를 최고의 미술관으로 탈바꿈시킨 테이트모던 갤러리나 함부르크의 부두 개발, 뉴욕의 소호 지역 등 부동산이 유명 미술관과 결합되면 그 파급 효과가 상당하다. 유명 미술관이 들어서면서 찾아오는 관람객도 폭발적으로

운치 있는 북촌 한옥 상점

증가하자 일대 부동산 가격도 자연스레 상승했다. 인구 3만 명의 소도시였던 오스트리아 브레겐츠는 마을 호수에 수상 무대를 설치하고 오페라 축제를 기획한 덕분에 매년 1조 원 넘는 수익을 올리고 있다.

우리나라에서 미술과 결합해 동네 가치를 올리고 부동산 가격 상승을 이끈 곳을 꼽자면 북촌을 들 수 있다. 이 일대 부동산 가격의 10년 전에 비해 5배 이상 급등했다. 북촌도 처음에 갤러리 등이 들어오면서 문화의 거리가 조성되기 시작했다. 문화가 결합되면서 거리 분위기가 세련되어지는 것을 넘어 상업적으로도 부동산 가치가 높아졌다. 잉어와 해바라기 그림이 떠오르는 서울 종로구 이화동 벽화마을도 벽화를 그린 후 마을 외관도 깨끗해지고 집값도 상당히 올랐다.

반값 우유와 강남권 집값

　프랑스 혁명기에 시민들은 생필품 가격이 오르는 데 많은 불평을 드러냈다. 그러자 당시 로베스 피에르(1758~1794) 총리는 대중의 인기를 끌기 위해 "우윳값을 반으로 내리라"는 명령을 내린다. 그러고는 이 명령에 따르지 않으면 단두대로 보내겠다고 엄포를 놓았다. 정부가 우윳값(아파트 가격)을 원가 이하로 동결해버리자, 농민(건설사들)은 젖소 사육(아파트 공급)을 포기하고 도축해버리기 시작했다. 당연히 우유 공급량이 줄어들어 결국 암시장에서 우윳값은 더욱 치솟게 되었다.

　로베스 피에르가 우유 공급이 줄어든 이유를 묻자 농민들은 건초 값이 비싸서 수지를 맞출 수 없다고 변명했다. 이에 로베스 피에르는 이번에는 건초 값을 내리라고 명령했다. 그랬더니 이번에는 건초 재배 농민들이 건초 생산을 중단하거나 줄여버렸다. 건초 생산에 쓰던 토지를 다른 용도로 전환해 결국 건초 값이 폭등했다. 건초 공급도 줄고 젖소 공급도 줄어버리자 반값으로 묶어둔 우윳값은 오히려 예전 가격의 10배로 폭등했다. 가격 규제 이전에는 그래도 아이에게는 먹일 수 있었던 우유가 이제는 갓난아이에게조차 먹일 수 없는 것이 되어버리고 만 것이다.

로베스 피에르는 1789년 프랑스 혁명을 이끈 지도자였으나, 공포 정치를 펴다 우윳값조차 잡지 못한 채 비참하게 생을 마감했다. 한 나라의 지도자이면서 대중의 인기에만 귀를 기울이다가 수요와 공급이라는 시장 경제 원리를 무시한 탓에 불행을 자초한, 역사 속 일화가 아닐 수 없다.

우리도 마찬가지다. 우윳값을 내리듯 무조건 아파트 가격을 동결해버린다면 농민이 젖소 사육을 포기했던 것처럼 건설사들은 아파트 공급을 포기해버릴 것이다. 그럼 어떤 결과가 나올지는 앞서 살펴본 반값 우유가 답을 해준다고 생각한다.

문제는 살 만한 집

소비자 눈높이에서 볼 때, 주택의 질寶이 좋아질수록 수요는 증가하게 마련이다. 이런 수요자들이 '살 만한 집'이라고 느끼지 못하는 낡고 오래된 집이 그만큼 많기도 하다. 재개발을 앞두고 있는 집뿐만 아니라 최소 주거 면적과 용도별 방 개수, 전용 부엌 등을 기준으로 따진 '최저 주거 기준'에 미달하는 가구가 너무 많다.

주택 보급률 대신 인구 1,000명당 주택 수를 지표로 사용하는 해외와 비교하면 우리나라는 상대적으로 주택 수가 부족하다. 서울연구원에 따르면 우리나라 인구 1,000명당 주택 수는 355가구로, 세계적인 대도시인 뉴욕(412가구), 도쿄(579가구), 런던(399가구), 파리

(605가구)보다 적은 것으로 나타났다. 절대적으로 주택 수가 부족하다는 뜻이다.

2017년 정부가 추산한 주택 보급률은 서울이 97.8%, 수도권이 100.1%에 달한다. 하지만 현행 주택 보급률 계산 방식은 대상 지역 내 '총 주택 수'에서 '일반 가구 수'를 나눈 값으로, 일반 가구에는 최근 급증하는 외국인 가구 등 13만 가구가 누락되어 있다. 이를 반영하면 서울 주택 보급률은 90%대 초반까지 떨어진다.

국민소득에 걸맞지 않은 '주택의 질'도 문제다

국토부에 따르면, 2016년 기준 서울의 전체 주택(47만 동) 가운데 20년 이상 된 주택이 73%(34만 동)에 이른다. 최소 주거 면적과 용도별 방 개수, 전용 부엌 등을 기준으로 따진 '최저 주거 기준'에 이르지 못하는 가구도 전국 기준 102만 7,000가구에 이른다고 하는데, 이 중 51.7%가 수도권에 집중되어 있다.

공원 속 아파트 초고층이 답이다

부동산 대책이 나오기 전부터 여러 기관과 일부 정부 부처에서 자문을 구하고자 필자에게 연락을 취한다. 그럴 때면 필자는 외국 도시의 사례를 예로 들어 많이 설명한다.

싱가포르나 홍콩처럼 50층 이상 초고층 아파트 건폐율을 지금보다 절반 이하로 줄이고 허용해주면 된다. 개발 이익인 조합원 이익금은 환수하고 늘어난 주택은 적정 가격으로 공급해주면 강남권 집값은 공급이 어느 정도 충족되기 때문에 잡힐 것이다. 싱가포르는 비좁은 도시 국가임에도 불구하고 세계 최고 수준의 공원이 완비되어 곳곳이 쾌적하다. 즉, 아파트 안에 공원을 둘 것이 아니라 공원 안에 아파트를 둔다고 생각하면 간단하다.

싱가포르를 여행해본 사람은 알 것이다. 어디를 가든 정원과 넓은 녹지, 식물원과 동물원, 고목의 가로수를 만날 수 있다. 좁은 땅덩어리에 주거 비율도 매우 높아서 세계 최고 수준의 고밀도 지역임에도 이를 상쇄할 만큼 '그린 시티'로서 손색이 없다. 주택가는 물론이고 마천루 빌딩숲, 쇼핑가이자 최대 번화가 '오차드 로드', 매립지, 강변, 리조트 복합 단지로 개발된 센토사 섬도 숲과 정원 안에 있다는 느낌을 받게 한다. 싱가포르의 비전이기도 한 '정원 속의 도시City in a garden'는 결코 과장된 표현이거나 빈말이 아니다.

하지만 고 노무현 전 대통령의 정책처럼 수요가 있는 곳에 공급을 늘리지 않은 채 그린벨트를 풀어 도시 외곽에 신도시만 대거 공급할 경우, 서울 집값은 정부 규제로 잠시 잡힌 듯 보일 수는 있지만 결국 스프링처럼 다시 뛰어오를 것이다. 더 중요한 것은 무분별한 땜질식 아파트 늘리기로 우리 후손들에게 그린벨트라는 허파를 물려주지 못할 수도 있다는 것이다.

2장
마인드를 바꾸면
투자가 보인다

1

긍정론적 시각에서 투자하라

    부동산에 입문한 지 20년째에 접어들었다. 20년째 회사 대표 번호와 개인 휴대전화 번호를 한 번도 바꾼 적이 없다. 다양한 고객들을 상대하는 부동산 컨설팅 회사의 특성상 부침이 많기 때문에 같은 번호를 계속 유지하기란 쉽지 않다. 또 특별한 일이 없으면 우리 직원들은 장기 근무를 원칙으로 한다. 나부터라도 직원 개개인의 단점보다는 장점을 보고 장점을 더 살려주려고 노력하고 있기 때문이다. 이렇듯 매사에 긍정적인 시각으로 임하고자 애쓰고 있다. 이는 부동산 투자를 바라보는 시각에서도 마찬가지다.

전 세계 부동산 급등, 한국은 규제로 잠시 주춤

지난 2008년 글로벌 금융위기 이후 시작된 주요국 중앙은행들의 저금리 정책과 양적 완화로 세계 경제는 회복세에 있다. 경기 회복에 대한 기대감을 확인할 수 있는 지표인 주요 증시(미국 다우존스지수, 한국 코스피지수, 독일 닥스지수 등)가 역사상 최고치를 찍고 있다. 미국이나 홀로 회복을 보였던 2015년, 2016년 초와 달리, 2016년 중반부터 전 세계 기대 인플레이션이 반등하는 상황에서 리플레이션 기대감에 기업들의 실적 컨센서스 전망치가 상승했다. 따라서 이 기세로 한국 부동산 시장에도 훈풍이 불어야겠지만 정부 규제로 잠시 멈춰 있는 실정이다.

정부 규제로 아파트 가격이 단기간에 급락하면 주식 폭락, 금융기관 파산 등으로 인해 부동산 자산가들보다 오히려 최하층인 서민부터 타격을 받는다. 이것을 역대 정부도 잘 알고 있다고 생각한다. 따라서 시간이 갈수록 부동산 규제는 완화될 수밖에 없다.

서울 집값은 거의 오르지 않았다

서울 집값이 급등했다고는 하지만 해외 주요 도시와 비교하면 그 상승 폭이 크지 않다. 실제로 서울 주택 가격지수는 2008년 글로

오르는 부동산 돈 되는 부동산 잘 팔리는 부동산

벌 금융위기 때와 비교하면 약 2% 정도 오르는 데 그쳤다. 최근 1년간 상승률도 세계 150개 도시 중 하위권이다. 한국감정원에 따르면, 2017년 4월 기준 서울 주택 종합 매매 가격지수는 105.1로 미국 리먼 브라더스가 파산한 2008년 9월(102.9)보다 2.1% 정도 올랐다. 주택 종합 매매 가격지수는 2015년 6월의 집값을 기준점(100) 삼아 가격 변화를 수치화한 것이다.

미국 샌프란시스코와 영국 런던 등 세계 주요 도시 집값은 글로벌 금융위기 전과 비교하면 50~70% 올랐다. 미국 연방주택금융청에 따르면, 샌프란시스코의 주택 가격지수는 2007년 2분기 277.3을 찍고 나서 계속 하락하다가 2017년 3월 기준 375.2로 35% 올랐다고 한다. 2008년 9월(239.4)과 비교하면 57% 상승한 것이다. 영국 런던의 주택 가격지수는 2008년 9월 68.6에서 2017년 2월 117.8로 72% 올랐다. 같은 기간 일본 도쿄는 8.3% 상승했다. 런던에 본사를 둔 글로벌 부동산 컨설팅 업체 나이트프랭크가 2017년 1월 전 세계 150개 도시의 최

세계 주요 도시 주택가격지수 상승률

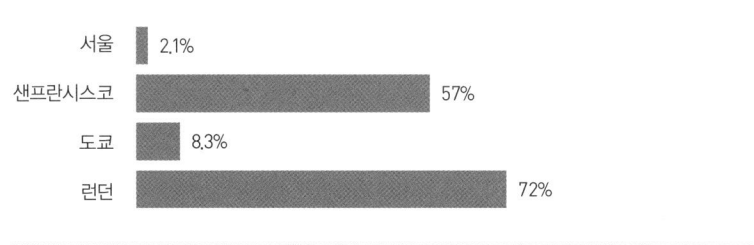

서울	2.1%
샌프란시스코	57%
도쿄	8.3%
런던	72%

* 자료: 한국감정원, 미국 연방주택금융청

근 1년간(2015년 9월~ 2016년 9월) 집값 상승률을 조사해 발표한 결과, 서울은 3.1%로 91위에 그쳤다. 이처럼 서울과 해외 주요 도시의 집값 상승 격차가 크게 차이 날 만큼 서울 집값 상승폭은 미미한 정도라 하겠다.

부정론자의 시각으로 입장 표명이 유리

하버드대학교 테레사 애머빌 교수가 말했듯이, 비판적이고 부정적인 평을 하는 사람이 긍정적 평을 하는 사람보다 더 지적이고 유능해 보일 수도 있다. 그러나 비판을 위한 비판, 그마저도 심하게 왜곡된다면 전혀 전문가답지 않다.

경제지 기자로 오래 일하고 있는 현직 경제부 기자가 얼마 전 내놓은 『안티 이코노믹스』를 읽어보면 위기를 예측한 경제학자는 전 세계 강연회에 불려 다니기 바쁘고 금세 석학 대열에 이름을 올린다고 한다. 그렇게 수년째 비딱한 자세로 경제 비관론을 설파하고 다니다가 경제 생리상 찾아오는 경제 위기와 운 좋게 시기가 맞물리면 바로 스타로 등극한다. 현실이 이렇다 보니 경제 전문가들은 각종 수치가 수반된 전망을 내놓으면서 자신의 전문성을 뽐내기 바쁘고 부수적으로 따라오는 돈벌이와 인기 관리에 여념이 없다. 비관론을 내놓고 경기가 나빠지면 "내 지적이 맞은"거고 경기가 좋아지면 "내 지적대로 잘 해결한" 것이라 주장하면 그만이기 때문이다. 부동산 폭락론이 빗나가면 정부의 부양책 때문이라고 변명하는 것과 같은 이치다. 스스로를 전문가라 일컬으면서 왜 그들은 정부 부양책까지는 예측하지 못했단 말인가? 역사적으로 보면 경기는 상승과 후퇴를 거듭하고 후퇴기에는 저금리와 유동성을 수반한 정부의 부양책이 당연히 뒷받침이 되어왔다는 것을 몰랐다는 걸까?

부동산 시장에서도 긍정론보다 부정론자의 시각으로 입장을 표명하는 것이 여러모로 유리할 수 있다. 주식 시장에서 전문가들이 입지를 굳히기 위해 쓰는 방법과 같다. 다시 말해 버블 폭발 시기를 정확히 맞히면 선견지명을 가진 우수한 전문가로 부상할 수 있는 기회를 잡는다. 그러나 틀리면 자신들이 미리 버블에 대한 경고를 했기 때문에 버블 붕괴가 미루어졌다고 말하면 그뿐이다.

생산하지 않는 자들은 자신의 깨끗함을 내세우며 생산자를 공격한다. 논일(부동산 투자)을 다녀온 농민에게 바지에 흙이 묻었다고 나무라는 격이다. 논일을 하지 않는 사람은 바지에 흙이 묻지 않는다. 부가가치를 왕성하게 생산하는 사람들은 남을 나무랄 시간적 여유가 없다. 비생산자들(부동산 투자 경험이 전혀 없는 이론가)은 자신과 다르다는 이유로 생산자가 지닌 작은 흠집을 크게 부풀려서 매도하는 성향이 있다. 우리나라에서는 이런 비생산자들의 목소리가 너무 큰 게 문제다.

우리 사회는 긍정론자보다는 비관론자들의 목소리에 더 귀를 기울인다. 20년 이상 부동산 실무도 경험해보지 못했으면서 그저 그럴듯한 논리와 도표를 내보이며 부동산 폭락만을 외치는 이론가들의 말에 너무 휘둘릴 필요가 없다는 이야기다. 필자는 궁극적으로 부동산 폭등과 폭락을 바라지도 않는다. 그저 소신껏 완만하게 물가 상승률만큼만 오르면서 거래가 원활하게 이루어져야 한다는 입장을 견지할 뿐이다.

2
분산 투자와
통찰 투자를 하라

투자처 다양화가 필요하다

정부의 부동산 대책 발표 이후 부동산 보유자들, 특히 다주택자들의 한숨이 깊어지고 있다. 하지만 오히려 필자는 정부 대책 이후 더 차분해졌다. 이번 8·2 대책 같은 부동산 대책을 20년간 현장에서 수십 번은 지켜봤기 때문이다. 결국 투자 가치 있는 도심권 주택은 월세를 받으면서 버티면 결국 이긴다. 월세가 잘 나오는 도심권 주택은 부동산 대책으로 가격이 떨어져도 월세가 받치고 있어서 소폭 떨어지는 데 그친다. 그리고 규제가 풀리면 다시 가격이 급반등하기 때문에 차분히 기다릴 수 있다.

필자는 부동산 투자를 하는 습성으로 주식에도 안정적으로 투자하는 편이다. 그래서 수익형 부동산처럼 주로 배당이 나오는 주식, 더 정확히는 배당이 계속 늘어나는 주식을 선호한다. 하지만 안정적이라고만 생각했던 배당주도 글로벌 금융위기 때인 2008년 연속 3일 하한가(당시 15% 등락)를 맞아 투자금의 절반을 날렸고, 결국 못 참고 손절매로 엄청난 돈을 날린 적이 있다.

환산하면 벤츠 최고급 사양 정도 되는 금액을 3일 연속 날리다 보니 걸음에 힘이 없어지고 하늘이 정말 노래지는 것 같았다. 지금 생각해보니 배당주 특성상 주식이 하락할수록 월세가 더 나오기 때문에 오히려 느긋하게 기다렸어야 했다. 조금만 더 기다렸으면 원금도 복구했을뿐더러 오히려 3배 이상 주가가 올라 이익을 얻을 수 있었다. 느긋하게 기다리지 못했던 이유는 대출까지 받아 전 재산 대부분을 투자했기 때문이다.

분산 투자로 위기를 극복하자

춘추 전국 시대 제나라의 재상 맹상군의 식객이었던 풍환은 맹상군을 위해 지혜롭게 세 가지 대비책을 마련해줬다. 그 '세 가지' 덕분에 맹상군은 매번 위기에서 벗어날 수 있었다.

투자의 세계도 마찬가지다. 언제 경제 위기나 부동산 대책이 추가

오르는 부동산 돈 되는 부동산 잘 팔리는 부동산

로 나올지 모른다. 현명한 투자자라면 항상 세 가지 재테크 원칙을 가지고 있어야 한다. 현금(예금), 배당이 꾸준히 증가해 나오는 우량 주식과 채권, 아파트만이 아니라 땅이나 상가 등 골고루 분산해서 투자한 부동산, 이처럼 중장기 계획을 짜서 투자해야 한다.

어려운 시기라지만 손꼽히는 금융 그룹과 삼성 같은 글로벌 기업들은 꾸준히 수익을 내고 있으며 글로벌 투자를 선도적으로 개척해간다. 그 이유는 따로 있다. 원자재 같은 대안 투자와 휴대폰과 가전, 반도체 등 적극적으로 자산을 배분해 꾸준히 투자하기 때문이다. 부동산 투자나 주식 투자도 마찬가지다. 지난 2008년 찾아왔던 금융위기가 언제든 다시 도래할 수 있음을 늘 염두에 두어야 한다.

토끼도 살기 위해 세 개의 굴을 판다고 한다. 갑작스럽게 위기가 왔을 때 항상 세 개의 대비책을 미리 마련해두면 살 길이 있다는 '교토삼굴'狡兎三窟이라는 사자성어다. 나는 나의 소중한 자산을 지키기 위해 몇 개의 굴을 파놓았는지 잘 생각해볼 일이다. 결국 투자의 세계에서 가장 강력한 상식은 자산 배분이다. 말 그대로 자산을 한곳에 쏠리지 않게 여러 곳에 나눠 투자하라는 말이다.

필자도 그동안 사업하면서 무수히 많은 시행착오와 풍파를 겪었다. 그래도 지금까지 꾸준히 사업을 유지할 수 있었던 것은 아무리 고수익이 눈앞에 보인다 한들 절대 한곳에 전 재산을 투자하지 않았다는 점이다. 덕분에 변화무쌍한 정부의 부동산 대책 앞에서도 늘 마음의 안정을 찾고 여유를 가질 수 있었다. 특별한 것은 없다. 그저 위기가 반복될 때마다 투자의 기본으로 돌아갔을 뿐이다. 살고 있는 집과 임대주택들, 수익형 부동산, 현금처럼 빼 쓸 수 있는 예금과 약간의 배당형 주식 등으로 자산을 단순화시켰다. 추가 수익이나 경기 변동이 있으면 이 자산 중에서 포트폴리오만 조정하고 한쪽으로 쏠린 투자를 하지 않도록 늘 경계해왔다.

통찰력으로 미래를 내다보라

영국의 철학자 앨프리드 화이트헤드는 인간의 지각 양상으로 두 가지를 꼽았다. 가까이서 세밀하게 살피는 '표상적 직접성'과 멀리서 전체를 조망하는 '인과적 유효성'이다.

솔직히 부동산 전문가로 불리던 초창기에는 나름 목에 힘도 들어가고 약간의 자만심도 없지 않았다. 그러나 40대 후반에 들어서면서 자만심도 배려로 변해갔고 공부할수록 오히려 고객들에게 배울 점이 많다는 것을 깨달았다. 남들 눈에는 고수처럼 보이겠지만 지금도 필자는 직접 현장을 뛰어다니고 도서관에서 책을 찾아보며 계속 배워가는 중이다.

그럼에도 20년에 걸쳐 부동산 한 가지에 집중해서 보다 보니 전체를 조망하는, 멀리 보는 통찰력이 생겼다. 덕분에 남이 보지 못하는 것을 볼 때가 있다.

그중 하나가 '섬이 뜬다'는 관점이다. 필자는 제주도 토지와 아파트가 뜨기 훨씬 전인 2011년부터 제주도 부동산에 투자할 때라고 여러 매체의 칼럼이나 강의를 통해 주장해왔다. 실제 고객들과 투자 상담을 해보니 단순한 투자처가 아닌, 실거주를 위한 차원에서 제주도에 투자하고 싶다는 상담이 많았기 때문이다. 제주도가 오르니 제주도 앞에 있는 섬인 '우도'의 부동산 가격도 많이 상승했다.

특히나 울릉도 땅값은 최근 가파르게 상승 중이다. 필자는 몇 년 전부터 강의 때마다 애국하는 마음으로 투자하라고 반농담조로 울릉도를 추천했다. 4년 전 울릉도에 다녀온 뒤로 일주 도로 개발과 소규모 비행장 계획 정보를 접하면서부터다.

문재인 대통령이 취임하기 전, 한창 촛불 집회가 있을 때부터 청와대 앞쪽 동네인 팔판동도 많이 추천했다. 청와대 개방으로 많은 분들이 방문하게 될 것이기 때문이다. 특히 부모들이 아이 손을 잡고 많이 방문할 것이다. 아이들이라면 "엄마, 배고파"나 "목말라" 하며 떼를 쓸 테고 그러면 자연스레 그 주변으로 편의점이나 아이스크림 가게가 생길 것이다.

'중리단길'이라 불리는 중림동 주변은 '서울역 고가 7017' 공사가 있기 수년 전부터 그 일대 부동산을 추천해왔다. 이 주변 역시 최근 2배 이상 가격이 급등했다. 이 일대 언론사 기자들을 만나러 갈 때마다 밥 먹을 만한 곳이 마땅치 않을 정도로 낙후된 곳이었기에 인근에 위치한 언론사 측에서도 강력히 이 일대 개발을 어필할 만하다고 생각했기 때문이다.

각종 개발 호재로 강남구와 서초구 시세를 뛰어넘기 직전인 잠실 일대를 비롯해 법조 단지로 탈바꿈한 문정동 부동산도 수년 전부터 추천 중이다. 현대백화점(시티아울렛) 입점 정보와 지식산업센터 등 사무실 입점으로 근로자 수만 명이 늘어나 주변 부동산의 수혜가 기대되기 때문이다. 더구나 주변 일대 재건축으로 이주 수요가 대폭 늘어나 전세 가격 상승도 예상되기 때문에 정부의 부동산 규제책에도 이 일대 아파트 매매 가격은 어느 정도 떠받칠 수 있을 것으로 보인다.

한국은 일본과 다르다

일본처럼은 안 된다

한국은행 금융안정국이 내놓은 「인구 고령화가 주택시장에 미치는 영향」보고서에 따르면, 일본에서는 1991~1992년 부동산 버블(거품)이 꺼진 뒤로 생산 가능 인구(15~64세) 비중이 줄고 단카이^{團塊} 세대(1948년 전후 출생자, 일본의 베이비붐 세대)가 은퇴하면서 집값이 장기 하락세를 나타냈다고 한다. 1992년부터 2016년까지 일본 주택 가격의 누적 하락률은 무려 53%에 이르렀다.

2017년부터 한국도 생산 가능 인구 비중이 줄어드는 해를 맞이했다. 그러나 한국은행은 실증 분석을 통해 한국과 일본의 상황은 다르다고 진단했다. 한국 부동산 시장 상승률은 일본만큼 가파르지 않다. 일본에서는 버블 붕괴 직전인 1986~1990년에 6대 대도시 연평균 주택지가 상승률이 22.1%에 달했다. 당시 일본은 대출 규제가 약해서 주택 담보 대출의 담보 인정 비율ᴸᵀⱽ이 100%를 넘었다. 하지만 한국은행은 정부의 부동산 규제로 LTV가 30~70% 이하로 관리되고 있다.

한국은행은 한국의 주택 공급량이 1990년대 일본처럼 높은 수준도 아니라고 지적했다. 일본은 1990년대 초 버블 붕괴로 땅값이 떨어지자 경기 진작을 위해 주택 건설을 늘렸고 이것이 주택 시장 침체를 가속화했다. 이에 비해 한국은 대규모 택지 개발보다는 재건축·재개발 위주의 주택 공급 정책을 펼치고 있다. 재건축·재개발은 기존 주택을 없애고 새 주택을 공급하는 방식이라 대규모 택지 개발 방식과 비교하면 순공급량이 많지 않다. 즉, 생산 가능 인구 비중은 줄었으나

일본과 한국의 생산 가능 인구 비중 및 주택 가격 지수 비교

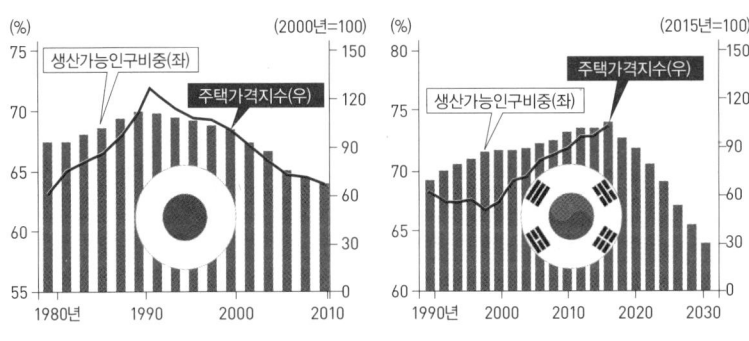

* 자료: 한국은행

　　　　　　　　오르는 부동산 돈 되는 부동산 잘 팔리는 부동산

주택 순공급량은 여전히 부족하다는 뜻이다.

주택 유형도 뚜렷하게 차이가 난다. 일본은 단독주택 비중이 높다. 게다가 매매 거래도 부진하다. 일본의 주택 매매 회전율(연간 매매 건수/재고 주택량)은 0%대 초반에 머물고 있다. 반면 한국은 표준화·규격화된 아파트 비중이 높고 거래도 활발하다. 2016년 주택 매매 회전율은 10.4%를 나타냈다.

다만 고령화로 인한 주택 시장의 구조 변화는 불가피할 것이다. 1~2인 가구 증가, 고령화 등의 영향으로 중소형 평형 수요가 늘어날 전망이다. 일부 지방은 노후 주택 수요가 줄어 빈집이 증가할 가능성도 높다고 진단했다. 월세 중심의 임대차 시장에 고령화가 심화되면서 나타날 주요한 변화다.

필자는 주택 시장을 판단하는 기준으로 고령화, 금리 수급, 정부 정책, 인구 구조, 소득 증가 등 여러 요인이 있다고 생각한다. 그중에서 가장 주택 시장을 크게 움직이는 것이 바로 소득 증가일 것이다. 예를 들어 로또에 당첨되어 50억 원이 생기면 가장 먼저 무슨 생각을 하겠는가? 대부분은 주거 상향 이동 욕구를 보일 것이다.

토지나 상가주택, 오피스텔, 꼬마 빌딩에 관심을

부동산 투자 잘못하면 과거 일본인처럼 거지꼴 된다는 말을 하는 사람들이 있다. 일본에서는 그때 부모 대에서 진 빚을 아직도 자식들이 갚고 있다는 말도 한다. 오래 전부터 듣던 이야기다. 하지만 수년 전부터 진행된 아베노믹스 효과로 일본 경제가 살아나면서 일본에서는 도심 중심부 부동산 가격이 천정부지로 오르고 있다. 이처럼 우리나라에서도 정부 규제가 있다 한들 타이밍만 잘 잡고 종목만 잘 선택하면 얼마든지 부동산으로 돈 벌 기회는 있다.

필자 주변의 부자들은 부동산 규제로 가격 조정이 있을 때마다 오히려 그때를 매수 타이밍으로 잡는다. 얼마 전 간만에 만난 제주도가 고향인 대학 동창생이 기분 좋게 밥을 샀다. 이유는 아버지에게서 물려받은 서귀포 감귤 밭이 10배 이상 폭등, 그중 일부를 팔아 현금을 거머쥐었기 때문이다.

2008년 글로벌 금융위기 당시, 부동산이 대폭락한다는 비관적인 사회 분위기가 만연할 때 과감하게 부산, 대구, 광주. 제주 등 지방 대도시 아파트와 도심권에 위치한 상가주택, 오피스텔, 단독주택, 중소형 빌딩, 한옥, 평택과 제주 지역 토지 등을 매입한 사람들은 최소 2~10배 정도의 차익을 거두었다. 이중에서도 평택과 제주도, 서촌과 북촌에 위치한 한옥, 전주에 있는 한옥마을 관련 부동산 등은 5배 이상 폭등해 부자 반열에 올라섰다.

정부의 부동산 시장 규제로 서울 아파트 시장이 안 좋아지기 훨씬 이전부터 조선소가 몰려 있는 거제도 등 지방 일부와 공급이 몰려 있는 수도권 외곽 지역의 아파트 시장은 좋지 않았다. 그럼에도 호재가

오르는 부동산 돈 되는 부동산 잘 팔리는 부동산

있는 세종시 등 지방 일부 토지나 상가주택, 꼬마 빌딩, 오피스텔, 단독주택 시장은 여전히 수요가 있으므로 적절한 매수 타이밍이 관건이다.

고령화로 부동산 실물 자산은 더 증가 예상

우리나라는 앞으로 고령화가 심해져도 일본 등 다른 선진국과는 달리 오히려 부동산 등 실물 자산에 고령층이 편중되는 현상이 더 심화할 수 있다는 전망이 나오고 있다. 고령화로 도심에 있는 부동산을 처분하고 지방으로 내려가 노후를 보내고자 하는 이들이 많아질 거라는 일반적인 예상과는 다르다. 부동산 투자들은 앞으로 이 점에 주목할 필요가 있다.

한국은행 금융안정국 금융안정연구팀의 「인구 고령화가 금융 산업에 미치는 영향」 보고서는 우선 "우리나라 고령층의 실물 자산 보유 성향이 지속될 경우 앞으로도 국내 가계의 실물 자산 편중 현상은 쉽게 해소되지 않을 것"이라고 내다봤다. 고령층으로 묶이는 우리나라의 65~74세를 기준으로 실물 자산 비중은 83.8%로, 미국(51%) 유로 지역(80.3%) 일본(71.7%·60대 기준) 등 주요국보다 월등히 높다. 35세 미만 연령대에서는 60%에 못 미치는 실물 자산 비중이 나이가 들수록 높아지는 것이다. 선진국은 모기지 제도가 잘 되어 있어서 30대 실

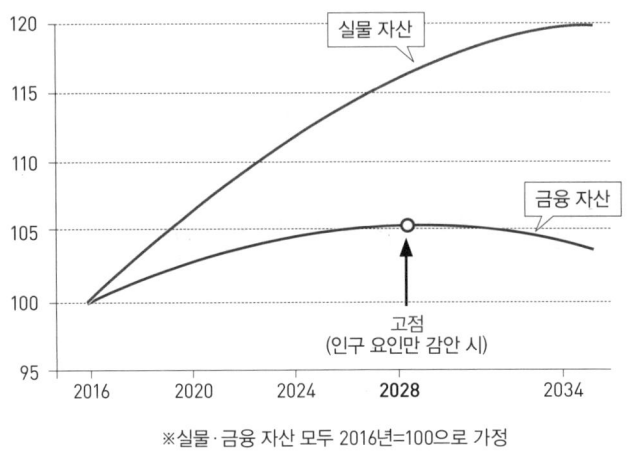

가계 실물·금융 자산 규모 전망

실물 자산

금융 자산

고점
(인구 요인만 감안 시)

※실물·금융 자산 모두 2016년=100으로 가정

＊자료: 한국은행

물 자산 비중이 가장 높은 반면, 우리나라는 집을 늦게 사는 경우가 많기 때문에 노후에 소유한 집 1채가 자산의 전부인 상황이 적지 않다고 강조했다.

따라서 미래에도 부동산 편중 현상이 지속될 상황을 대비해서 주택연금 등 각종 역모기지 상품을 활성화하는 것이 중요하다고 지적했다.

이처럼 주택 보유율이 높은 고령층 인구가 늘어나면서 향후 전·월세 보증금은 감소할 가능성이 있다. 노후 소득 확보를 위해 보유 부동산을 전세보다 월세로 돌리면서 월세 공급은 늘어나겠지만 젊은 층 인구는 나날이 감소, 결국 수요와 공급이 일치하지 않아 보증금이 감소할 수밖에 없다는 것이다.

한국 부자들, 부동산 애착 대단

우리나라에서 아파트 가격은 일본과는 달리 중장기적으로는 우상향 그래프를 그릴 것으로 보인다. KB 금융지주경영연구소가 발표한 「2017 한국 부자 보고서」를 보면 우리나라에서 '부동산 불패론'은 여전하다. 금융 자산 10억 원 이상 부자들 가운데 400명을 대상으로 설문 조사를 한 결과, 대부분 부동산을 통해 자산을 불려온 것으로 밝혀졌다. 부자들이 보유한 자산 중에서 부동산 비중(52.2%)이 가장 높았으며 그 다음이 금융 자산(44.2%), 기타 자산(3.6%) 순이었다. 수익률 높은 투자처로 꼽은 것도 국내 부동산(32.2%), 국내 주식(23.4%), 해외 주식(9.7%) 순이었다.

아파트에 대한 부자들의 믿음도 여전했다. 부동산 투자를 할 때 아파트(중복 응답 49%)와 땅(48.7%), 빌딩·상가(42.6%) 순으로 선호한다고 응답했다. 앞으로 유망한 부동산 투자로는 재건축 아파트(27.7%), 빌딩·상가(26.2%), 토지·임야(16.2%), 일반 아파트(9.2%) 순으로 꼽았다. 2016년만 해도 빌딩·상가(33.0%)가 유망 부동산 투자 1순위였으나 2017년에는 재건축 아파트가 그 자리를 차지했다.

자산 구성비의 변화 추세

단위: %

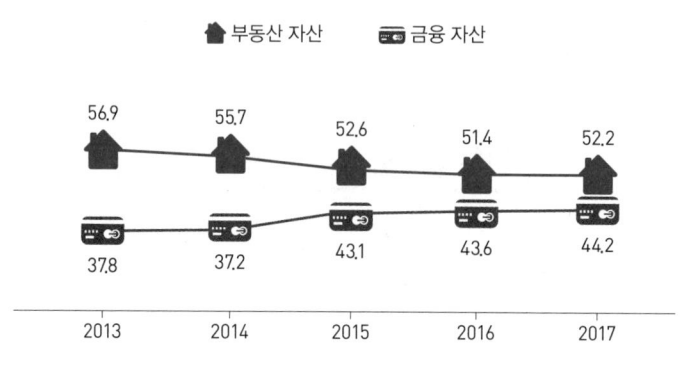

🏠 부동산 자산　　📇 금융 자산

56.9　　55.7　　52.6　　51.4　　52.2

37.8　　37.2　　43.1　　43.6　　44.2

2013　　2014　　2015　　2016　　2017

* 자료: KB 금융지주경영연구소

유망 부동산 투자 분야

단위: %, 1순위

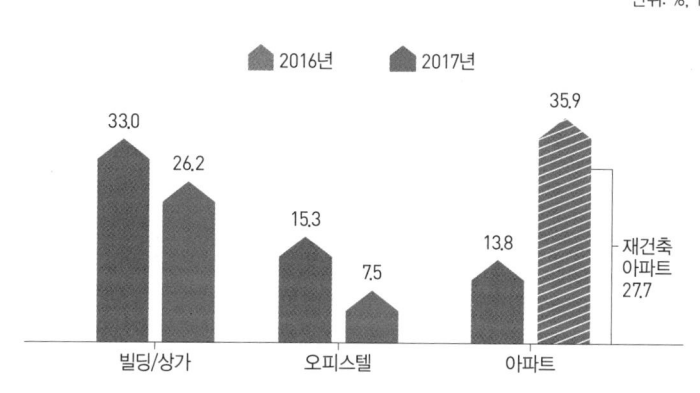

🏠 2016년　　🏠 2017년

빌딩/상가　　33.0　　26.2

오피스텔　　15.3　　7.5

아파트　　13.8　　35.9

재건축 아파트 27.7

* 자료: KB 금융지주경영연구소

오르는 부동산 돈 되는 부동산 잘 팔리는 부동산

이처럼 '부동산 불패론'은 좀처럼 수그러들 기미가 없어 보인다. 앞으로 경기 침체가 지속된다고 해도 부동산을 처분하겠다는 부자는 전체의 20.2%밖에 되지 않았다.

8·2 부동산 대책 발표에도 불구하고 자산가들은 재건축·재개발 주택을 가장 유망한 투자 상품으로 여기는 것으로 나타났다. 또 다주택자는 정부 의도와 달리 임대주택 등록을 기피하는 것으로 조사됐다.《한국경제신문》이 신한은행 부동산투자자문센터에 의뢰해 자산가 145명을 대상으로 8·2 대책 발표 이후 부동산 시장 전망을 주제로 설문 조사한 결과다. 설문은 이 은행에 현금 3억 원 이상을 예치한 자

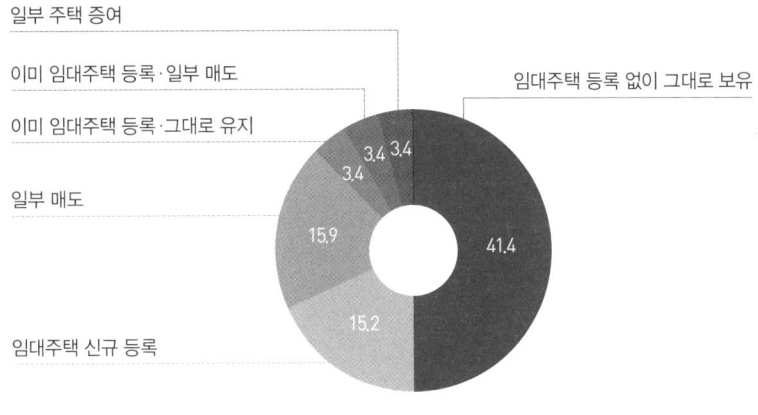

8·2 대책 이후 여분의 주택 처리 계획 관련 설문 조사

단위: %

일부 주택 증여

이미 임대주택 등록·일부 매도

이미 임대주택 등록·그대로 유지

임대주택 등록 없이 그대로 보유

일부 매도

3.4 3.4

3.4

15.9

41.4

15.2

임대주택 신규 등록

※신한은행 3억 원 이상 예금 보유 자산가 145명 설문

* 자료: 신한은행

산가를 대상으로 했다. 이번 대책의 효과와 관련해서는 집값을 잡기에는 역부족일 것이란 의견이 조금 우세했다. 응답자의 56.5%가 반짝 효과에 그치거나(31.7%) 재건축이나 재개발에만 영향을 줄 것(24.8%)이라고 답했다. 중장기적으로 집값을 안정시킬 것이란 응답은 41.45%였다.

거주하지 않는 주택 처리와 관련해서 다주택자(2주택 이상 보유자)의 41.4%는 현재처럼 임대주택으로 등록하지 않고 그냥 보유만 할 것이라고 응답했다. 임대주택으로 등록한 뒤 계속 보유할 것(15.2%)이라는 의견보다 압도적으로 많았다. 앞으로 1년간 투자할 예정인 상품으로는 무려 70.3% 부동산을 꼽았다. 주식은 7.6%, 외환은 2.15%에 그쳤다. 부동산 중 유망한 상품으로는 31.77%가 재건축·재개발 주택을 꼽았다. 수익형 상품인 상가(17.9%)와 중소형 빌딩(17.2%)이 그 뒤를 이었다.

정리해보면 우리나라는 부동산에 대한 애착이 있을 뿐만 아니라 일본에는 없는 전세 제도가 존재하기 때문에 집값이 전세가 이하로는 떨어지기 힘든 구조다. 따라서 일본처럼 폭락할 가능성은 없다고 봐도 무방하다.

4

노후대비 하려면
은행에 돈 선별해 맡겨라

"노후대비 하려면 은행에 돈 절대 맡기지 마세요!"

20여 년 전 필자가 은행에 다닐 때만 해도 예금을 많이 끌어오는 사람이 지점장의 사랑을 독차지했다. 당시 예금 금리는 10%대였다. 때문에 고객들도 은행원 말만 듣고 은행에서 출시하는 예·적금 상품에만 성실히 가입해도 충분히 노후 대비가 되던 시대였다.

하지만 저금리가 본격화되면서 은행에서는 은행의 수익성을 위한다는 명목하에 증권보험사 상품까지 판매하기 시작했다. 예·적금보다 대출, 대출보다는 펀드나 보험 순으로 취급 상품의 중요도가 높아졌다. 결국 은행의 이익을 위해 수수료가 많이 나가는 상품을 팔다 보니 고객이 맡긴 원금이 깨지는 현상까지 발생하는 일이 다반사가 되었다.

은행의 수익 모델 변천사는 이뿐만이 아니다. 1990년대 말 필자가 은행에 들어갔을 때만 해도 신용카드를 만들어달라는 민원을 거절하기가 쉽지 않았다. 그러나 지금은 신용도가 약한 학생들에게 돈을 주면서까지 카드를 만들어주며 소비를 조장한다. 결국 은행 배만 불려주는 신용카드 발급을 마구잡이로 권유하고 있는 것이다.

지금의 은행은 고객의 자산 관리를 위해 존재하는 것이 아니다. 그저 핵심 성과 지표ᴷᴾᴵ 할당량을 채우기 위해 수수료가 많은 보험이나 펀드를 팔고 있다고 보면 된다. 결국 원금 손실을 내면서도 매년 수수료를 받아 챙기며 자신들의 호주머니를 먼저 채우는 '약탈적' 금융기관으로 바뀐 것이다.

"대표님, 애기 아빠가 은행에서 지점장으로 퇴직했는데요. 머리에 든 건 많은데 제가 볼 때는 헛똑똑이인 것 같아요. 투자에 실패해 돈이 하나도 없어요."

"은행에서 PB로 있었는데 투자해서 별로 재미를 못 보았네요. 고객들에게만 은행 상품을 팔고 자기는 부동산에 꾸준히 투자한 동기는 지금 30억짜리 상가주택을 가지고 있거든요. 허허허."

은행원 출신이라는 고객들이 상담하면서 꺼내 놓은 말이다. 투자에 대해서는 본인이 가장 많이 안다는 마법에 걸린 채 조직에 충성하기 위해 스스로 펀드나 보험에 무더기로 가입하고 이를 고객들에게도 추천해온 결과다.

　은행원 출신인 필자도 한동안 "선진화된 투자법으로 무장된 금융이 이긴다"는 확증 편향confirmation bias에 사로잡혀 밤낮을 가리지 않고 금융 투자에 몰입했지만 결과는 항상 참담했던 경험이 있다.

　"고객의 요트는 어디에 있는가?(Where are the customers' yachts?)"

　월가의 탐욕을 깨닫게 하는 오랜 격언이다. 1929년 미국 대공황 당시 주식 중개인으로 일하다가 월가를 떠난 프레드 슈웨드 주니어가 1940년에 쓴 베스트셀러의 제목이기도 하다. 내 방 책꽂이에도 꽂혀 있는 이 책의 주요 내용은 이렇다. 다른 도시에서 온 한 방문객이 가이드의 안내를 받으며 뉴욕 금융가를 구경하고 있었다. 그러다 맨해튼 남쪽 배터리 공원에 도착했을 때다. 가이드가 정박 중인 멋진 보트들을 가리키며 말했다. "저 배들이 바로 은행가와 주식 중개인들의 요트랍니다!" 그러자 방문객이 순진하게 물었다. "그럼 그 고객들의 요트는 어디에 있지요?"

　책의 저자인 슈웨드는 펀드매니저들도 날카롭게 비판했다.

　"일과를 마칠 때면 펀드매니저들은 모든 돈을 가져다 허공에 대고 던진다. 그때 그중 천장에 붙은 돈만 고객 돈이다."

　슈웨드의 분석은 여전히 유효하다. 인덱스 펀드를 개발하고 글로벌 자산 운용사를 일궈낸 존 보글 전 뱅가드 회장은 "상장지수펀드를 조심하라"고 경고하기도 했다. 그는 "ETF 수수료가 싼 것 같지만 잦은 매매 때문에 가장 확실한 승자가 되는 것은 월가의 주식브로커와 딜러뿐"이라고 비판했다. ETF의 연간 매매 회전율이 2000~4000%에 이른다는 점을 지적하면서, 21세기에 가장 혁신적인 증권 상품으로 꼽히는 ETF마저도 탐욕으로 변질됐다고 말했다.

필자도 과거 금융으로 엄청난 돈을 날린 끝에 얻은 결론은 금융 상품에 직·간접 투자하면 금융 회사는 고객의 손익은 아랑곳하지 않은 채 그들과 함께 거대 자본과 고급 정보로 무장한 외국인 투자자들만 돈을 벌어간다는 것이다.

단순한 것이 아름답다

'단순한 것이 아름답다Simple is beautiful'는 말이 있다. 단순하다는 것은 복잡하지 않고 명료하다는 것이며 알기 쉽다는 뜻이다.

주식·채권만 해도 복잡한 판에 구조화한 상품이 수두룩한 데다 영어로 표기되어 일반인이 도통 이해하기 힘든 금융사 상품들이 너무 많다. 투자자 입장에서 이해하기 쉬워야 좋은 상품이고 그런 상품이 수수료도 싸다. 그런 걸 고르는 게 좋은 투자다. 상식선에서 투자자가 이해하지 못한다면 이는 투자가 아니라 투기다. 중장기적으로 봤을 때 가장 안정적이고 좋은 수익률을 올리는 길은 이해하기 쉽고 팔기 쉽게 재단된 상품으로 자산 포트폴리오를 '단순하게' 구축하는 것이다.

은행에 가서 영어로 된 상품, 예를 들어 글로벌GLOBAL이란 말이 붙어 있는 상품, ISA, ○○○ ASSET, ELB 등이 붙어 있는 상품은 가급적 가입하지 않길 바란다. 통계적으로 매년 나가는 수수료 때문에 은행만 돈을 버는 상품이다. 결국에는 고객들이 투자한 금액을 다 마이너스로 만들어버리는 것이다. 은행에 가서 금융 투자 상품을 찾는다면, 금리가 낮더라도 한글로 된 예금이나 적금 상품만 가입하길 바란다.

은행을 떠나라는 말은 은행의 이익을 위한 상품인지 나 자신을 위한 상품인지 가입 수수료와 매년 나가는 수수료를 비교, 손실을 볼 경우의 수까지 대비해서 잘 판단하고 나서 상품에 가입하라는 말이다. 매년 이자까지 더해서 재예치하면 노후 대비용으로 펀드나 보험이 아닌 단순한 은행 예·적금도 여전히 훌륭한 복리 상품이며 안전한 상품일 수 있다는 것을 명심하자.

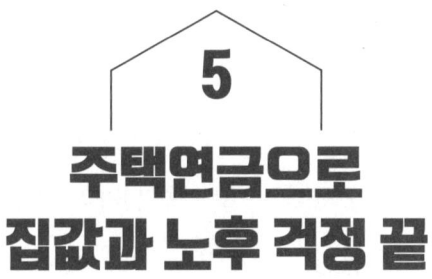

5
주택연금으로
집값과 노후 걱정 끝

가급적 빨리 가입하는 것이 유리

"집이 1채 있긴 한데 거래도 안 되고, 이 와중에 생활비도 부족하고 걱정이네요. 어떡하면 좋을까요?"

필자가 본사에서 진행한 '문재인 정부 부동산 대책 이후 자산 관리 전략'에 모인 어르신들의 한결같은 질문이다. 부족한 노후 자금을 어떻게 마련하면 좋을지에 대한 고민이 전부라고 해도 과언이 아니다. 그럴 때 이런 제안을 해본다.

"9억이 안 넘는 아파트를 사서 주택연금을 받으면 되지 않을까요?"

우리나라에서는 거래 금액 9억 원이 부자를 가르는 기준으로, 9억 원이 넘어버리면 양도세와 종합부동산세 등 정부 규제를 받는다. 현재 주택연금에 가입하면 문재인 정부의 부동산 대책으로 집값이 추가적으로 하락한다 해도 받는 연금에는 변함이 없다. 연금 가입 후 주택 가격이 상승하면 연금을 해지하고 집을 다시 찾으면 된다. 해지 수수료도 없으니 더욱 좋다.

실제로 상담을 받아 보면 주택연금에 관심을 가지는 고객의 상당 수가 자녀에게 주택을 상속하기보다는 살던 집에서 그대로 살면서 현재 자녀들에게 주는 부담을 더는 편이 낫다고 생각한다. 게다가 문재인 정부의 부동산 규제로 인한 주택 가격 하락 위험으로 연금액이 줄어들기 전에 신청하겠다는 의견이 대다수다.

8·2 부동산 대책 전에 10억 하던 집값이 1억 원이나 떨어졌다고 해도 이는 오히려 멀리 보면 좋을 수도 있다. 집값이 9억 원 이하가 되면 주택연금 신청 요건(9억 원 이하)에 부합하기 때문에 오히려 평생 주택연금을 누리며 살 수 있다. 게다가 건강 상태가 좋아서 장수할 수 있다면 집값보다 훨씬 더 많은 연금을 받을 수 있으니 오히려 남는 장사일 수도 있다.

연금액은 신청자의 나이와 집값에 따라 달라진다. 나이가 많을수록, 집값이 비쌀수록 많이 받는 구조다. 따라서 문재인 정부의 주택 시장 규제로 집값이 떨어진다면 이에 따라 연금 수령액도 줄어들 수 있으므로 가급적 빨리 신청하는 것이 주택연금 재테크 방법이다.

기본적으로 주택연금은 집값보다 적은 연금을 받다가 사망하면 청산 후 남은 금액을 상속인에게 넘긴다. 반면 가입자 본인이 오래 살아 집값보다 많은 금액을 연금으로 받아도 추가로 청구되는 금액은 없다. 2017년 기준 만 70세가 2억 원짜리 주택으로 주택연금에 가입하고 평생 매월 일정 금액을 받는 종신 지급형을 선택하면, 매월 61만 6,000원, 3억 원 주택은 92만 4,000원, 5억 원 주택은 154만 원을 받을 수 있다.

주택연금은 자녀 몰래 가입하자

이렇게 말하면 조금 우습지만, 주택연금을 가입할 때는 자녀에게 굳이 알릴 필요는 없다. 부모님 집을 물려받는 것을 당연시하는 우리나라 정서상, 부모의 주택연금 가입이 자녀들에게 괜한 서운함을 불러올 수도 있기 때문이다. 따라서 가급적 주택연금에 가입할 때는 자녀들에게 충분히 이해를 시키거나 그러기 힘들 바에는 아예 가입 자체를 비밀리에 부치는 것이 더 나을 수도 있다.

"선생님들, 주택연금 들어보셨죠?"

"집 맡겨 놓고 용돈 타는 거 아닙니까!"

필자는 정부기관 초청으로 시골 어르신을 대상으로 군청 강당이나 복지회관에서 자산 관리 특강을 할 때가 있다. 그러면서 알게 됐지만, 일반적으로 시골분들이 금융 상품에 무지하다는 생각은 편견에 불과하다. 주택연금 또한 잘 모른다고 생각할 수 있지만 전혀 그렇지 않다. 가족 부양과 자녀 교육으로 미처 노후 준비를 하지 못한 고령층에게 주택연금으로 자녀들의 부양 부담을 덜어주겠다는 인식은 도시와 농촌을 가리지 않고 자리 잡아가고 있다.

한편, 주택연금에 가입한 사람들이 가장 궁금해하는 것 중 하나가 세금 혜택 부분이다. 소득세법상 매년 한국주택금융공사의 주택연금 가입자는 대출 이자 비용에 대해 연간 최대 200만 원까지 연금소득 공제를 받을 수 있다. 저당권 설정 시 등록면허세와 지방교육세, 농어촌특별세, 국민주택채권 매입 의무 면제, 주택연금 대상 주택에 한해 재산세 25% 면제 등의 혜택을 받을 수 있다. 대출금 변제를 위해 처분 시 1세대 1주택의 비과세 요건에 해당하면 양도소득세 비과세 적용도 가능하다.

주택연금의 모든 것

그럼 주택연금의 가입 조건과 평가 기준, 지불 방식 등 세부적인 사항들을 하나씩 짚어보기로 하자.

주택연금 가입 조건
주택연금을 수령하기 위해서는 소유자 및 배우자 연령이 만 60세 이상으로, 1가구 1주택 또는 보유 주택 합산 가격이 9억 원 이하인 다주택자까지로 그 대상이 확대됐다.

해당 주택은 저당권이나 전세권 등이 설정되어 있지 않아야 한다. 또 반드시 본인이 거주하고 있어야 하는데 전·월세는 원칙적으로 금지되어 있다. 단 보증금 없이 월세로 놓는 것은 가능하다.

집을 가진 자녀가 같은 세대원이라 해도 1주택자로 인정받을 수 있다. 2주택자라면 1채를 처분한 뒤 가입하면 된다. 형제·자매와 공동 소유인 경우는 가입이 불가하다. 배우자의 대리 서명은 인정하지 않으므로, 본인이 직접 공사와 대출 은행 서류에 자필로 서명해야 한다.

문화재로 지정된 주택이나 면 소재지에 있는 소규모 주택 등은 주택 수 산정 때 제외된다. 가입 대상 주택은 주택법상의 주택(아파트·단독주택 등)과 분양형 노인 복지 주택(실버주택)이다. 상가, 재개발·재건축이 예정된 주택, 가압류 등의 권리 침해가 있는 주택으로는 현재로서는 신청이 불가하다.

주택 평가 기준

아무래도 연금 수령액에 영향을 미치는 결정적 요인이다 보니 주택 평가 기준을 가장 많이 궁금해한다. 주택 가격을 감정할 때는 한국감정원 시세와 국민은행 인터넷 시세를 근거로 한다. 딱히 근거가 없는 단독주택 등은 한국감정원에 시가를 평가해달라고 의뢰한다. 매매계약서상의 가격이나 신청인이 임의로 제시하는 가격은 인정하지 않는다. 투기 지역 등 다른 부동산 거래 제한 정책과도 관계없이 한국감정원과 국민은행 등이 산정한 주택 가격을 100% 인정한다. 시가가 9억 원이라도 5억 원어치만 연금화할 수 있다. 나머지 부분은 사라지는 것이 아니고 청산 후 상속인에게 지급하거나 수시인 출금 제도를 이용해 일부를 현금으로 받을 수 있다. 주택연금은 주택 담보 대출 비율에 영향을 받지 않는다.

근저당권은 한계 연령(100세)까지의 예상 연금 수령액의 120%를 설정한다. 설정 금액을 높게 잡는 것은 빠듯하게 잡았을 때 추가 설정에 또다른 비용이 드는 것보다 넉넉히 잡는 것이 서로 유리하기 때문이다. 집에 대출이 끼어 있거나 전·월세 보증금이 있어도 연금화할 수 있다. 주택 담보 대출 상환 등을 위해서는 수시 인출금 한도를 대상 주택 가격의 50%까지 높일 수 있다. 이 돈으로 대출·보증금을 상환한 뒤 연금화하면 된다.

주택연금 지급 방식

보통은 정액형으로 매달 일정 금액을 받지만, 가입 기간에 따라 금액을 높이거나 낮추는 것도 가능하다. 정액형, 증가형, 감소형, 이렇게 세 가지로 나뉜다. 정액형은 앞서 말한 대로 가입 시부터 사망 시까지 계속 같은 돈을 받는 것이다. 증가형은 해마다 3%씩 금액을 늘려나가는 방식이고 반대로 감소형은 3%씩 줄어드는 형태다. 대출 등으로 선순위 채권자가 있으면 대출 한도의 50% 내에서 연금을 한꺼번에

받아 대출을 갚고 나머지 금액으로 연금을 받으면 된다.

또는 수시 인출금 제도를 활용하는 것도 방법이다. 집 1채가 있고 연금이 있더라도 갑작스러운 사고나 질병 등 여러 가지 이유로 큰돈이 필요할 일이 생길 수 있다. 이럴 때를 위해 일부 금액을 수시 인출금으로 설정하고 필요할 때 찾아 쓰는 제도다. 자녀 결혼 자금, 의료비등 일반 목적으로는 주택 가격의 30%까지 설정할 수 있다. 수시 인출금 한도를 조정할 수도 있다. 다만 수시 인출금은 쓰지 않은 채 부부모두 사망할 경우 상속되지 않고 그대로 청산된다. 수시 인출금을 상환해도 한도는 복원되지 않는다.

신탁 방식의 주택연금 도입도 진행하고 있다. 신탁 방식의 주택연금은 주택 소유자가 사망했을 때 배우자가 안정적으로 계속 연금을 받기 위한 방식이다. 그동안 소유권을 공사로 이전하는 데 대한 거부감 때문에 배제했지만 앞으로는 신탁 방식의 간편한 절차 등이 오히려호응을 얻을 수 있을 것이다.

기타 사항

주택연금을 받는 상태에서 주택을 매매할 때는 이사 갈 다른 집으로 담보 주택을 변경해서 계속 이용이 가능하다. 또한 연금을 받다가재건축·재개발이 진행되면 담보 주택이 사라지고 새 주택이 들어서는 것으로 보고 해지하는 것이 원칙이다. 기존 대출 원리금을 상환하고 재개발·재건축이 완료된 이후 다시 새 주택을 대상으로 주택연금에 재가입할 수 있다.

연금을 받다가 부부 모두 사망하면 법원 경매를 통해 처분하고 청산한다. 이때 상속인이 집을 물려받기를 원한다면 대출금(연금 수령액)을 갚는 조건으로 물려받을 수 있다. 경매 처분 시에도 연금 지급 시 이미 경매 처분 낙찰가율을 반영해 계산하기 때문에 시세 차이는 우려하지 않아도 된다. 다만 채무자나 상속인 요청이 있으면 임의 매각도 허용한다.

주택연금은 금융 회사가 돈을 지급하는데 이를 주택연금공사가 보증하는 방식이다. 심사를 거쳐 보증서를 발급받고 국민·신한·우리·하나·기업은행 등 10여 개 금융사에서 대출 약정을 맺으면 된다. 가입을 위해서는 먼저 주택금융공사 지사를 방문해야 한다. 주택금융공사 홈페이지나 전화(1688-8114)로 예약해 상담을 받을 수 있다. 주택 담보 대출을 받고 있더라도 가입은 가능하다. 은행 등의 주택 담보 대출을 주택금융공사 대출로 갈아타는 방식이기 때문이다. 이 경우에는 대출금을 갚고 남은 돈을 연금으로 받는 형태로, 앞서 안내한 대로 연금 수령액은 줄어든다.

돈 벌려면 여자 말 따라라

"사모님과 같이 오시는 게 어떨까요, 사장님."

혼자서 상담을 오겠다는 남편분들에게 필자는 반드시 사모님과 동행할 것을 부탁한다. 그게 다 남편분들의 안위를 위해서다.

경험상 아내가 고른 부동산이 크게 오르지 않더라도 남편분들은 대개 다른 일로 바쁜 나머지 큰 관심을 기울이지 않는다. 덕분에 가정은 별 탈 없이 원만하게 돌아간다. 하지만 반대의 경우는 얘기가 달라진다. 남편이 독단적으로 고른 부동산이 오르더라도 아내의 기대치에 미치지 못하면 아내의 성화에 가정생활이 원만히 유지되지 못할 때가 많다.

얼마 전 라이나생명보험이 발생하는 잡지《헤이데이》와 서울대학교 행복연구센터가 진행한 '대한민국 중·장년의 일상에서의 행복'에 관한 설문 조사에 따르면, 다른 연령대에 비해 50대가 배우자와 같이 있을 때 느끼는 행복감이 가장 낮은 것으로 나타났다. 30~40대가 배우자와 같이 있을 때 행복감을 가장 많이 느끼는 것으로 집계됐고, 60대가 그 뒤를 이었다. 성별로 보면 여성들은 전 연령대(30~60대)에서 이웃·지인과 있을 때 느낀 행복도가 8.39점으로 가장 높았다. 친구·연인과 함께 있을 때 느끼는 행복도는 8·2점, 부모·형제·친지는 8.05점, 자녀·손주는 7.85점, 혼자 있을 때는 7.18점으로 나타났다. 즉, 배우자보다는 친구나 이웃과 있을 때 더 많은 행복감을 느끼는 것으로 나타났다.

생물학적으로도 남성은 나이가 들수록 여성 호르몬 분비가 활발해져 여성화된다. 거꾸로 여성들은 남성화되어간다고 한다. 남성 호르몬(테스토스테론)은 뼈와 근육을 증강시키는 데 도움을 주는 호르몬이고, 여성 호르몬(에스트로겐)은 지방 합성 증가와, 간 기능, 뼈와 심장에 도움을 주는 호르몬이다.

보통 남성들은 나이가 먹을수록 가족들의 사소한 말 한마디에 서운해지고 나약한 남성상을 보이며 때로는 폐경기 비슷한 증상도 겪는다. 남자는 나이가 먹을수록 약한 존재로 전락할 수밖에 없다는 것은 미국 존슨홉킨스대학교 조사 결과로도 나와 있다. 남녀는 미각味覺, 촉각觸覺, 후각嗅覺에는 별다른 차이가 없지만, 남자의 청각聽覺과 시각視覺은 여자보다 크게 떨어지는 것으로 드러났다.

그 내용을 좀더 자세히 살펴보면 이렇다. 남성은 연령과 상관없이, 전반적으로 여성보다 청각 능력이 좋지 않고 같은 나이의 여성보다 청력 상실을 겪을 확률이 5.5배나 높다. 이미 20세부터 청각 능력이 떨어지기 시작한다는 것이다. 남녀의 시각 능력 차이는 선천적으로 차이가 난다. 색을 식별하려면 세 가지 단백질이 필요한데, 이 중 두

가지 단백질을 포함한 유전자가 'X염색체'에 있다. 여성은 성염색체가 'XX'로 구성되어 있어서 하나의 X염색체가 손상돼도 다른 하나로 보완할 수 있지만, 남성의 성염색체는 'XY'라 보완이 불가능하다고 한다. 손상된 남성의 X염색체는 결국 시각 능력을 현저히 떨어뜨린다. 또 해외 유수의 연구기관 자료만 보더라도 남편 없이 홀로 사는 여성 노인은 남편이 있는 경우보다 오래 산다고 보고된다.

그래서 필자는 건설사 대표들을 만날 때마다 남성의 좁아져가는 입지를 고려, 주부를 위한 주방이나 거실 설계에서 벗어나 집 안에서 밀려나기 쉬운 외로운 남성을 위한 공간 구성 마케팅이 필요하다고 역설한다.

아내가 고른 집이 가격 상승력도 높다

집을 고를 때 평균적으로 아내가 좋아하는 집이 살기도 좋고 나중에 팔았을 때 시세 차익도 많이 거둘 수 있다. 아무래도 집 안에서 그 어떤 가족 구성원보다 오래 머무는 주부의 특성상, 남편보다 더 꼼꼼히 집 안뿐만 아니라 외부 환경적인 요인을 구석구석 살피기 때문이다. 일반적으로 투자 성적도 남성보다 여성들의 수익률이 더 높다. 여성은 안전 지향 본능과 인내심이라는 재테크의 기본 원칙을 애초부터 가지고 태어났다고 해도 과언이 아니다. 부동산이든 주식이든 간에 투자를 앞두고 가장 이상적인 방법은 부부 공동으로 의견을

오르는 부동산 돈 되는 부동산 잘 팔리는 부동산

합치해 결정하는 것이다. 가정의 행복을 위해서도 그렇고 투자 정확도를 위해서도 그렇다.

부동산 업계에서 나름대로 전문가로 인정받는 필자도 가족들이 거주할 집을 고를 때는 반드시 아내에게 맡긴다. 나름대로 꼼꼼히 분석하고 투자에 임하지만 그래도 예측하지 못한 리스크 요인까지는 알 수 없기 때문이다. 오래전 필자도 나름 판단해서 집을 구한 적이 있었으나 거주 기간 내내 집 때문에 아내나 아이들에게 별로 좋은 소리를 들은 기억이 없다. 필자는 투자 가치를 1순위로 꼽았으나 실제 집에서 거주하는 아내와 아이들은 거주 요건까지 고려하기 때문이다. 이 사건 이후로 실거주를 위한 집을 고를 때는 아내와 아이들이 나서서 고르게 하고 필자는 주로 구입에 필요한 돈만 건넨다. 그것이 오히려 마음이 훨씬 편해서 사업에도 집중할 수 있다.

이렇듯 집을 고를 때는 돈의 가치보다는 더 중요한 플러스 알파까지 고려해야 한다. 남성들보다 더 많은 시간을 집에서 보내고 가족 전체를 생각하는 주부들이야말로 오히려 판단력이 옳을 때가 많다는 것이 업계의 정설이다.

3장
돈 없어도
도심에 투자하라

도시 재생
뉴딜 정책 투자법

부동산 규제와 도시 재생 뉴딜 사업 사이

필자가 매주 주말 본사에서 개최하는 부동산 세미나는 미리 예약하지 않으면 빈자리가 없을 정도로 인산인해를 이룬다. 부동산 규제 대책과 관련한 궁금증뿐만 아니라 도시 재생 뉴딜 정책 수혜지를 알아보기 위해서다.

뉴딜 정책은 전체 사업의 70%가량을 시·군·구 지자체에게 주도권을 위임해 지역별 다양성을 확보할 방침이다. 문재인 정부의 도시 재생 뉴딜 정책은 아파트 시장이 안정되면 서울에서도 다시 재개될 예정이다. 이런 도시 재생 뉴딜 정책을 통해 그동안 부동산 시장에 악재로 여기던 서울 아파트 과잉 공급도 장기적으로 줄어들 것으로 보고 있다.

정부의 강력한 8·2 부동산 규제가 나오기 전까지 서울 집값 상승이 예상되던 배경을 꼽자면, '재건축 이주 수요', '도시 재생으로 인한 공급 감소 기대감', '추경으로 인한 인플레 심리', '새 정부의 경기 회복에 맞춘 한국은행의 상당 기간 저低금리 기대감' 등이었다.

도시 재생 뉴딜 사업이 본격적으로 시작되면 아파트 중심의 주택 시장에서 외면 받던 다세대·연립주택 거래도 활기를 띠고 새로운 투자처로 떠오를 것이다. 서울시 도시재생위원회에서는 우선 서울역 역세권과 영등포·경인로 일대 도시 재생 활성화 계획안을 다룰 예정이다.

도시 재생 뉴딜 사업을 환영하는 현수막

오르는 부동산 돈 되는 부동산 잘 팔리는 부동산

서울시는 광화문과 강남 영동대로 지하 공간에 대규모 지하 도시를 건설하겠다고 밝혔다. 더불어 잠실 운동장 일대, 광운대 역세권 개발 등 굵직한 사업 등을 추진 중이다. 서울 지역 균형 발전을 위한 '2030 생활권 계획'을 발표하기도 했다. 이는 낙후 지역에 192만m^2의 상업 지역을 지정하고 용적률 등의 혜택을 주는 것을 내용으로 한다. 이렇듯 최근 도시 계획을 바라보는 박원순 서울 시장의 관점은 '보존'과 '복원'에서 '개발'로 무게 중심이 옮겨지는 듯 보인다.

도시 재생 뉴딜 사업이란 무엇일까?

그렇다면 도시 재생 뉴딜 사업이란 구체적으로 무엇을 말하는 것일까? 도시 재생은 기존의 완전 철거식 정비 사업에서 벗어나 소규모 개발을 통해 기존의 모습을 유지하면서도 낙후된 지역에 활력을 불어넣는 사업 방식을 가리킨다. 대표적인 예로 창신동을 들 수 있다. 창신동 일대는 서울에 얼마 남지 않은 달동네 가운데 하나다. 10년 전 뉴타운으로 지정됐다가 주민 반대로 해제됐다. 그랬던 곳이 2014년부터는 도시 재생 사업을 진행하고 있다. 골목길에서 흔히 볼 수 있는 작은 봉제 공장을 육성하고 주차장을 짓는 등 마을의 자생력 키우기와 주거 환경 정비에 한창이다. 2014년 도시 재생이 국가 선도 사업으로 지정되면서 국비와 서울시비 200억 원이 투입됐다.

유형별 서울시 재생 지역

경제 기반형	서울역 역세권 일대, 창동·상계 일대, 영등포 경인로 지역
중심 시가지형	세운상가 일대, 낙원상가 일대, 장안평 일대, 정동 일대, 용산 전자상가 일대, 마장동 일대, 청량리·제기동 지역, 4·19사거리 일대, 독산동 우시장
근린 재생 일반형	창신·숭인 일대, 가리봉 일대, 해방촌 일대, 성수1·2가동 일대, 신촌동 일대, 암사1동 일대, 장위동 일대, 상도4동 일대, 수유1동, 창3동, 불광2동, 천연·충현동, 묵2동, 난곡·난향동, 안암동
주거 환경 관리 사업	신영동, 수색동, 목2동

낡은 주택을 공공 임대주택으로 활용하며 동네마다 아파트 단지 수준의 마을 주차장과 어린이집, 무인 택배 센터 등을 지원한다. 이렇게만 된다면 살기 좋은 동네가 조성되어 해당 지역뿐만 아니라 인근 주택들도 가격이 상승할 가능성이 있다.

기존의 골목길, 낡은 주택, 상권, 지역 고유의 문화·역사성 등을 고스란히 살리면서 쇠퇴한 지역 경제를 활성화하는 것이 재생 사업의 주된 목적이다. 주차장과 도서관을 짓고 폐쇄회로TV^{CCTV} 카메라를 설치해 치안 강화를 위한 노력도 기울인다. 그 과정에서 국지적인 재개발도 있을 수 있다. '지우고 새로 쓰는 도시'에서 '고쳐서 다시 쓰는 도시'가 서울시의 도시 재생 정책 방향이다.

문재인 정부의 도시 재생은 서울시 모델이 중심이 되어 진행될 것이다. 서울시 도시 재생 기획자였던 김수현 전 서울연구원장이 현재 청와대 사회수석으로 임명되었기 때문이다. 서울에 지정된 서울형 도시 재생 지역은 모두 30곳이며 지역 특성에 따라 성격은 조금씩 다르다. 세운상가나 용산 전자상가, 마장동 일대처럼 특정 산업이 몰린 지역 재생을 위한 '중심 시가지형', 불광2동, 안암동, 창3동 등 상권의 활력을 되찾기 위한 '근린 재생 일반형', 신영동처럼 동네 환경을 개선하고 지역 경제 활성화를 돕는 '주거 환경 관리 사업' 등으로 나뉜다.

장위 13구역과 상도4동, 도시 재생으로 환골탈태

저층 노후 주택이 밀집된 장위동과 상도4동 주거 환경은 '도시 재생'으로 대폭 개선될 것이다. 전면 철거 후 새 아파트를 짓는 개발이 아니라, 기존 동네의 모습을 보존하면서 공동 편의 시설을 설치하는 방식의 사업이다.

장위동(장위 13구역)은 2005년 서울 최대 규모의 뉴타운(재정비 촉진 지구)으로 지정됐으나, 주민들의 찬반 갈등이 심화되면서 2014년 결국 뉴타운 지정이 해체됐다.

이후 도시 재생 뉴딜 사업으로 마을 골목길을 개선하고 장위동 230-49 일대에 있는 2층짜리 단독주택인 '김중업 건축문화의 집'을 개·보수해 주민에게 개방한다. 공영 주차장 부지는 청년 창업 지원 시설과 맞춤형 임대주택으로 변모시킬 예정이다.

영유아 인구가 많은 상도4동에는 어린이집과 유치원 인근 골목길에 공원이 들어선다. 지하철역으로 향하는 길에 위치한 '도깨비 골목

장위동과 상도동 도시 재생 사업 구역

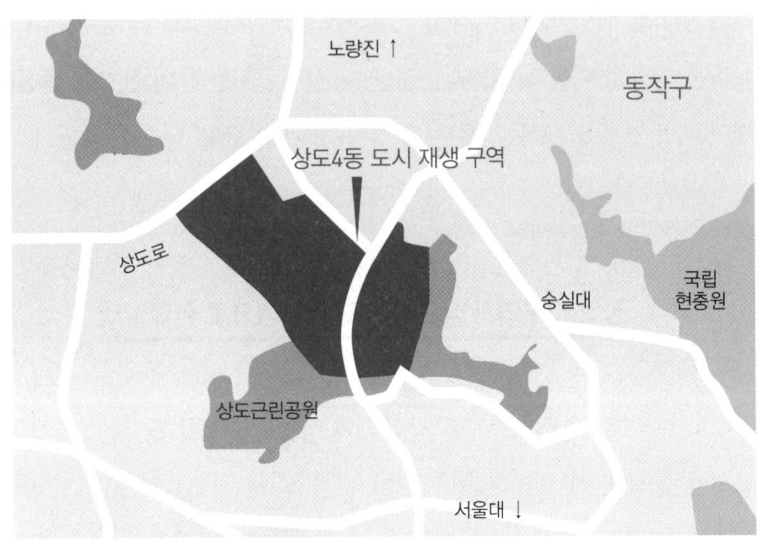

상도4동 도시 재생 구역

노량진 ↑

동작구

상도로

숭실대

국립
현충원

상도근린공원

서울대 ↓

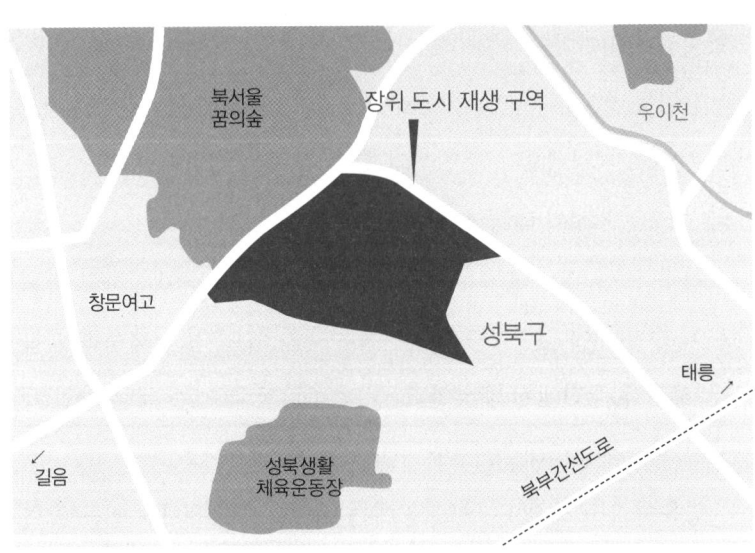

장위 도시 재생 구역

북서울
꿈의숲

우이천

창문여고

성북구

태릉

길음

성북생활
체육운동장

북부간선도로

시장' 간판과 보도 블록이 정비된다. 또 세종대왕의 맏형인 양녕대군 (1394~1462) 묘역이 주민에게 개방된다.

중림동, 도시 재생 활성화 계획으로 수혜 예상

서울시는 서울의 대표 달동네였던 중림동을 보행과 역사 문화가 살아 있는 도시 재생 중심지로 개발하는 '중림동 도시 재생 활성화 계획'을 발표, 단계별로 사업을 추진할 예정이다. '서울로 7017'과 만나는 중림동, 서계동, 남대문시장을 비롯한 회현동 일대의 도시 재생이 계획된 가운데 중림동을 첫 주자로 선발한 것이다. 중림동 일대 주거 환경을 개선하고 손기정 체육공원을 '마라톤 애호가의 성지'로 조성하기 위해 2019년까지 총 178억 원이 투입될 예정이다. 손기정 체육공원은 우리나라 최초의 금메달리스트 손기정 선수와 1936년 베를린 올림픽 당시 함께 출전해 동메달을 수상했지만 잘 알려지지 않았던 남승룡 선수를 재조명하는 작업으로 이루어질 것이다.

먼저 '경제적으로 활력 있는 역사관광 마을, 서울 중中심에서 상생하는 역사의 림林'이라는 비전 아래, ① 걷는 서울의 시작, ② 시민과 만나는 역사, ③ 주민과 함께하는 서울, ④ 살아나는 지역 산업, ⑤ 장소의 재발견 등 5대 목표, 9개 사업으로 나눠 추진된다.

서울시는 사업에 앞서 지역 주민과의 소통 창구인 '서울역 일대 도시 재생 지원 센터'를 2016년 6월에 열고 330여 차례에 걸쳐 주민 워크숍와 설명회 등을 진행했다. 주민과 상인이 중심이 된 주민협의체도 활동 중이다.

중림동의 주요 문화 자원을 되살리는 사업도 같이 추진된다. 국내 최초의 양식 성당인 약현 성당과 국내 첫 수제화 거리로 꼽히는 염천교 제화 거리가 대표적이다. 성당 진입로를 개선하고 전망대를 개방하는 등 시민들이 자주 이용할 수 있는 명소로 만들 계획이다. 조선 후기 천주교 순교의 역사를 담은 장소로 새 단장 중인 서소문 역사공원을 잇는 1.5km 길은 중림동 역사 문화 탐방로로 조성된다.

중림동 도시 재생 활성화 계획 5대 목표, 9대 추진 사업 내역

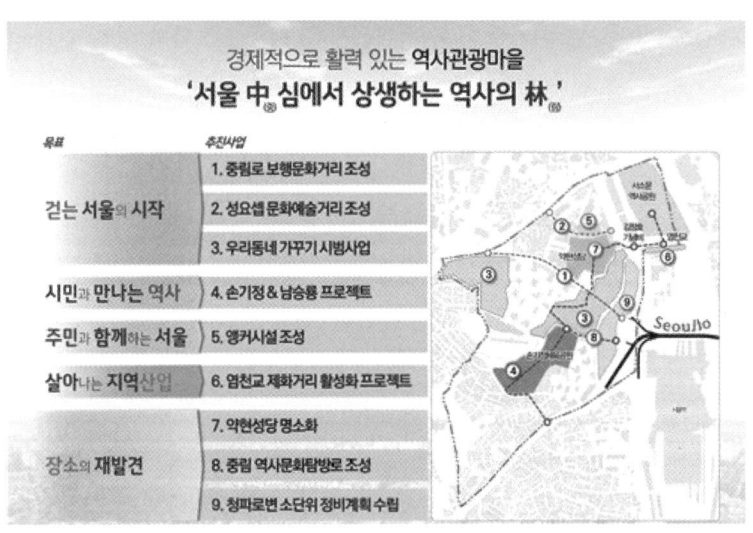

* 자료: 서울시 홈페이지

청파로변과 성요셉 거리 일대는 주거 환경 개선에 주안점을 둔다. 청파로변은 소단위 맞춤형 정비 계획을 2018년까지 수립해 도심 기능을 수행하도록 할 예정이다. 성요셉 아파트 앞 도로는 보행자 우선 도로로 조성하고 거리 갤러리 등 문화 예술 콘텐츠를 갖춘 '한국의 몽마르뜨'로 만들겠다는 계획이다.

아울러 '서울로 7017'의 끝 지점인 서울역 서부 인근부터 충정로역까지 이어지는 중림로 450m 구간도 '중림로 보행 문화 거리'로 만들 것이다. 그동안 상대적으로 소외됐던 중림동 일대는 '서울로 7017'과 함께 서울역 일대 중심지로 거듭날 것이다. 이로써 총 5개 권역(195만 ㎡)을 아우르는 '서울역 일대 도시 재생 활성화 계획안이 마무리될 예정이다.

필자는 2015년, 즉 '서울로 7017' 공사 이전부터 중림동 일대 미래 가치를 밝게 전망했다. 필자를 따르는 회원들은 인근 아파트와 소형 건물에 투자, 큰 폭의 시세 상승으로 보답을 받았다. 예전 철길을 공원으로 꾸며 조성된 뉴욕의 하이라인 인근 부동산 가격이 치솟았던 경험이 있었기에, '서울로 7017' 인근 부동산 가격도 당연히 치솟을 것이라 믿었기 때문이다.

세운상가, '창의 혁신 산업'의 메카로

'세운상가 일대 도시 재생 계획'은 약 44만m² 면적을 창의 제조 산업 혁신지이자 도심 보행의 중심축으로 개발하겠다는 계획이다. 세운상가는 1968년 들어선 국내 최초 주상복합 건물로, 전자 산업의 메카로도 불렸으나 1990년대 이후 빠르게 슬럼화됐다. 이에 박원순 서울시장은 재선 도전 때부터 세운상가 재생 사업을 주요 공약으로 제시했을 만큼 각별한 관심을 쏟아왔다.

먼저 서울시는 세운상가를 전자 제품 장인과 스타트업(신생 벤처 기업) 혁신 사업가가 협업하는 공간으로 지원할 방침이다. 주변 보행길도 재정비된다. 종묘-세운상가-대림상가를 연결하는 보행로가 정비되고 이어 세운 광장과 청계천을 지나는 공중 보행교가 개통된다. 삼풍상가-진양상가-남산 순환로를 잇는 길은 2019년까지 완료할 계획이다.

서울 세운상가 일대 재생 사업

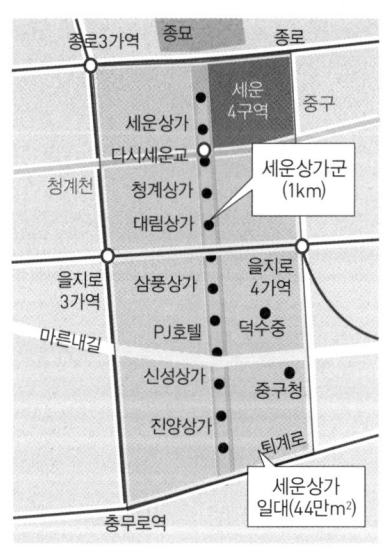

오르는 부동산 돈 되는 부동산 잘 팔리는 부동산

일자리 만들기, 도시 재생으로 인근 경제 활성화

도시 재생 뉴딜 정책 사업이 진행되면 일자리 창출 효과도 기대된다. 중소 건설 업체나 집수리 업체 일거리가 크게 증가할 것이기 때문이다. 성동구 성수동 일대 88만 6,560㎡에 이르는 지역은 1960년대부터 봉제, 수제화, 금속, 정보기술^{IT} 등 서울의 산업 경제를 선도해왔으나, 2000년대 이후 제조 산업 쇠퇴와 지역 임대료 상승 등으로 활기를 잃어가고 있었다. 이에 서울시는 총 100억 원을 투입해 일터, 삶터, 쉼터, 공동체 재생 등 4개 분야와 관련해 모두 8개 사업을 추진할 계획이라고 밝혔다. 아울러 젠트리피케이션^{gentrification} 방지를 위한 공공 임대 점포 취득, 사회적 경제 패션 클러스터 조성, 도시 경관 사업과 무지개 창의 놀이터 재조성 사업, 사회적 경제 지원 센터 건립 등 23개 사업이 추진된다. 마찬가지로 서울시는 강동구 암사동 일대에도 100억 원을 들여 역사와 문화가 공존하는 마을로 재단장할 계획을 밝혔다. 이처럼 일자리 창출을 통한 지역 경제 활성화도 기대해볼 만하다.

2
도심권 아파트에 투자하라

바뀐 재건축·재개발 법령을 숙지하라

거듭 강조하지만 정부의 부동산 규제에도 서울 도심권 아파트 투자는 중장기적으로 유망하다. 서울 강북권에서도 3.3㎡당 3,000만 원을 넘긴 아파트가 즐비하다. 도심 아파트가 중장기적으로 유망한 이유는 뉴타운과 재개발 사업 등이 활발히 진행되며 주거 환경 인프라가 개선되고 있기 때문이다. 입주 전부터 많은 회원들에게 투자를 시켰던 '경희궁자이'가 들어선 종로구 돈의문 뉴타운을 비롯해, 마포구 아현 뉴타운, 성동구 왕십리 뉴타운 등 대규모 새 아파트들은 실수요자들뿐만 아니라 투자자들도 '아파트 시장이 바닥이다'는 생각이 들

때 접근할 것을 추천한다. 다시 말해 부동산 시장이 충분이 저점을 찍었다고 판단될 때야말로 기존 도심권 아파트에 전·월세를 끼고 투자해야 한다는 것이다. 도심 지역의 새 아파트는 전세 비율도 높고 월세로 전환했을 때 수익률도 좋다. 정부의 부동산 규제로 단기적으로 하락세를 보일 수는 있으나, 도심 지역 새 아파트는 월세 수익율도 우수하므로, 중장기적으로는 우상향 그래프를 보일 것으로 내다본다.

도심 역세권과 한강변 유망

도심 개발과 도시 재생 사업으로 도심권 아파트는 중장기적으로 여전히 유망하다. 거래 가능한 재건축·재개발 지역 분양권을 프리미엄을 주고 투자해도 좋고 차라리 조합 설립 바로 전에 조합원이 돼서 입주권을 받는 것이 훨씬 현명한 투자법일 수 있다. '입주권'이란 재개발·재건축 단지 조합원이 새 아파트에 입주할 수 있는 권리를 말한다. '분양권'은 재건축으로 늘어난 가구를 청약을 통해 일반에 공급하는데 이때 분양받은 사람이 받는다. 수십 대 일의 경쟁률을 뚫고 도심 아파트 분양을 받는 것보다 조합 설립 전에 조합원 자격을 갖추는 것이 훨씬 좋을 것이다. 조합원이 되면 일반 분양을 받는 것보다 5천만~1억 원가량 저렴하게 더 좋은 향과 층을 소유한 아파트를 가질 수 있기 때문이다.

도심 아파트 조합원이 되자

투기 과열 지구로 지정된 서울, 과천, 세종, 분당, 대구 수성구에서는 조합 설립 이후 재건축 아파트를 사더라도 조합원 지위를 얻을 수 없다. 즉, 매입해도 새 아파트를 받을 수 없고 현금 청산을 받아야 한다. 투기 과열 지구 내 재건축 아파트는 조합 설립 전에 투자해야 하며 재개발 사업지는 관리 처분 계획 인가가 떨어지기 전까지 투자해야 한다.

그럼 조합원 지위 양도가 가능한 경우는 언제일까? 양도 가능한 경우는 다음 세 가지로 정리해볼 수 있다. 첫째, 투기 과열 지구가 지정된 2017년 8월 2일 이전에 재건축 아파트 매매 계약을 체결한 경우다.

둘째, 재건축 아파트가 추진 초기 단계에 있어서 아직 조합 설립조차 이루어지지 않은 경우다. 이번 대책은 조합 설립 인가 단계 이후부터 적용되기 때문이다. 서울에서는 강남, 압구정동 현대아파트, 목동 신시가지 아파트(추진위 설립 이전)나 대치동 은마아파트(추진위 설립)처럼 오랫동안 재건축이 지지부진한 단지들이 있는데, 현재까지 이들 아파트를 취득하면 조합원 자격을 얻을 수 있다.

셋째, 조합은 설립됐지만 재건축 사업 추진 속도가 느려서 기존 투자자들에게 처분할 기회를 주는 경우다. 단, 사업 진행이 지나치게 늦어지는 경우, 즉 ① 조합 설립 이후 3년 내 사업 시행 인가 신청이 없고 3년 이상 소유한 경우, ② 사업 시행 인가 뒤 3년 내 착공을 못 하고

조정 대상 지역

성남, 하남, 고양, 광명, 남양주, 동탄2, 부산(해운대, 연제, 동래, 수영, 남, 기장, 부산진)

투기 과열 지구

서울(구로, 금천, 동작, 관악, 은평, 서대문, 종로, 중, 성북, 강북,
도봉, 중랑, 동대문, 광진), 과천시, 분당, 대구 수성구

투기 지역

서울(강남, 서초, 송파, 강동, 용산, 성동, 노원, 마포, 양천, 영등포, 강서), 세종시

* 자료: 국토교통부

3년 이상 보유한 경우, 이 두 가지에만 예외가 적용된다. 조합 설립 이전 단계라면 매매는 가능하다.

투기 과열 지구 내 정비 사업은 조합원과 일반 분양 상관없이 재당첨 제한 규제가 적용되고 있다. 정비 사업의 일반 분양을 받게 되면 5년 동안 다른 정비 사업의 일반 분양뿐만 아니라 조합원 분양 당첨도 제한된다. 강남 c재건축 단지를 보유한 박 모씨가 법 개정 이후 서울에서 다른 정비 사업의 일반 분양권을 매입하면 기존 c재건축 단지의 조합원 분양은 받을 수 없다는 뜻이다.

인터넷으로 클린업시스템(http://cleanup.seoul.go.kr/cleanup/

mainPage.do) 사이트에 들어가면 현재 서울시에서 이루어지고 있는 재건축 및 재개발 진행 단계를 한눈에 일목요연하게 볼 수가 있다. 서울에서는 강남권, 도심 역세권과 한강에 접한 재건축·재개발 지역이 유망하기 때문에 최소한 조합 설립 이전에 조합원 자격을 갖추는 것이 가장 중요하다.

조합 설립 이전 단계 실수요 위주로 접근하라

"대표님, 언제 시간 한번 내주세요."

"회원들이 조합원이면 소개 좀 해주세요."

조합 설립 인가가 난 시점을 전후로, 대형 건설사 OS요원들에게서 이런 전화가 많이 걸려온다. 사업 시행 인가 이후 시공사 선정이 본격화될 때 본인들의 건설사를 잘 봐달라는 뜻이다(필자도 재개발·재건축 물건을 몇 군데 보유하고 있는 조합원이다). 재건축이나 재개발 투자가 이루어질 때는 추진위에 이어 조합 설립 인가가 난 시점에 각 건설사 OS요원들의 활동이 본격화되기 때문에, 개발 기대감 속에 시장에서 매물이 점점 사라지면서 가격이 우상향한다. 그러나 정부의 부동산 규제로 투기 과열 지구 내 조합 설립이 된 단지는 특별한 사유가 아니면 재건축 아파트 매매 계약이 쉽지 않다는 점도 알아두자.

정규 청약이 끝나면 투자 금액이 적게 들어가는 분양권보다 목돈이 많이 드는 재건축·재개발 조합원 입주권이 분양권보다 더 싸지는 것이 일반적이다. 재건축·재개발 조합은 조합원에게 이익을 주고 사업성을 높이고자 보통 일반 분양 가격을 조합원 분양 가격보다 높게 책정한다. 공급 가격 자체가 높다 보니 대개 시세도 분양권이 입주권보다 비싸다.

입주권을 매매할 때는 분양권보다 초기 투자 비용이 높고 건설사와 도급제로 미분양이 발생하거나 분양가 상한제 리스크로 추가 분담금 우려가 있다. 분양권은 분양가의 10%에 해당하는 계약금과 프리미엄(웃돈)만 있으면 거래가 가능하다. 그러나 입주권은 '재건축 전 주택의 권리가액(집값)'과 프리미엄을 합한 금액을 전부 내야 한다. 입주하기 전 등기하지 않는 분양권과 달리 입주권은 매매할 때마다 등기를 해야 한다. 취득세율도 입주권이 4.6%로 분양권(소유권 등기 이전 시 1.1~3.5%)보다 높다.

도시 재생 사업은 문재인 정부의 중점 사업이다. 따라서 서울 부동산 시장이 안정되면 다시 추진할 것이므로 긴 호흡으로 투자해야 한다. 그러나 재개발은 추진위 단계에서도 도시 재생 사업으로 변경되면 해제될 수 있기 때문에 주의해야 한다. 구역이 해제될 경우 개발 기대감으로 급등한 지분 가격, 특히 대지 지분이 적은 경우에는 도시 재생으로 소폭 반등하더라도 원래 투자했던 가격까지 다 회복하지 못한다. 단, 지역에 따라 지분이 큰 상가주택이나 단독주택 가격은 건축 행위 제한이 풀림과 동시에 수익형 부동산으로 탈바꿈할 가능성으로 가격이 급등하기도 한다. 결과적으로 재건축·재개발 투자는 적어도 조합 설립 인가가 나기 직전이 실수요자 입장에서 가장 안전한 투자 시기로, 입주 이후에 높은 투자 수익을 기대할 수 있다.

3

역세권 개발 예정지에 투자하라

미국 하면 뉴욕과 자유의 여신상, 프랑스 하면 에펠탑과 루브르 박물관, 호주 하면 캥거루와 오페라하우스가 연상되듯이, 정치가가 국민의 선택을 받기 위해서는 이름만 대면 연관되는 이미지를 국민에게 각인시켜야 한다. 예를 들어 문재인 하면 특전사 베레모 이미지가 덧입혀지며 안보 이슈와 맞물려 대통령 당선에 큰 기여를 했다.

"대표님, 박원순 시장이 이번에 또 나올까요?"

이런 질문을 심심하면 한 번씩 받고 있다. 그만큼 박원순 서울 시장이 연임에 도전할지가 부동산 투자자들 사이에서 초미의 관심사란 얘기다. 그동안 박원순 하면 아들 병역이라든가 강용석 변호사와의 고소·고발과 같은 어두운 이미지가 먼저 떠올랐다. 하지만 서울역 고가도로를 보행로로 바꾸는 프로젝트인 '서울로 7017'이 비교적 성공적으로 이루어지며 자연스레 좋은 녹색 이미지가 덧입혀졌다. 박원순 시장의 다음 정치 행보에도 녹색불이 켜진 셈이다.

이처럼 정치인의 이미지 쇄신과 관련한 개발안 등에도 관심을 기울일 필요가 있다. 마곡 지구는 오세훈 전 서울 시장 재임 때 계획되었다. 삼성동 MICE 특구와 역세권 2030 청년주택 정책 또한 문재인 대통령과 같은 당 소속인 박원순 서울 시장이 더욱 탄력을 받아 심혈을 기울일 것으로 보인다. 따라서 역세권 주변 일반 저층 주택 시장도 투자 차원에서 관심을 기울여야 한다. 아무리 정부의 8·2 부동산 규제책이 있다고 해도 문재인 대통령과 박원순 시장의 이미지 정책을 염두에 두고 중장기적인 관점에서 역세권 개발 대상지에 관심을 쏟아야 한다.

역세권 2030 청년주택 대상 지역을 눈여겨보자

문재인 대통령이 내세운 '청년주택 문제 해결안'을 살펴보면, ① 쉐어하우스형 공공 임대주택 5만 호 15만 명의 청년들에게 공급(임대료 30만 원 이하), ② 청년 라이프스타일에 맞는 청년주택 공급(대도시 역세권, 5대 도시 20만 호 확보), ③ 대학 기숙사 확대 등이 핵심이다.

따라서 여당 소속인 박원순 서울 시장은 현 정부의 이런 정책과 결을 같이하며 역세권 활성화를 추진, 대중교통 일자리를 창출하고 임대주택 공급을 확대할 것이다. 뉴욕, 도쿄, 홍콩 등 해외 인구 밀집 주거지를 표방해 장기적인 개발 작업에 들어간다는 방침을 세운 상태다. 현재 '역세권 활성화 TF(태스크포스)'가 만들어져 도시 공간 재편을 위한 논의를 이어가고 있다. 도시 전체를 대상으로 한 역세권 개발 계획이 수립되는 것이다. TF에는 도시계획국, 도시건축국, 도시재생본부, 산하 SH공사 등이 참여한다.

현재 서울시는 일자리 감소와 주거비 부담 증가로 인구 이탈이 심화되면서 '1,000만 인구 서울'의 위상이 흔들리고 있다. 이에 미국 뉴욕 맨해튼과 같은 압축 도시 개념을 도입해 역 반경 500m 이내를 중심으로 도시 공간을 재편하겠다는 청사진을 그려 놓은 상태다.

서울시는 300여 개의 역세권을 조사하고 각각의 입지 특성을 분석, 맞춤형 개발 방안을 마련하고 있다. 노후 토지 등 이용도가 낮은 토지의 활성화 방안도 구체화할 방침이다. 이후 TF 논의와 연구 용역을 통해 역세권 중심의 일자리 창출과 저렴한 임대주택 공급 등 세부 방안을 마련할 계획이다.

또한 2·3종 일반 주거 지역으로 묶여 개발 밀도가 서울시 평균에도 못 미치는 역세권 지역에 일본 롯본기힐즈, 홍콩 유니언스퀘어 같은 고밀도 개발을 허용하는 대신 민간 사업자의 청년 임대주택 공급을 의무화하는 내용의 '역세권 2030 청년주택' 대량 공급 방안'을 추진한다. 민간 사업자는 이같이 규제 완화와 용도 지역 변경 혜택을 받는 대신 주거 면적의 100%를 준공공 임대주택 용도로 공급하게 된다. 전체 임대주택 중 10~25%를 '소형 공공 임대주택'(전용 45㎡ 이하)으로 확보, 이를 대학생, 사회 초년생, 신혼부부에게 주변 시세의 60~80%로 제공할 계획이다. 사업 대상지는 철도(도시철도, 경전철)가 2개 이상 교차하거나 버스 전용차로 또는 30m 이상 도로에 위치한 역세권에서 250m(승강장 기준) 이내인 대중교통 중심지다. 세부 요건에 따라 준주거 지역 또는 상업 지역까지 용도 지역 변경도 가능하기 때문에 용적률 상승 혜택을 받을 수 있다. 예를 들어 제3종 일반 주거 지역(250%)에서 상업 지역으로 변경되면 기본 용적률 680%를 적용받아 430%의 용적률 상승 효과를 볼 수 있다. 충정로역과 봉화산역 역세권 지역에서 시범 사업을 추진한다. 3종 주거 지역인 충정로역은 준주거 지역으로 변경되면 340가구 규모의 임대주택 건립이 가능해진다.

박원순 표 서울 역세권 청년주택

문재인 대통령의 청년주택 정책과 같은 맥락에서 박원순 서울 시장은 "청년은 우리 세대를 지탱하는 기반이자 우리가 지켜야 할 희망인 만큼, 청년 주거 문제 해결은 우리 사회가 당면한 최우선적 과제"라고 했다. "사상 최악의 청년 실업률과 경제적 빈곤 속에서 고시원 같

오르는 부동산 돈 되는 부동산 잘 팔리는 부동산

은 임시 거주지를 전전하며 도심 속 난민으로 떠돌고 있는 이 시대의 청년들이 안정된 주거 공간에서 살 수 있도록 역세권 2030 청년주택 사업을 최선을 다해 추진하겠다"고 소신을 밝혔다. 역세권 청년주택은 박원순 표 청년층 주거 안정 대책으로, 대중교통 중심지인 토지주 등에 용도 지역 상향, 세제 혜택 등을 주는 대신 100% 공공 및 민간 임대주택을 지어 청년층에게 우선 공급하는 사업이다. 현재 45곳에서 청년주택을 추진 중이다. 이 중 사업 인가를 받아 착공한 곳은 용산구 한강로2가, 서대문구 충정로3가, 마포구 서교동 등 3곳에 모두 3,616가구다. 강남구 논현동, 송파구 잠실동, 성동구 용답동 등 14곳은 사업 인가 진행 중이며, 나머지 28곳은 사업 인가를 준비 중이다.

서울시는 '역세권 2030 청년주택' 입주자를 위해 기존의 '주택 바우처' 제도를 이용해 1인 가구에 5만 원가량 월세를 직접 지원한다. 주택 바우처 제도는 월평균 소득 50~60%에게 보증금과 월 임대료를 지원하는 제도로, 1인 가구는 5만 원으로 정해져 있다. 또 보증금 지원형 장기 안심주택' 제도도 청년주택에 적용된다. 보증금 지원형 장기 안심주택은 도시 근로자 가구당 월평균 소득 70% 이하에게 전세 보증금의 30% 이내에서 최대 4,500만원을 무이자로 지원하는 것을 내용으로 한다.

서울시는 역세권 청년주택 확보를 위해 조례를 개정, 역세권의 요건을 기존 '도로폭 30m 이상'에서 '25m 이상'으로 완화했다. 그러자 사업지 대상이 기존 212개에서 236개로 24곳이 늘어나 1호선 신이문

역, 5호선 마장역, 길동역, 명일역, 8호선 암사역 등이 추가됐다. 신규로 근린 상업 지역 약 82만㎡가 사업 대상지로 포함됐다. 신림동, 노량진동 등 청년 밀집 지역은 시장이 별도로 지정할 수 있도록 했다.

또한 서울주택도시공사가 민간 사업자를 대신해 인허가부터 준공, 주택 관리를 대행하는 방식에도 사업비의 70%를 대출받을 수 있게 했다. 아울러 중앙 정부에 ① 저소득 청년 입주자 보증금과 임대료 국고 지원, ② 역세권 지역 공동주택 부설 주차장 설치 제한 및 공유 주차장(나눔 카) 설치 의무화, ③ 민간 임대주택 통합심의위원회 심의 대상 확대 및 설치 간소화 등을 건의할 계획이다. 서울시는 이를 통해 3년간 5만 가구 이상이 공급될 것으로 전망하고 있다.

제2·3종 일반 주거 지역으로 묶여 있는 역세권 용도 지역은 대중교통 이용이 편리하고 서비스 시설이 충분하다는 장점이 있다. 서울시는 이들 지역을 3년간 한시적으로 준주거 지역, 상업 지역까지 상향해 용적률을 높이고 심의·허가 절차를 간소화해 민간 사업자의 참여를 이끌어낼 방침이다. 또, 법률적 규제 완화와 취득세·재산세 감면 등 재정 지원도 병행하기 때문에, 정부의 부동산 규제에도 불구하고 급매물이 나올 때마다 주의를 기울이다가 중장기적인 관점에서 지하철 인근 역세권 부동산 투자에 나서도 무방할 듯 보인다.

오르는 부동산 돈 되는 부동산 잘 팔리는 부동산

2018년 6월 지방선거가 분수령

2018년 6월 지방 선거, 특히 서울 시장이나 경기도 지사 후보 공약에 따라 부동산, 그중에서도 아파트 시장이 변곡점을 맞을 것이다. 그동안의 경험을 돌아보면, 대통령 선거보다는 각종 지역 개발 관련 공약이 나오는 지방 선거가 해당 지역 부동산 시세를 끌어올렸기 때문이다. 다음에 나오는 그림만 보더라도 지방 선거가 치러졌던 2002년, 2006년, 2010년에 아파트 가격 상승률이 높았다.

참고로 누가 서울 시장이나 경기도 지사 등이 되든지 '역세권 2030 청년주택' 정책 등은 이어갈 가능성이 높다.

전국 아파트 매매 가격 연도별 증감률

단위: %

* 자료: KB국민은행

4

신탁 방식 재건축 단지에
주목하라

"대표님, 신탁 방식의 재건축 아파트에 투자해도 될까요?"

"신탁 방식으로 하면 초과 이익 환수제에서 벗어날 수 있을까요?"

요즘 이런 질문을 자주 받는다. 8·2 부동산 규제에도 불구하고 '신탁 방식' 재건축·재개발 사업에 대한 투자자들의 관심이 증가하고 있는 까닭이다. 그동안 투명하지 못했던 재건축 방식에 대한 불신과 신탁사들의 적극적인 수주 전략이 맞물린 결과다.

신탁 방식 정비 사업은 '도시 및 주거환경 정비법'이 개정되면서 등장했다. 현재 여의도 시범·수정·공작 아파트 등 재건축 단지와 강동구 삼익그린맨션 2차, 서초구 신반포 2차, 방배 7구역 등이 신탁 방식의 재건축 사업을 계약했거나 추진을 검토 중이다. 동작구 흑석 11구역, 도봉구 도봉 2구역은 재개발 사업장으로 사업을 추진 중이다. 여의도 시범아파트도 재건축 사업 시행자로 한국자산신탁을 지정, 구청의 인가를 받아 고시가 났다. 한국자산신탁은 12~13층, 1,790가구의 시범아파트를 2023년 5월까지 2,600여 가구의 대단지로 탈바꿈시킬 계획이다.

강동구 명일동 삼익그린 2차에 주목

신탁 방식과 조합 방식을 동시에 저울질하고 있는 2,400가구 규모의 대단지인 강동구 명일동 삼익그린맨션 2차 아파트도 실수요자는 물론이고 투자자들의 문의가 몰리고 있다. 소형보다 27평 이상, 중형 이상이 삼익그린 1차(솔베뉴)의 비슷한 평형대 대비 대지 지분이 더 많아 투자할 만한 매력이 있어 보인다.

신탁 방식으로 처음 시공되는 단지는 자산 신탁의 이익이 줄어들더라도 최고 단지로 만들 수밖에 없다. 최초 신탁 단지가 랜드마크로 잘 지어지고 그에 따라 단지 가격도 상승해야 연이어 다음 프로젝트도 수주할 수 있기 때문이다.

신탁 방식은 조합 방식보다 사업 속도가 빠르다. 추진위원회나 조합 설립 단계를 거치지 않기 때문에 사업 기간을 단축시킬 수 있다. 신탁사가 자금 관리를 맡아 조합 방식보다 투명성도 높다. 신탁 방식

정비 사업의 요건으로는 먼저 전체 소유주의 75% 이상이 동의해야 한다. 동시에 주민들이 토지 면적의 3분의 1 이상을 신탁사 명의로 등기 이전을 해야 한다.

단점은 계약 해지가 쉽지 않다는 점이다. 이해관계인 전원의 동의가 있는 경우를 제외하고는 수탁사(신탁사)의 귀책사유 없이는 계약을 해지할 수 없도록 규정하고 있다. 일단 신탁사와 계약하면 절대 해지할 수 없다고 이해하면 된다. 지금까지 신탁사 방식 재건축 성공 사례가 없다는 점과 귀책사유로 인한 논쟁 우려로 신탁 재건축 해지 요건은 조합원 입장에서 더 완화시킬 필요가 있다고 판단된다.

서울에서 2018년 2월까지 신탁 사업 시행자가 지정되는 재건축 단지는 위탁자 분양권을 팔 수 있다. 신탁 방식 재건축은 조합 없이 사업을 추진할 수 있으므로 현재 조합원 지위 양도 규제를 적용받지 않는다. 따라서 위탁자 지위를 양도받더라도 위탁자 분양을 받을 수 있다. 위탁자는 조합 재건축에서 조합원과 같은 의미다.

개정안은 신탁 방식 재건축 단지가 지자체에서 지정 개발자로 선정된 다음부터 위탁자 지위 양도를 금지하는 내용이 더해졌다. 이는 조합 재건축 사업에서 조합 설립 인가 단계와 같다. 관할 자치구에서 지정 개발자를 선정한다. 지정 개발자 선정 단계 다음에는 재건축 조합 추진과 동일하게 사업 시행 인가 → 관리 처분 인가 절차를 거치기 때문에 추진 속도를 봐가며 옥석을 가려 투자하는 것이 중요하다.

5

확 바뀐 분양권·입주권 투자법 7가지

'8·2 부동산 대책' 이후 바뀐 분양권 거래

먼저 분양권과 입주권이 어떻게 다른지 알아두자. '분양권'이라 하면 관리 처분 계획 인가 이후 조합원에게 돌아가고 남은 물량을 분양받은 사람이 갖는 권리다. 입주권은 재개발·재건축 조합원 자격을 얻어야 하지만, 분양권은 조합원이 아닌 사람이 청약통장을 사용해 당첨됐을 때 받을 수 있다. 계약을 한 것이기 때문에 평형과 동·호수가 확정되어 있다. 반면 '입주권'이란 재개발·재건축 조합원이 새 집에 입주할 수 있는 권리다. 사업 시행 인가를 거쳐 관리 처분 계획 인가 시점에 발생하며 기존 주택의 철거 여부와 상관없이 조합원에게 주어진다. 주택이 완공된 후 사용 검사를 끝내고 임시 사용 승인을 받으면 입주권은 주택으로 바뀐다.

기존에 조합원 입주권을 찾던 수요가 일반 분양으로 전환되고 있는 추세는 조합원 입주권과 분양권 사이에 세금 차이가 나기 때문으로 분석된다. 입주권은 실제 주택이 아니지만 주택 수를 계산할 때는 주택으로 포함된다. 즉, 1주택과 1개의 입주권을 보유하고 있다면 결국 2주택으로 보기 때문에 주택을 처분할 때 1가구 1주택 비과세를 받을 수 없다. 다시 말해 다주택 기준은 세대 기준으로 산정하며 조합원 입주권도 포함된다는 뜻이다. 반면 분양권은 계약금과 중도금만 납부된 상태이기 때문에 주택이 완공되어 잔금을 내고 등기를 해야 주택으로 바뀐다.

차이는 더 있다. 분양권은 분양가의 10%에 해당하는 계약금과 프리미엄(웃돈)만 있으면 거래할 수 있다. 그러나 입주권은 '재건축 전 주택의 권리가액(집값)'과 프리미엄을 합한 금액을 전부 내야 한다. 입주하기 전 등기하지 않는 분양권과 달리 입주권은 매매할 때마다 등기를 해야 하는 것이다. 조합원 입주권은 분양권에 비해 저렴한 가격이 장점이지만, 이미 주택으로 취급되기 때문에 세금 문제를 잘 따져봐야 한다. 뿐만 아니라 사업 기간이 길어질 가능성도 있기 때문에 투자에 앞서 자산 운용 계획을 면밀하게 세울 필요가 있다.

첫째, 거래 가능 요건을 제대로 파악하라

'8·2 부동산 대책' 발표 이전에 거래가 자유로웠던 투기 과열 지구 내 분양권도 지금은 한 차례만 전매가 가능하다. 재건축·재개발 등 정비 사업 일반 분양권도 해당된다. 즉, 8·2 부동산 대책으로 서울 강남 4구(서초·강남·송파·강동구)를 포함한 서울 11개구, 세종시 등이 투기 과열 지구와 투기 지역으로 동시에 지정이 되면서 재건축 조합원 지위 양도가 불가능해졌다.

투기 과열 지구 내 재개발 등 조합원 분양권도 전매 제한되고 있다. 따라서 '관리 처분 계획 인가 후부터 소유권 이전 등기까지' 재개발·도시 환경 정비 사업의 조합원들은 분양권을 팔 수 없다. 재개발 사업의 임대주택 공급 의무 비율도 늘린다. 그동안은 재개발 사업 시 하한 없이 전체 세대 수의 15%(수도권) 또는 12%(지방) 범위 내에서 임대주택을 공급하도록 했다. 그러던 것이 이번 대책에서는 하한을 5%(서울 10%)로 설정했다.

예외적인 경우에만 허용되던 조합원 지위 양도는 조합 설립 후 3년 내 사업 시행 인가 신청이 없고 3년 이상 소유했거나 사업 시행 인가 후 3년 안에 착공하지 못하고 3년 이상 소유했을 경우에만 양도가 가능하다. 재개발 및 도시 환경 정비 사업의 조합원 분양권 전매는 관리 처분 계획 인가 후부터 소유권 이전 등기 시까지 금지된다. 또 투기 과열 지구 내 정비 사업 일반 분양 또는 조합원 분양에 당첨된 세대에 속할 경우 향후 5년간 이 지역의 일반 분양과 조합원 분양 재당첨이 제한된다.

둘째, 분양 자격을 제대로 파악하라

재건축 조합원은 그동안 최대 3채까지 분양받을 수 있었다. 그러나 청약 조정 지역이라면 재건축 조합원 분양은 1주택으로 제한된다. 단, 조합원이 전용 $60 m^2$ 이하 소형 아파트를 분양받을 때는 보유 주택의 면적과 가격 범위 내에서 2채까지 분양받을 수 있도록 했다.

2주택 이상을 가지고 있는 조합원 물건 중에서 1주택을 매입했을 경우라면 분양 자격이 안 되기 때문에 주의해야 한다. 경매도 낙찰받을 시 마찬가지이므로 반드시 해당 부동산이나 조합에 들러 다주택자인지 확인해봐야 한다.

셋째, 바뀐 대출 규정을 확인하라

8·2 부동산 대책 이후로 기존 분양권도 주택 담보 인정 비율[LTV]과 총부채 상환 비율[DTI]이 강화되며 잔금 대출에도 DTI 강화 기준이 적용된다. 즉, 정부는 8·2 대책을 통해 투기 지역 안에서는 세대당 1건의 주택 담보 대출만 받을 수 있도록 했다. 또 다주택자는 전국에서 주택 담보 대출을 받을 때 담보 인정 비율[LTV]과 총부채 상환 비율[DTI]을 기존보다 10%포인트씩 낮춰 40% 적용한다. 8·2 대책 이전에 분양권을 구입한 1주택 이상을 지닌 다주택자들도 투기 지역 내 주택 담

8·2 부동산 대책 대출 규제 가이드라인

구분	기존 대책	새 가이드라인
3일 이전 분양권 당첨	무주택자 LTV 40% 적용 (투기 지역)	LTV 60% 적용
3일 이전 매매 계약	LTV 40% 적용	1주택자 주택 처분 조건 LTV 60% 적용
중도금 → 잔금 대출 전환	LTV 40%	LTV 60% 적용(은행 바꾸지 않을 때)
주택 담보 대출 1건 보유자 대출	원칙적으로 불가	기존 주택 처분 특약 후 담보 대출 가능
이주비 대출	담보 대출 건수 1회 제한	대출 건수에서 제외
서민 실소유자 범위	부부 합산 연소득 6000만 원 이하	연소득 7000만 원 이하

보 대출 건수가 차주당 1건에서 세대당 1건으로 강화됐다.

정부는 투기 지역에서 기존 주택 보유자가 집을 사기 위해 추가 대출을 받으려면 2년 이내에 기존 주택을 팔고 대출을 상환하겠다는 특약을 체결해야 한다는 조건을 제시했다. 2년 안에 기존 주택을 처분하거나 기존 대출을 상환하지 못하면 신규 아파트에 대한 담보 대출 기한의 이익이 상실되는 것으로 간주하는 만큼 주의가 필요하다.

넷째, 반드시 실거래가로 신고하라

투기 지역으로 지정되는 지역은 양도소득세를 기준시가 대신 실거래가로 신고해야 한다. 분양권 역시 일반 아파트 매매와 마찬가지로 실거래가로 신고해야 한다.

흔히 이루어지고 있는 '다운계약서'를 쓰면 나중에 분양권 매입자가 세금을 더 내야 하는 상황이 발생할 수도 있을 뿐만 아니라 추후에 과태료와 함께 추징당할 수 있다. 억대의 프리미엄이 붙거나 하면 매도자의 양도세 부담으로 인해 다운계약서로 거래하는 것이 일반적이다. 그러나 이런 거래는 뒤탈이 많아 위험하다. 거래 가격이 사실과 다르다는 것이 적발되면 매수자는 취득세의 1~3배(주택 거래 신고 지역은 최대 5배)에 해당하는 과태료를 내야 한다.

부동산을 되팔 때 양도 차익을 줄이는 방법의 하나로 활용되기도 하는 업계약서도 역시나 불법이다. 매수자에게는 취득세의 3배에 해당하는 과태료가 부과되며 매도자는 양도세 추징은 물론이고 국세청 세무 조사 대상자로 이름을 올린다. 양도세는 매매 계약 60일 이내에 예정 신고 납부를 하면 10%가 감면되지만, 예정 신고를 하지 않았다면 이듬해 5월 소득세 확정 신고를 할 때 내면 된다.

다섯째, 중개 수수료를 파악하라

분양권을 거래할 때 중개 수수료를 얼마나 내야 하는지 잘 모르는 이들이 많다. 거래할 때 워낙 큰돈이 오가다 보니 수수료쯤은 대수롭지 않게 여기기도 한다. 하지만 중개 수수료를 정확히 알지 못해서 거래 때 피해를 보는 일이 많다.

사례를 하나 들어보겠다. 계약금 4,200만 원, 웃돈(프리미엄) 3,000만 원이 포함된 가격으로 분양가 4억 2,000만 원짜리 전용 면적 84㎡형 아파트 분양권을 7,200만 원에 매입하는 경우를 보자. 이때 부동산 중개업소에서 중개 수수료로 190만 원을 요구하면 위법이다. 실제로 내야 하는 중개 수수료는 수십만 원 정도다. 분양권을 살 때는 총 분양가가 아니라 실제 주고받은 금액, 즉 초기 계약금과 이미 낸 중도금, 웃돈을 더한 금액이 수수료 산정 기준이 되기 때문이다. 정리하면, 분양권 거래 중개 수수료를 구하는 공식은 거래 금액(계약금+중도금+웃돈)×수수료율이다. 일반적인 주택 거래와는 방식이 다르다. 분양가보다 가격이 떨어진 '마이너스 프리미엄'인 경우라면 거래 금액에서 빼준다. 이처럼 미리 중개 수수료 계산법을 숙지하고 거래해야 손해를 보지 않는다.

하지만 실제로는 건당 300만 원이나 500만 원에 분양권을 거래하는 일이 비일비재하다. 특히나 분양권 거래 전에 법에서 정해진 수수료를 언급했다가는 좋은 물건을 놓칠 수도 있는 탓에, 때에 따라서는 웃돈을 미리 준다고 하고 중개인을 매수자 측으로 만들어 프리미엄을 좀 깎는 것도 좋은 거래법이다.

여섯째, 세금 잘 따져서 투자하라

분양권과 입주권은 세금에서도 차이가 있는 만큼 잘 비교해봐야 한다. 여러 가지 경우에 따라 취득세와 양도소득세는 다음과 같이 적용된다.

취득세

취득세는 관리 처분 인가 전에 매입했다면 기존의 낡은 주택을 매입한 것과 같기 때문에 실거래가와 아파트 전용 면적에 따라 1.1~3.5%가 부과된다. 관리 처분 인가 후에는 사실 들어가서 살 수 있는 건물은 없고 토지만 남아 있다고 본다. 따라서 우리나라 세법에서는 관리 처분 인가 후 입주권을 매입하면 토지에 대한 취득세율인 4.6%를 부과한다.

반면 분양권은 취득세 부과 방식이 입주권과 다르다. 아파트 청약 후 당첨된 후 최초 계약금을 낼 때는 취득세를 내지 않지 않는다. 입주 시점에 잔금을 내고 등기를 할 때 아파트 가격과 면적에 따라 1.1~3.5% 취득세를 납부하는 방식인 것이다.

따라서 당초 아파트 분양가에 프리미엄을 주고 분양권을 샀다면 과세 표준은 분양가가 아니라 분양가에 프리미엄을 더한 금액이 된다. 반대로 분양가보다 싸게(마이너스 프리미엄) 분양권을 매입한 경우, 과거에는 취득세 과표가 분양가였지만 실제 분양권 구입가로 바뀌었다. 따라서 미분양 아파트를 할인가로 받아 투자한 경우에는 취득세 절감 효과가 기대된다.

양도소득세

양도소득세의 경우, 입주권은 관리 처분 인가 후 조합원 입주권을 매입했다면 1가구 2주택에 해당한다. 따라서 이때는 기존에 보유하고 있던 주택을 입주권 매입일로부터 3년 안에 매도하면 일시적 2주택자에게 주어지는 양도세 비과세 혜택을 받을 수 있다.

기존 주택을 처분하면 입주권만 남는다. 이때 입주권 보유 기간은 향후 아파트 입주 후 매도 시 주택 보유 기간으로 인정받지 못한다. 따라서 관리 처분 후 입주권을 매입했다면 아파트 입주 후 2년 이상 보유와 2년 거주 요건('2년 거주' 요건은 서울, 과천, 세종 등 40개 조정 대상 지역), 9억 원 이하 실거래가 요건을 충족해야 양도세 비과세 혜택을 받을 수 있다.

또한 분양권은 입주권과 달라서 세법상 주택으로 취급되지 않는다. 따라서 1주택자가 분양권을 매입한 후 기존 주택을 매도해도 1주택자 양도세 비과세 조건을 충족하면 비과세 혜택을 받을 수 있다.

분양권 자체를 매도(전매)할 때는 다른 주택 보유 여부와 무관하게 무거운 세금이 부과된다. 전매 차익을 노린 투기성 거래로 보기 때문이다. 2018년 1월 1일부터 양도하는 분양권도 양도소득세가 강화된다. 기존에는 분양권 보유 기간이 길수록 세율이 낮았지만 이제는 조정 대상 지역에서 분양권 전매 시 보유 기간에 관계없이 양도소득세율 50%로 일률 적용한다.

일곱째, 추가 부담금도 생각하라

입주권을 매매할 때는 분양권보다 초기 투자 비용이 높다. 또 조합이 건설사와 도급제로 계약 시 미분양이 발생하면 추가 분담금 우려도 있다. 최근에는 추가 옵션 계약이 많으니 새시 등 추가 옵션 계약금 납입 여부도 꼭 확인해두자. 건설사를 통해 은행 및 기타 압류 등의 권리 제한 사항이 있는지도 알아보고 결정해야 한다.

오래 가려면 과욕을 버려라

"대표님, 제 꿈은 50채까지 보유 주택을 늘리는 겁니다."

"뭐라고요? 정부 추가 부동산 대책도 예고되었을 뿐만 아니라 주택은 제한 없이 계속 오르지 않습니다. 이런 식으로 하면 안 되요. 그럴 바에는 상가나 토지로 분산 투자를 해야 합니다."

갭투자에 열심인 김민호 씨(45세)는 일주일이 멀다 하고 필자를 찾아왔다. 그러나 지금 다주택자를 규제하겠다는 정부 대책 발표 이후, 심각한 고민에 빠져 있다.

시골 어르신들까지 아는 갭투자, 끝물이다

갭투자가 한창인 2017년 여름, 지방에서 올라오신 70대 할아버지와 할머니들도 어디서 들었는지 상담을 받던 중에 갭투자 얘기를 꺼내신다. 비교적 정보가 어두운 지방 어른신들까지 알 정도라면 그 '갭투자'는 이제 거의 끝물이라고 보면 된다.

이와 관련해 재미있는 이론이 있다. 피델리티 인베스트먼트의 펀드매니저 피터 린치가 칵테일파티에 참가한 사람들의 태도를 통해 장세 읽는 법으로 제시한 이론이다. 이른바 '칵테일 이론'으로, 크게

4단계로 나뉜다. 먼저 첫 단계는 주가가 한동안 약세를 보이며 아무도 주가가 다시 오를 것이라 보지 않는 단계다. 이때는 칵테일파티에 온 사람들에게 자신이 '펀드매니저'라고 밝히면 다들 조용히 고개만 끄덕이고는 물러나버린다. 이처럼 사람들이 펀드매니저와 주식 이야기를 나누기보다 영화배우 등과 대화하고자 한다면 이는 장세가 조만간 반전될 것이라는 징조다. 바로 주식을 서서히 사들일 시점이다.

두 번째 단계에서는 사람들이 피터 린치의 직업을 알고 잠시 머뭇거리다가 다른 곳으로 간다. 그는 이 시점이 주가가 바닥에서 15% 정도 상승해 있을 때라고 분석한다. 대부분 주식에 거의 관심이 없는 상태다.

세 번째 단계는 한 무리의 사람들(영화배우나 치과 의사)이 그를 둘러싼다. 어떤 주식이 좋은지를 묻고 얼마나 주가가 더 오를지 관심을 갖는다. 주가가 바닥에서 30% 이상 올라가 있을 때다. 파티에 참석한 대부분이 주식 투자를 하고 있는 상황이다.

네 번째 단계는 파티 참석자 전부가 자기가 보유한 종목에 대해 크게 떠들고, 누구는 얼마를 투자해 얼마를 벌었다더라, 식으로 이야기가 부풀려지는 단계다. 모두가 주식에 투자하고 있을 뿐만 아니라 자기 주식을 자랑하면서 다른 사람들이 자기 주식을 사주기를 바라고 있는 상태다. 이는 상투의 징후이며 곧 증시가 하락할 것이라고 피터 린치는 분석한다.

실제로 중국에서는 2007년 주식 호황기를 맞아 상하이종합지수가 6000선을 뛰어넘은 적이 있다. 우리나라에서도 미래에셋 차이나 펀드가 불티나게 팔렸고 마치 이 펀드에 투자를 안 하면 바보로 여겨지던 때였다. 어느 정도의 과열이었냐면, 중국 소림사에서 수련하는 스님들도 주식 투자에 심취해서 증권사 컴퓨터를 보고 실제 투자를 하면서 부자가 되어 중생을 구제하겠다고 인터뷰할 정도였다. 이를 지켜보며 이때야말로 끝물이라고 받아들인 필자는 당시 주식 비중을 상당 부분 줄였고 이는 나중에 유효한 판단이었다.

마찬가지로 사람들은 부동산이 호황을 보이며 아파트 값이 오르기 시작하면 낙관으로 들뜬다. 하지만 하락기에는 쉽사리 비관으로 몰입한다. 하지만 '칵테일 이론'을 다시 떠올려보자. 왜 사람들이 고점에서 부동산을 사는지 그 이유가 잘 설명된다. 또한 투자에서 지나친 낙관과 비관은 경계해야 한다는 교훈을 준다.

70% 채움의 행복론

수년 전 필자는 형제들과 그 가족까지 20여 명 정도 다 함께 라오스로 여행을 다녀온 적이 있다. 그때 루앙프라방에서 새벽 탁발 행렬에 찹쌀밥과 과자들을 공양했는데, 어린 동자승을 포함한 승려들은 절대 욕심껏 관광객들이 주는 대로 다 받지 않았다. 과자나 밥이 넘칠 것 같으면 꼭 길가에 놓인 다른 그릇에 형편이 어려운 이들을 위해 덜어내던 모습이 인상 깊다.

　모든 것은 과하면 모자란 것만 못하다. 좋아하는 음료수를 컵에 너무 가득 따르다가 결국 넘쳐서 주변을 더럽힌 적이 한 번쯤은 있을 것이다. 투자도 이와 마찬가지다. 10억을 벌고자 하면 7억 모으기를 목표로 하고 100억이 목표라면 70억만 벌면 된다. 나머지 30%는 본인이 하고 싶은 꿈을 위해, 예를 들어 여행이나 화초 가꾸기 등 문화생활을 하는 데 쓰거나 또는 어려운 이들을 위한 기부에 동참하면 더 행복해진다.

　필자도 금융과 부동산 현장에서 활동한 지 20년 남짓 되어간다. 오랫동안 필자와 함께 언론이나 방송에서 전문가로 활동해온 이들은 지금 거의 사라졌다. 본인 자금이나 은행 대출이 아닌 투자자들의 돈을 이용해 고수익을 약속하면서 투자를 시키거나 다른 방법으로 탐욕을 부리다 끝내 투자자들에게 고소를 당했기 때문이다.

　필자는 한 번도 이런 일에 연루된 적이 없다. 앞으로도 없을 것이다. 필자의 순수한 자금이나 은행 대출을 이용해 조금의 이익을 남기는 것을 철칙으로 삼고 있으며 이것이 나의 신조이기 때문이다. 욕심을 절제하고 가정이 원만하고 기부를 많이 하는 분들이 존경도 받고 한자리에 오랫동안 머문다는 진리를 새길 필요가 있다.

4장
상가 투자는
거꾸로 생각하라

1

상가 투자 기본 방정식

입지보다 적정 분양가와 우량 임차인이 핵심

"대표님, 제가 오래 전에 상가 하나를 분양받았는데 이게 아주 골 칫덩어리예요. 연 수익률 10%가 나온대서 믿고 투자했는데 2%도 안 나와서 대출 이자 내기도 힘들어요."

8·2 부동산 대책으로 주택 시장이 불투명한 가운데 수익형 부동 산인 상가에 많은 이들의 관심이 쏠리고 있다. 하지만 주변을 둘러보 면 정작 상가 투자에 나섰다가 성공했다는 사람들보다는 실패를 맛 본 사람들이 훨씬 많다. 필자도 20년 동안 투자 상담을 해온 경험상 상가 분양을 받아 성공하는 이들보다 실패한 이들을 훨씬 많이 봤다.

결론부터 말하면, 상가 투자도 예전 생각대로 하면 100% 실패한다. 일차적으로 상가를 시행하는 일부 업체들이 땅을 조성한 LH공사나 지자체로부터 너무 비싸게 상가 부지를 사들여 비싸게 분양하는 것이 그 이유다. 상가 낙찰가율이 200%를 훌쩍 넘긴 지는 이미 오래다. 분양가가 비싸도 저금리와 베이비부머 세대들의 상가 투자 열기, 거기에 분양 업체들의 화려한 마케팅 기법으로 시간이 지나면 분양은 완판된다. 심지어 분양 초기에 일부 상가 영업사원들의 물건 확보와 프리미엄 작업으로 70~80%를 분양 완료시키는 지경이다.

이들은 고수익 임대료와 개발 계획으로 인한 시세 상승 등 장밋빛 전망을 내세우며 대출을 대거 일으켜 분양을 받게 만든다. 심하게 표현하면 분양 영업사원을 믿고 투자한 사람들은 몇 년 뒤 신용불량자가 되어 가정까지 파탄날 지경에 이른다. 해당 현장이 끝나면 분양했던 팀들은 다른 현장으로 이동하기 때문에 만나기도 쉽지 않다. 심지어 휴대전화 번호를 바꾸기까지 한다.

창업하고 3년 이내에 절반 이상이 폐업하는 현실에서 경기 침체와 청탁금지법, 최저 임금 인상 등의 영향으로 가뜩이나 상가 시장은 더욱 위축되었다. 분양 업체 말대로 임대료가 높게 형성되지 않고 초기에 높게 임대료를 내더라도 지속적으로 올려 받기도 쉽지 않다. 마곡이나 위례 신도시의 경우, 아파트는 억대의 프리미엄이 붙었지만 가장 좋다는 1층 상가 분양을 받은 일부 투자자들조차 장기간 이어지는 공실로 인해 은행 이자 내기도 팍팍한 삶을 이어가고 있다.

최저 임금 인상, 상가 시장 중단기적인 악재

문재인 대통령은 국토부 장관에게 "특히, 최저 임금 인상으로 제일 걱정스러운 대목이 영세 자영업자들에게 큰 부담이 될 것"이라는 우려를 드러낸 바 있다. 문재인 대통령이 최저 임금 인상으로 부담이 커진 영세 자영업자에게 상가 임대료와 권리금을 낮추는 대안 마련을 강조한 것이다.

옆 나라 일본의 예를 들어보자. 일본 젊은이들은 시간당 인건비가 높기 때문에 힘들게 정규직을 구하려 들지 않는다. 일본의 프리타족(정규직이 아니라 아르바이트로 생활하는 계층) 대부분은 아예 결혼도 생각지 않는다. 프리타족으로 사회생활을 하면서 자연스럽게 싱글족이 되는 것이다. 그러다 일부는 아예 방 안에서 혼자 생활하는 은둔형 외톨이(히키코모리)가 되어 사회적인 문제가 되고 있다. 물론 자동차 구매 등 소비 지출도 하지 않아 산업 생태계에도 악영향을 미친다.

이번에는 미국의 예를 들어보자. 미국 미주리 주^州는 일자리를 지키겠다며 주 최대 도시인 세인트루이스의 시간당 최저 임금을 10달러(약 1만 1,500원)에서 7.7달러(약 8,880원)로 낮추기로 했다. 이에 주지사는 "우리 주는 더 많은 민간 분야 일자리가 필요하다"며 "최저 임금 인상은 근로자 자신들의 일자리를 죽이고, 사람들의 호주머니에서 돈을 앗아간다"고 강조했다. 또 시애틀에서는 2015년에 최저 임금을 시간당 9.47달러에서 11달러로 인상한 이후 2016년에 다시 13달러로 올렸다. 이런 시애틀의 사례를 분석한 워싱턴대학교 연구에 따르면, 2015년에는 고용이 줄지 않았으나 2016년 최저 임금이 인상되자 고용이 크게 줄어 오히려 저임금 노동자의 총소득은 줄어들었다고 한다. 최저 임금이 대폭 인상되는 경우와 소폭 인상되는 경우는 질적으로 다른 결과를 초래할 가능성이 있는 것이다.

이런 일본과 미국의 사례는 우리에게 '최저 임금 인상이 무조건 좋은 것은 아니다'라는 것을 잘 보여준다. 우리나라도 롯데리아 등 패스트푸드점을 가면 무인 기계가 아르바이트생을 대신해 주문을 받는다. 최저 임금이 대폭 상승하면 이렇듯 무인 기계나 로봇으로 빠르게 대체가 진행될 수 있고 이에 따라 실제로 고용 감소가 발생할 수 있다. 그 효과가 임금 인상 효과를 압도해 결국 저임금 노동자 전체의 소득이 줄어들 가능성이 있는 것이다.

문재인 정부가 최저 임금을 2020년까지 1만 원으로 올리겠다고 공언한 만큼, 고용은 줄고 이것이 재료 가격 등에도 반영되어 음식 값이 오를 수 있다. 경기가 확장 국면을 지속하지 않는 한 손님도 줄고 자영업자 수익도 줄어들면서 임대료도 하향될 것으로 예상된다. 따라서 최저 임금은 경기가 좋아지면서 상가 임차인들의 수익이 좋아질 때 그때 대폭 인상해도 늦지 않다. 다만 최저 임금부터 올리면 그에 따른 소비도 증가하여 자영업자들 경기가 좋아진다는 것이 문재인 정부의 소득 주도 성장론 철학이다. 앞으로 그 성공 여부를 좀 더 지켜볼 필요가 있다.

오르는 부동산 돈 되는 부동산 잘 팔리는 부동산

상가 임차권 강화, 상가 시장에는 단기 악재

문재인 정부의 정책대로 상가임차권이 강화되면 살아나던 상가 투자 시장에 단기적으로 찬물을 끼얹을 가능성이 크므로 상가 분양과 매매 시장에 악재로 작용할 가능성이 크다. 상가임차권이 강화되면 임차인의 권리가 대폭 강화되면서 임대인들의 권리 침해 논란이 발생할 수 있기 때문이다. 임차인의 대항력 확대 관점이 아닌, 임대인 권리 축소 관점에서 보면 권리금을 줘야 할 부담이 추가로 발생할 수 있기 때문에 당장은 아니더라도 추후 매매 가격 하락을 유발할 수 있다.

기존 세입자가 주선한 새 임차인을 받을 때 집주인이 업종을 고를 수 없다는 점도 정당한 임대인의 권리를 침해할뿐더러 자본주의 근간마저 뒤흔들 수 있다. 예를 들어 학원, 병원 중심의 건물을 운영해 온 건물주 입장에서는 전 임차인이 유흥 시설을 운영하려는 새 임차인을 들이면 '울며 겨자 먹기'로 받아들일 수밖에 없다는 것이다. 정부는 '건물주가 신규 임차인을 받을 때 서로 협력해 얼마든지 특정 업종을 유치할 수 있다'고 해명하지만, '협력'에 관한 명확한 기준이 없다는 것이 문제다.

상권이 비교적 좋은 지역의 소규모 상가를 보면 건물 주인이 권리금 부담을 줄이고자 임대료를 대폭 올리면 오히려 임차인들만 낭패를 볼 수도 있다. 임대인 입장에서는 건물을 새로 매입해도 상가를 직접 운영하기가 수월치 않아서다. 임차인이 기존 임대인과 맺은 계약이 효력(대항력)을 갖고 있기 때문에, 본인 건물이라도 임차인에게 퇴거를 요구할 수 없는 데다 임차인의 기존 계약 종료 이후 임대인이 직접 가게를 운영하려고 해도 그러기 위해서는 임차인에게 권리금을 줘야 하기 때문이다.

상가 임대수익률 공식, 자기 자본 이익률(Roe)

상가 임대수익률은 자기 자본 이익률ROE: return on equity로 따지는 것이 정확하다. 즉, 대출을 제외하고 내 돈으로만 투자해 얻을 수 있는 수익률이다. 12개월치 월세를 매입 가격에서 임대 보증금을 뺀 실제 투자 금액으로 나누는 방법이다. 하지만 대부분의 분양 업체에서는 대출 지렛대를 이용, 수익률을 부풀린다. 경기가 안 좋고 대출 이자까지 오르면 상가 가격은 떨어질 수밖에 없다.

상가 투자 시 창업을 목표로 하는 실수요자들도 오히려 잘못된 상가 위치 선정으로 단기간에 차가운 길거리에 나앉을 수 있으므로 신중해야 한다. 통상 업체 측에서 상가는 상권이 안정되어야 결국에 빛을 발한다며 장기 투자를 역설하더라도 곧이곧대로 믿어서는 안 된다. 계약할 때 회사가 가지고 있는 지분을 특별 분양한다며 특별히 호수를 지목해주는 일이 잦다. 현재 90% 이상 분양된 상태라 조금 있으면 분양이 어렵다는 말에 서둘러 계약하고 알아보면 계약률은 20%

도 안 되는 경우가 다반사다. 분양금에 개발비가 들어 있는데도 개발비라는 명목으로 1구좌당 계약금을 지불해야 계약이 성사된다는 말로 입금을 유도하며 별도의 개발비를 받는 업체도 수두룩하다.

항아리 상권이 유망

상가라면 배후 세대가 많은 항아리 상권 투자가 안전하다. 항아리 상권이란 특정 지역에 상권이 한정돼 더 이상 팽창하지 않으면서 소비자가 타 지역으로도 빠져나가지 않는 상권을 뜻한다. 항아리 상권은 대체로 인근에 5,000여 가구에 이르는 대단지 아파트, 기업, 관공서, 학교 등 풍부한 고정 배후 수요가 존재해 안정적 수익 기반이 확보된 것이 특징이다.

항아리 상권은 물이 가득 차 넘실대는 항아리처럼 수요가 공급을 초과한다는 의미가 담긴 용어다. 항아리 상권은 풍부한 고정 배후 수요와 더불어 독립성을 지닌 것이 특징이다. 기존 구도심과는 다소 떨어지고 지하철과도 제법 거리가 있기 때문에 해당 상권에서 소비 대부분이 이루어질 수밖에 없는 것이다. 예를 들어 수도권에는 청라 지구처럼 지하철과 거리가 상당하고 대단지 아파트가 조성된 신도시나 택지 지구 등이 대표적이다. 암사역과 명일역이 주변에 있는 롯데캐슬 단지 내 상가도 대표적인 항아리 상권이다. 해당 단지는 최고 34층, 총 40개동 3,226세대 규모다. 길 건너 대림프라이어팰리스 아파트는 22개동 1,622세대 규모다. 특히 암사 롯데캐슬 지하에는 대형 마트가 조성되어 있어서 대림프라이어팰리스에 사는 사람들도 장을 보러 온다. 덕분에 위층에 있는 미용실과 학원 등까지 사람들의 발길이 잦아 빈 상가가 거의 나오지 않는다.

상권이 안정된 이후의 월세를 확인하고 투자해야 안전

상가가 준공된 뒤에도 중개업소나 편의점 약국, 병원 등을 제외하고는 생각해둔 만큼의 임대료가 형성되기 쉽지 않다. 특히 단지 내 상가 부동산 중개업소는 이른바 '입주 장사'가 끝나면 상가 월세가 부담되어 깎아달라고 요구할 때가 많아 시간이 갈수록 상가 가격 하락의 요인이 된다. 강남 도곡 렉슬과 잠실 단지 내 상가가 그런 경우로, 시간이 갈수록 임대료 하락으로 인해 상가 가격이 자연스럽게 하락 조정을 받았다. 대개 분양 초기에는 할인해주지 않지만 준공이 가까워질수록 할인율이 높아진다. 물론 자리가 좋은 상가는 예외다.

따라서 이럴 바에는 차라리 상가 준공 이후 상권이 어느 정도 형성된 2~3년 뒤에 임차인이 월세를 어느 정도 내는지 확인하고 나서 투자하는 것도 좋은 방법이다.

상가 투자 뒤집기

"주변에 스타벅스 있나요?"

투자할 만한 곳을 찾아주다 보면 가끔 고객들이 필자에게 던지는 질문이다. 최근에는 카페에서 매일 한두 잔씩 커피를 마시는 인구가 늘면서 스타벅스가 집 주변에 있는지가 그만큼 중요해진 것이다. 또 혼자 매장에서 커피를 마시며 여유 시간을 보내기를 즐기는 '카페족'이 증가한 것도 스세권이 뜨는 이유다. 실제 스타벅스가 입점하면 해당 건물뿐 아니라 주변 건물 가치까지 상승하는 효과가 나타나기도 한다. 덕분에 '맥세권'이나 '스세권'이란 용어까지 생겨났다. 맥세권 (맥도날드+역세권)은 맥도날드의 배달 서비스가 가능한 지역을, 스세권은 커피 전문점 스타벅스와 역세권의 신종 합성어다. 이런 용어가 낯설다면 상가 투자는 접는 것이 낫다.

과거에는 1층에 은행이 들어오면 최고로 쳤다. 하지만 최근에는 주 5일 근무와 4시 영업 종료로 건물주들이 그다지 선호하지 않는다. 한우 전문 식당이나 고급 일식집, 장어집 등은 청탁금지법으로 된서리를 맞았다. 지금은 본인 건물을 밤새 돋보이게 하는 스타벅스(스세권)나 커피빈, 맥도날드(맥세권) 등 대형 프랜차이즈나 SPA 패션 의류점, 다이소, 유니클로 같은 실속 있는 브랜드 매장 입점을 임대인들이 선호하고 있다.

유동 인구가 많은 곳이 좋다?

유동 인구가 많다고 좋은 것은 아니다. 극단적인 예로, 탑골 공원에 가면 어르신들이 많이 나오시지만 저렴한 봉사 차원의 물건 말고는 아무것도 안 팔린다. 필자도 가끔 점심값보다 비싼 스타벅스 커피 한 잔 사 마시는데도 정말 큰맘 먹고 들어간다. 즉, 돈을 잘 쓰는 사람들이 느릿한 걸음으로 테이크아웃 커피를 들고 양옆을 구경하면서 걸어가는 상권이 좋은 것이다. 유동 인구보다는 소비 인구 유무를 파악해야 하는 것이 중요한 이유다.

키 테넌트를 확보한 상가가 좋다?

키 테넌트'Key Tenant는 상가로 사람을 끌어 모으는 데 큰 영향을 주는 핵심 점포를 이르는 말로, 주로 유명 프랜차이즈 외식 브랜드나 대형 마트, 멀티플렉스 극장, 대형 서점, 테마파크, 백화점 등이 이에 해당한다. 코엑스나 마포 대형 상가에 가면 대형 서점에 많은 손님들이 몰린다. 상가 인지도를 높이고 유동 인구를 증가시켜 주변 상권 활성화와 고객 확보에 도움을 주기 때문에, 키 테넌트가 입점한 상가에 투자하면 실패 가능성이 상대적으로 낮아진다.

하지만 키 테넌트를 확보한 상가도 절대적인 공식은 아니다. CGV

스타필드 코엑스몰 서점

오르는 부동산 돈 되는 부동산 잘 팔리는 부동산

나 메가박스 등 유명 영화관이 상층부에 들어오더라도 바로 아래층 점포까지 폭포수 효과를 기대하기는 쉽지 않다. 영화 티켓은 인터넷이나 모바일로 예약하고 엘리베이터를 타고 올라와 영화를 보고 영화관에 입점된 카페나 매점에서 음료나 팝콘 등 군것질거리를 사 먹는다. 영화를 다 보고 나서는 1층까지 엘리베이터를 타고 한 번에 돌아간다. 엘리베이터가 고장 나지 않는 한 에스컬레이터를 타고 느긋하게 바로 아래층으로 내려오지 않는다는 뜻이다. 즉, 상층부에 위치한 영화관으로 인해 하층부 상가까지 손님이 내려오는, 이른바 낙수 효과trickle-down effect는 기대하기 힘들다.

"하루에 한 편씩 영화를 안 보면 입에 가시가 돋는 분들은 꼭 영화관 아래층 상가를 분양받으세요. 장사가 생각만큼 안 되고 시간도 많아져서 낮부터 영화 2~3편씩 몰아서 볼 수 있습니다."

필자가 상가 투자와 관련된 강의를 할 때마다 우스갯소리로 수강생들에게 던지는 뼈 있는 농담이다. 유명 백화점들이 적자를 무릅쓰면서까지 상층부 전망 좋은 곳에 문화 센터를 운영하는 것도 다 낙수효과를 기대하기 때문이다.

지금도 신문 광고와 인터넷을 뒤져보면 수도권 대형 복합 상가들이 '키 테넌트'라는 말로 유명 레스토랑이나 영화관이 입점된다는 점을 마케팅 포인트로 내세우는 사례가 많다. 메가박스나 CGV 같은 멀티 영화관들은 분양 업체들이 상가 분양을 성공시키기 위해 파격적인 분양 임대 조건을 제시해서 들어온다. 그러나 앞서도 말했듯 이런 유명 영화관이 상층부에 존재한다고 해서 그 상가가 반드시 성공하는 것이 아니다. 건설사들이 파격적으로 분양가를 할인하거나 부가 혜택을 키 테넌트에게 제공하는 만큼, 다른 분양자들에게 가격을 올려 그 손해를 메꿀 것이기 때문이다. 결과적으로 나머지 상가는 당초보다 분양가가 비싸게 책정될 수밖에 없고 낙수 효과마저 기대하기 힘들다.

수익률 보장 상가가 안전하다?

수익률 보장을 내세우면서 시행사나 분양 대행사 측에서 임차인이 내는 임대료를 보조 지급하여 수익률을 맞춰주는 경우가 있다. 이럴 때도 주의가 필요하다. 분양가가 애초에 높게 책정되었기 때문에, 대부분 투자자에게 수익률을 맞춰주기 힘들어 일정 기간 임대료를 보조하는 형태다. 하지만 임대료 보조 기간(실제로 해당 기간 동안 약속대로 임대료를 보조해주는 곳도 거의 없다)이 끝나면, 세 들어 있는 임차인이 임대료 수준을 맞춰줄 수가 없다. 결과적으로 더 낮은 수준의 임대료를 요구하는 임차인에게 점포를 내주게 되어 상가 가치도 동시에 하락하는 불운을 맞을 수밖에 없다. 이처럼 실제 상가 가치가 고평가된 곳에서 인위적으로 시행사나 분양 대행사가 보조금을 지급해주면 결국은 실투자자들이 피해를 입는 구조다.

핵심 상권에 투자하라?

우리나라 최고의 상권이라 할 수 있는 강남역 1번 출구에 위치한 유명 주상복합 저층 상가는 상층부 배후 세대에 오피스텔이 728세대 규모로 조성되었다. 하지만 준공한 지 몇 년이 지난 지금도 상가 공실이 절반이나 된다. 대한민국 유명 맛집들이 대거 입점했지만 상가 공실을 메우기에는 역부족이다. 우병우 전 청와대 민정수석이 매각한 부지에 세워진 '강남역 센트럴푸르지오시티'가 바로 그 주인공이다.

해당 상가는 강남역 1번 출구에서 약 40m 거리에 위치해 있어 집객력이 높고 중앙 광장을 중심으로 각 층이 에스컬레이터로 연결되어 있어 개방감과 노출 효과도 좋다. 그러나 신분당선 추가 개통 호재에도 상가 공실 해결에는 별다른 도움이 되지 못했다. 상가 문제로 골치를 썩다가 필자를 찾아온 김영호(가명) 씨도 은퇴 이후 안정적인 월세를 기대하며 20억 원에 분양받은 상가의 월 임대료는 1억에 500만 원 정도 형성되어 있다. 매달 받는 상가 임대료로 상가 가격을 역산하면 상가 가치는 20억 원이 아닌 10~12억 정도라고 볼 수 있다. 강남이라는 입지에 현혹되어 분양을 받은 김영호 씨는 이자와 관리비를 내면서 월세 1천만 원을 내고 들어올 임차인을 기다리며 버티고 있는 실정이다.

단지 내 상가는 안전하다?

분양한 지 10년 가까이 된 대부분의 강남권 단지 내 상가는 오히려 가격이 추락했다. 잠실 단지 내 상가는 한 칸당 600만 원가량 월세를 받았으나, 지금은 300~350만 원으로 임대료가 추락하면서 상가 가격도 같이 끌어내렸다. 도곡 렉슬 단지 내 상가도 비슷한 경로를 밟았다. 왜 이런 현상이 생기는 걸까?

분양 초기에 비싼 임대료를 내고 들어오는 업종은 부동산과 편의점 말고는 거의 없다. 그러다 입주 장사가 끝나면 부동산 절반은 다른 곳으로 떠나는데, 그나마 남아 있는 업체들 임대료로 시간이 갈수록 떨어질 수밖에 없다.

8·2 부동산 대책의 영향으로 상당수 부동산 중개인의 폐업이 예상되므로, 임차료도 점차 낮아져서 결국 단지 내 상가 인기도 급감할 것으로 보인다. 따라서 단지 내 상가는 아무리 배후 세대수가 많은 곳이라도 분양 초기보다는 임차인이 자리 잡고 나서 상당한 시간이 흐른 뒤에 투자해도 늦지 않다.

통 임대가 낫다?

건물 전체를 입시 학원으로 세를 준 건물주 최창식 씨(68세)도 입

오르는 부동산 돈 되는 부동산 잘 팔리는 부동산

시 제도가 바뀔 때마다 좌불안석이다. 바뀐 입시 제도로 학생들이 줄어 학원이 나가기라도 하면 한꺼번에 내줄 보증금이 없는 까닭이다. 건물 전체를 통으로 커피숍이나 병원으로 세를 준 경우도 고민은 마찬가지다. 통 임대를 하면 개별 임대보다 임대료를 협상할 때 임대인이 약자가 된다. 따라서 통 임대보다는 층별로 개별 임대를 하는 것이 임대인 입장에서 더 안정적이라 하겠다.

신도시 상가, 투자하면 돈 된다?

"1층인데요. 아직도 임차인을 못 구했어요. 언제쯤 세가 들어올까요, 대표님. 이러다 아무래도 계약금 포기하고 날려야 할까 봐요."

위례와 마곡 일대 상가를 분양받은 사람들이 하나같이 털어놓는 하소연이다. 특히나 마곡 지구는 대기업들이 선호하는 핫한 부동산 투자처로 변했지만 아파트 투자자들 말고는 돈 벌었다는 사람을 만나지 못했다. 유명 브랜드 건설사만 믿고 오피스텔과 상가에 투자했던 사람들은 상황이 더 힘들다.

하지만 같은 마곡 지구라고 해도 마곡 지구 비브랜드 상가나 오피스텔에 투자한 사람들은 좋은 성과를 냈다. 마곡 분양 초창기에 필자는 이런 물건들 위주로 고객들에게 컨설팅하면서 저렴한 가격으로 중개를 많이 했다.

이유는 이렇다. 후발 주자로 나온 1군 브랜드 업체들이 분양가를 대폭 올리는 바람에 마곡 분양 초기에 입지 좋은 비브랜드 상가나 오피스텔에 저렴하게 투자한 사람들은 분양가 차이와 초기 임차인 확보로 큰 시세 차익을 얻었다. 하지만 1군 브랜드 업체의 물건들을 고분양가로 분양받은 사람들은 아직도 별다른 이득을 얻지 못했다. 특히 1층 상가를 고가에 분양받은 사람들은 아직도 세입자가 들어오지 않아 고전을 면치 못하고 있다.

현재 위례 신도시에 공급된 상가도 절반 이상이 주인을 찾지 못하고 있다. 상가 상층부 업무 시설은 분양 실적이 저층부보다 더 저조하다. 그나마 상가가 주인을 찾더라도 높은 상가 분양가로 인해 임대수익률이 너무 낮게 형성되어 이자 비용 내기도 빠듯한 상가가 많다. 신도시에 책정된 상업 용지 비율이 전체 면적의 1~3%에 불과하다며 분양을 했고 상가 운용을 통해 안정적이면서 높은 수익을 올릴 수 있다고 했지만, 정작 준공이 되자 정반대의 상황이 연출되었다. 그 바람에 분양 계약자들의 해지 상담이 줄을 잇고 있는 실정이다.

입주 바로 전에 투자하라

비브랜드 상가가 투자 수익율도 높다

8·2 부동산 대책에도 불구하고 입지 좋은 아파트는 당첨되면 수천에서 수억 원의 프리미엄이 생긴다. 특히 아파트는 시, 군, 구 등 지차체에서 분양하기 전에 인·허가로 분양가를 간접 규제하고 주택도시보증공사에서도 보증 조건으로 주변 시세와 비교해 분양가를 간접 규제한다. 즉, 일부 지역의 고분양가를 집중 관리하는데, 인근 지역 아파트 분양가보다 10% 이상 높으면 분양 보증을 해주지 않기 때문에 상대적으로 분양가가 낮아져서 분양 계약자들은 일정 부분 프리미엄을 얻을 수 있다. 결과적으로 아파트는 대형 브랜드를 믿고 들어가도

분양가가 합리적이라 입지만 좋으면 상당한 프리미엄을 챙길 수 있다.

하지만 오피스텔과 상가는 다르다. 오피스텔과 상가의 분양가를 규제하는 장치가 전무하고 순전히 사업자의 판단에 맡기기 때문에 입지가 좋으면 고분양가, 안 좋으면 미분양 사태로 어지간해서는 투자자에게 이득을 안겨주기 힘들다.

필자는 20년간 부동산을 연구하면서 유명 브랜드 오피스텔과 상가에 투자해 돈 번 경우를 거의 보지 못했다. 차라리 오피스텔과 상가 브랜드는 현대나 대우같이 유명한 브랜드가 아니더라도 입지와 적정 분양가를 보고 판단해 투자하는 것이 좋다. 다시 말해, 너무 겸손해서 자기 브랜드를 내세우고 싶어 하지 않는 상가나 오피스텔에 투자하는 편이 낫다는 뜻이다. 분양자나 임차인 입장에서도 친구들에게 본인 상가를 언급할 때 브랜드를 먼저 얘기하는 경우는 없다. 오히려 유명 거리라거나 강남, 홍대, 성수, 이태원 등 지역부터 밝히고 나서 나중에 현대 또는 대우 상가 오피스텔이다라는 식으로 이야기를 한다. 임대인이 아무리 유명 브랜드 상가나 오피스텔을 비싸게 분양받았다고 해도 그에 맞춰 임차인들이 결코 높게 임차료를 지불하지 않는다는 것을 기억해야 한다.

대부분 상가 투자 실패 요인 가운데 하나는 우량 임차인이 확정되지 않은 상태에서 선분양을 받기 때문이다. 따라서 롯데리아나 피자헛, CU, SK 텔레콤 점포 담당자를 먼저 만나보고 본인이 원하는 지역 점포를 개발하려고 할 때 정보를 달라고 계약금을 선지급하면서 적극 얘기해보는 것도 좋다.

아울러 문재인 정부에서는 상가 임대차 계약갱신청구권을 5년에서 10년으로 연장하고, 상가건물임대차보호법의 권리금 보호 대상도 확대되기 때문에, 상가 투자자들은 이런 점을 미리 숙지해야 한다.

상가는 계약 전 반드시 할인을 요구하라

분양 상가는 영업사원들이 분양 당시부터 판매 물량을 확보하고 프리미엄을 붙여 팔기 위해, 속칭 '찍어서 돌리는 경우'가 많다. 따라서 초기에 상가가 100% 분양되었다고 해도 사실은 1년 내내 분양 중일 때가 대부분이다.

"대표님, 제가 이 이야기 한 거 알면 잘릴 텐데요. 지금은 할인 안 들어가지만 완공 시점까지 기다리면 할인이 들어갈 겁니다."

고객 상가 컨설팅 겸 광교 신도시에서 분양하고 있는 상가 분양 업체 관계자가 필자에게 같은 업계니 이해해달라며 솔직히 실토한 얘기다.

아파트와 달리 분양 상가의 경우, 초기 분양을 받아 프리미엄을 대폭 챙겼다는 이야기는 들은 적이 없다. 앞으로도 들을 가능성이 거의 없다고 확신한다. 애초부터 할인할 생각을 하고 적정 임대가도 고려치 않은 채 분양가를 높게 책정하기 때문이다.

아파트와 달리 상가 분양가는 개발에 대한 과도한 기대감으로 처음부터 부풀려진다. 아파트나 오피스텔은 투자 원금만 건지고 상가를 팔아 이익을 취하는 것이 건설사들의 생리다. 저층 상가를 분양하지 못하면 아파트를 100% 분양했다고 해도 건설사들은 이익을 얻지 못해 부도가 나버리기도 하는 것이다.

상권 안정 단계로 접어들수록 임대료 하락

상권 형성 초창기에는 세입자들이 치러야 하는 '준임대료' 성격의 권리금이 없을 때가 많다. 그러다 보니 비싼 임대료를 내고서라도 들어오려는 세입자들이 있기 마련이다.

또한 권리금을 지불해야 하는 것은 그 다음 세입자이다. 권리금까지 지불하면 가게 운영의 채산성이 떨어져 최초 임대료를 감당하기 어렵다. 그렇기 때문에 시장이 안정 단계로 접어들수록 임대수익 하락으로 이어지고 시차를 두고 매매 가격도 떨어져 적지 않은 상가 계약자들이 이중고를 겪는다. 특히나 부동산들이 상가 대부분을 채우는데 입주한 지 몇 년이 지나면 입주 장사도 끝나기 때문에 부동산도 절반은 영업을 접는다. 그나마 있는 부동산들도 과거보다 월세를 낮게 지불하고자 하기 때문에 자연스레 단지 내 상가 가격도 떨어진다.

"깎아줄 생각을 하고 있었는데 그냥 계약하더라고요."

잘 알고 지내는 상가 건설을 주업으로 하는 사장이 불쑥 필자에게 내뱉은 말이다. 이처럼 분양 상가를 할인해달라는 요구 없이 분양받은 것은 바보짓이나 다름없다. 건물 완공이 임박하면 팔지 못한 물량은 건설사 보유분이란 이름으로 막바지 할인 분양에 들어간다. 기존에 선분양을 받은 사람들을 의식해서 대놓고 할인은 못하지만 알음알음 뒤에서 할인을 해주는 것이다.

따라서 상가는 지극히 좋은 전면부 1층이나 특수 상가를 제외하고는 완공이 다 된 시점에 맞춰 분양받는 것이 더 저렴한 가격으로 분양받는 방법이다. 굳이 계약을 서두를 필요는 없다.

4

신도시보다
젊은 상권에 투자하라

　분당 정자동 카페 거리는 한때 많은 이들이 찾는 지역의 핫 플레이스였다. 그러나 최근 분위기는 예전처럼 활기차지도 않을뿐더러 특정 시간대에는 종업원들이 더 많을 지경이다. 그나마 있는 젊은 엄마들도 광교나 판교, 강남으로 속속 빠져나갔다.

　10여 년 전 분당 지역 백화점에 강의를 나가면 수많은 젊은 엄마들이 강의 끝나고 같이 식사하자고 권했지만 지금은 그렇지 않다. 분당이 이렇게 된 것은 무슨 까닭일까?

인간은 젊을 때 왕성하게 소비한다

젊은 사람들이 많이 모이는 상권이 이른바 뜨는 지역, '핫 플레이스'다. 젊은이들이 이태원 경리단길, 신사동 가로수길을 가는 이유는 세련되고 독특한 문화를 즐기기 위해서다. 이는 부동산 가격에도 긍정적인 영향을 미친다. 분당, 평촌, 일산, 산본 지역의 1기 신도시 상권이 갈수록 침체를 거듭하고 있는 것은 이 지역에 거주하는 분들의 평균 연령대가 고령화되어 소비 여력도 같이 떨어졌기 때문이다. 즉, 비싼 돈을 내고 문화를 즐길 여력과 여유가 젊은 사람들에 비해 상대적으로 없기 때문이다. 고객의 발걸음을 늦추고 머물게 하며 인근 상점에서 소비하게끔 하는 것은 젊은 사람들이 좋아하는 음악과 미술 같은 문화에 있다.

우스갯소리로 자기 손으로 돈을 벌지 않는 사람들이 많이 모이는 곳이 상권도 좋다. 이들은 한 잔에 5~6천 원씩 하는 스타벅스 커피를 스스럼없이 즐긴다. 흔히 스타벅스를 두고 커피가 아니라 문화를 판다는 말을 자주 한다. 사람들은 스타벅스에서 값비싼 커피를 마시는 것이 아니라 고급화된 이미지와 분위기를 소비한다는 것이다. 그러다 보니 스타벅스를 마시면 스스로 세련되고 문화를 아는 사람이 된다고 생각한다는 것이다.

실례로, 잠실 단지중 가장 가격이 비싼 단지는 2단지 리센츠다. 역시 해당 단지 내 상가도 여타 단지에 비해 선호도가 높은 학원, 병원 등을 중심으로 공실 없이 잘 돌아가고 있다. 해당 아파트가 타 단지에 비해 비싸고 상가도 잘 돌아가는 이유 중 하나는 송파구에서 학급당 학생 수가 가장 많은 잠신초등학교의 영향도 있지만 타 단지에 비해 젊은 사람들이 많이 살고 있기 때문이다. 잠실 2단지는 65개동 총 5,563가구로 이루어졌는데 그중에서 젊은 맞벌이 부부들이 선호하는 12평형 868가구, 24평형 245가구가 대거 포함되어 단지 내 상가 활성화에도 긍정적인 영향을 미치고 있다.

잠실 리센츠 분양 당시 12평형이 들어간 것은 전용 면적 18평 이하를 20% 이상 지어야 하는 소형 평형 의무 비율을 맞추면서, 조합원들에게 좀 더 큰 평형을 주기 위해 크기를 줄인 까닭이었다. 분양 당시 12평형은 평당 1,500만 원선으로 층별로 다소 차이가 있었지만 1억 7,500만~1억 8,900만 원 사이였다. 그러나 지금 해당 평형은 12평형 (27㎡)이 동·향과 타입에 따라 5억~6억 2,000만 원으로 크게 올랐다. 오래 전 잠실 아파트 분양 당시 필자가 다녔던 회사에서 리센츠(2단지) 분양 세미나를 주관했었는데 당시 12평은 절반이 미분양이었다.

신도시 클럽과 상권

최근 국민은행 PB 대상 실무 교육 특강차 일산역에 위치한 연수원에 다녀왔다. 일산역에서 내리자마자 시장을 중심으로 카바레, 노래

방 등이 산재해 있었다. 이 지역은 노령화 비율도 높아 부동산도 활기가 없어 보였다. 경의선을 타고 택시를 이용할 생각이었지만 카카오택시도 30분간 잡히지 않는 바람에 뛰어가다시피 해서 간신히 강의 시간을 맞출 수 있었다.

이처럼 클럽이 들어섰음에도 불구하고 상권이 더 위축되는 경우가 있다. 대개 노령화된 도시에 콜라텍과 스탠드바 등이 들어섰을 때가 그렇다. 이런 시설들을 주로 이용하는 사람들은 젊은 층보다는 중년들이나 적어도 만 65세 이상이라 상권이 쉽사리 활성화되기 힘들다. 클럽에서 '스텝'을 부지런히 밟아주기 때문에 건강보험료가 연간 수천 억씩 흑자를 내고 만 65세 이상이면 지하철이 무료라 나들이도 자주 다녀 집안 분위기는 더 화기애애해진다. 클럽서 스텝을 밟다 간혹 스텝이 꼬여 넘어지기라도 하면 침을 맞아야 하니 주변 한의원은 대박이 난다. 분당 야탑, 경의선 일산역, 모란 시장에서 한의원을 하는 필자의 회원들은 어르신들의 방문이 잦아 사업이 순항 중이라며 연일 싱글벙글 중이다. 물론 이는 독자들의 이해를 쉽게 하기 위해 과장된 유머를 사용한 것이다. 어르신들을 폄하하려고 쓴 글은 아니니 오해는 하지 않길 바란다.

65세 이상 고령 인구가 10% 증가하면 성장률은 통상 3% 이상 감소한다. 일본도 아베 총리가 취임하기 전까지 1990년대 고령화로 인해 만성적인 침체에 빠져 있었다. 2000년대 이후 유럽이 좀처럼 침체 국면에서 빠져나오지 못하는 이유도 인구 고령화 때문이다. 이미 우리나라의 65세 이상 노인 인구는 700만 명을 돌파해서 고령 사회에 진입했다. 소비가 주춤해졌다는 뜻이다. 우리나라는 전 세계적으로 가장 빨리 고령화가 진행되고 있다. 일산, 분당, 평촌, 산본 등 1기 신도시는 고령화가 빨리 진행되고 있다. 특히 산본의 고령화 추세가 심각해서 소비뿐만 아니라 부동산 가격에도 영향을 주고 있다.

따라서 소비 여력이 왕성한 젊은 사람들이 많이 다니는 곳, 문화가 살아 숨쉬는 지역 부동산에 꾸준히 관심을 가져야 한다.

5

테마 상가 투자 전 체크할 점

테마 상가에는 절대로 투자하지 마라

아무리 유명한 테마 상가라고 해도 전국적으로 네트워크와 포인트, 카드사 제휴 서비스, 문화 센터로 무장된 백화점과 할인점을 이길 수는 없다. 앞으로도 절대 이길 수 없을 것이다. 게다가 유명 인터넷몰도 365일 밤낮으로 공격하고 있기 때문에 단일 건물 테마 상가는 강남 역세권이라고 해도 절대로 이런 대형 유통 공룡들을 이길 수 없다는 점을 명심해야 한다.

푸드 코트, 회 센터, 한방, 어린이 장난감, 숙녀복, 음식점 등 동대문과 같은 주요 상권에서 성공 신화를 거두며 공급이 활성화됐던 테마 상가는 2002년 '굿모닝시티 사건'을 계기로 어떤 리스크를 안고 있는지 사회적으로 널리 알려졌다. 필자의 고객 중에도 수억 원을 투자했으나 팔리지 않는 테마 상가로 인해 매년 관리비만 꼬박꼬박 물고 있는 이들이 많다.

테마 상가에 투자해서 실패한 사람들과 상담하다 보면 대부분이 1~2억 원대 소액을 지분 등기로 투자한 경우가 많다. 즉, 테마 상가 분양은 일명 지분 쪼개기를 통해 실면적 1~3평 정도의 면적을 분양받아 임대를 주는 것이다.

고객인 김성엽 씨(자영업, 56세)도 수천만 원의 프리미엄을 받도록 전매를 보장하겠다는 영업사원의 말을 믿고 수억 원대의 숙녀복 매장 계약서를 작성했지만 결국 전매는 이루어지지 않았다. 이에 잠을 이루지 못하다 필자에게 상담을 신청했다.

"지금 거신 전화는 고객의 사정으로 당분간 착신이 정지되어……"

계약 당시의 영업사원은 현재 연락두절 상태다. 아마 그 영업사원은 다른 현장에서 본인의 수입을 위해 제2의 피해자를 물색하고 있을 것이다. 그런 영업사원의 말만 믿고 투자를 감행한 김 씨는 중도금 압박에 시달리고 있으며 10%인 5,000만 원의 계약금을 고스란히 날릴 처지다.

개발비 문제(분양가 이외의 시설비나 인테리어 비용 등 업종에 맞게 추가로 들어가는 비용)와 대지 지분을 속인 사례(계약서상 분양자들의 대지 지분은 1평으로 나와 있지만 실제 등기상 대지 지분은 0.5평으로 다르게 표기돼 있는 경우)도 많다. 또 기존 쇼핑몰과는 달리 백화점 수수료 방식의 업체를 임차인으로 입점시켜 오픈하고 업체에서 제시한 임대료로 환산한 실질 수익률이 2%에 불과해서 은행 이자를 주고 나면 오히려 마이너스가 되는 경우도 허다하다.

테마 상가는 분양 형태에 따라 투자금 회수 또는 관리 부분에 리스크가 있다. 등기 분양은 개별 등기가 나오므로 시행사가 부도나더라도 지분을 확보할 수 있어서 투자금이 안정하지만, 상가 관리 면에서는 임대 분양처럼 시행사의 전문적인 마케팅과 업종 구성 전략 등의

등기 분양 vs 임대 분양

등기 분양은 토지나 건물의 소유권이 이전되는 상가를 말한다. 즉, 등기 분양이 더 안전하다 볼 수 있는데, 그 이유는 권리 확보 면에서 안전하기 때문이다. 본인 앞으로 법적 소유권이 있으며 언제라도 매매가 가능하고 재산권 행사를 할 수 있다.

반면 임대 분양 상가는 일정 기간 사용 가능한 임차권이 있는 상가를 말한다. 사업 시행자의 재무 구조가 건전하고 마케팅 능력을 충분히 갖춘 경우에는 등기 분양에 비해 분양가가 싸고 재임대 등으로 고수익을 낼 수도 있다. 취득세 등 세제 면에서도 소유권을 취득하는 등기 분양 상가에 비해 유리하다.

그러나 등기 분양 상가는 상가 내 입점한 점주들 사이의 의견 일치가 어렵다는 점과 상권 활성화 실패 시 그 책임을 고스란히 본인들이 져야 한다는 부담이 있다. 임대 분양 상가는 소유권이 없기 때문에 오랫동안 장사를 안정적으로 할 수 있는 권리가 등기 분양 상가보다는 다소 떨어진다. 시행사가 부도나거나 해서 사업 주체가 바뀌면 권리금은 고사하고 보증금조차 받지 못하고, 이른바 '쪽박'을 차는 경우도 간혹 발생한다.

혜택을 누릴 수 없다는 단점을 가지고 있다. 임대 분양은 최소 5년 이상 장기 임대의 형식으로 분양받는 방법으로, 투자 자금이 비교적 적게 든다는 장점을 가지고 있으나 시행사가 부도나면 투자금을 돌려받을 길이 막막하기 때문에 든든한 시행사와 시공사 여부를 추가로 체크해야 한다.

상가 후분양제 이후 안전 장치 확인

후분양제는 과거 '굿모닝시티' 같은 크고 작은 상가 사기 분양에서 선의의 투자자들을 보호하기 위한 제도다. 후분양제 대상은 바닥 연면적이 3,000㎡(907평)를 넘는 대형 상가로, 앞으로 단순한 사업 허가나 분양 공고만으로 투자자를 모집할 수 없으며 골조 공사의 3분의 2 이상을 마친 이후에야 분양에 나설 수 있게 된다.

사업자는 일간지에 분양가와 입점 예정일을 명시해 분양 광고를 해야 하며 사업장 출입구에 신고 번호를 고시해야 한다. 이런 절차를 위반하면 사업자는 최대 3년 이하 징역 또는 3억 원 이하의 벌금을 문다. 단, 분양 광고를 한 이후 미분양 면적이 3,000㎡에 미치지 못하거나 미분양 비율이 50% 미만이면 수의 계약을 통해 분양할 수 있다.

그렇다고 연면적이 3,000㎡를 넘으면 무조건 후분양제를 하는 것은 아니다. 한 건물에 허가를 따로 받아 연면적을 줄여서 후분양을

테마 상가 투자 전 체크 사항 9가지

1. 토지등기부등본을 통해 시행사 명의로 등기가 완료됐는지 확인한다.

2. 건축 허가 서류를 열람하여 상가로 건축 허가가 났는지 확인한다.

3. 건축 시공을 맡은 시공사의 준공보증약정서를 확인한다.

4. 믿을 만한 기업이 분양 보증 또는 연대 보증을 했는지 유무를 확인한다.

5. 믿을 수 있는 은행과 자금 관리 계약을 체결했는지 확인한다.

6. 기존 건물을 허물고 신축하는 경우에는 기존 건축물 철거가 완료된 이후 분양을 받는 것이 안전하다.

7. 소유권을 온전히 행사할 수 있는 지분 등기 형태인지 아니면 구분 등기 형태인지 파악해야 한다.

8. 인근 백화점이나 쇼핑 센터를 이길 수 있는 카테고리 킬러가 있는지 파악한다.

9. 임차인들이 내는 임대료가 분양가 대비 수익률이 나오는지 점검한다.

피하는 편법도 있다. 대지 소유권을 확보하고 신탁 계약이나 분양 보증을 받아 착공 신고를 한 후 시, 군, 구청으로부터 분양신고필증을 받으면 선분양이 가능하다. 이 분양 보증은 어디까지나 해당 상가의 시공 승계 등에 한정되므로 당초 사업주와 맺은 임대수익 보장 등은 보증 대상에서 제외된다.

6

대형 몰 주변
부동산 투자 전략

대형 몰로 상권 이동 중

도쿄 스카이트리 전경

5년 전 일본 부동산 연구차 도쿄에 가서 스카이트리 전망대를 올라가려다가 줄이 너무 길게 늘어서 있어 포기한 적이 있다. 각각 450m와 350m 높이에 있는 전망대까지 올라가는 엘리베이터를 타려면 평일이라도 30분 넘게 기다리는 것이 예사다.

스카이트리가 생기면서 주변 상권도 좋아졌다. 스카이트리 입장권이 있으면 인근 식당과 상점에서 할인 혜택을 준다. 반대로 지역 식당에서 스탬프를 받아오면 스카이트리 캐릭터 상품을 무료로 준다. 2012년 5월 도쿄 스카이트리(634m)가 세워진 뒤로 하루 유동 인구가 1만 명도 안 되던 이곳에 매일 수십만 명이 찾아온다. 해외 관광객도 연간 550만 명으로 늘었다. 단순한 초고층 전파탑이 아니라 쇼핑과 미식, 오락을 한곳에서 해결할 수 있는 '하늘 위 도시'가 들어서면서 생긴 변화다.

2000년 초반 홍콩에서 시작된 초고층 빌딩 건설 붐은 2010년 이후 아시아 허브 도시를 노리는 싱가포르와 두바이, 도쿄로 확산됐다. 이 나라들은 초고층 빌딩을 앞세워 세계 도시 경쟁력^{GPCI} 순위에서 상위권을 휩쓸고 있다. 랜드마크 건물에 문화와 숙박, 쇼핑, 교류 등 도시

신세계 스타필드 하남 전경

의 주요 기능을 모두 모아놓고 돈과 사람을 모으는 중이다.

요즘 공급이 한창 진행되고 있는 스타필드, 롯데몰, 이케아 등 매머드급 복합 상가들은 쇼핑은 물론이고 오락적 문화 활동 등을 동시에 만족할 수 있는 특화된 상품 구성을 통해 다양하고 풍부한 소비층의 반복적인 방문을 꾸준히 유도하고 있다. 서울을 비롯해 하남, 청라, 삼송 등 수도권 주요 도시에도 복합 상가가 꾸준히 공급되고 있는데, 앞으로 이들 건물의 밀집 정도를 가늠하여 상권 경합성을 피해가는 묘책도 필요하다.

대형 복합 쇼핑몰이 입점하면 그 영향으로 인근 지역 집값만 상승하는, 이른바 '몰세권' 효과가 나타난다. 스타필드 고양점은 연면적 40만m^2 안팎의 대규모 쇼핑몰로, 쇼핑 시설뿐만 아니라 문화와 생활 시설이 집약된 테마파크까지 개장하여 해당 지역뿐 아니라 인근 지역 수요까지 끌어들였고 덕분에 인근 아파트 가격이 급등했다.

그러나 상가는 다르다. 일산의 예를 들어보면 일산 중심 상권이 대형몰인 장항동 라페스타나 웨스턴돔에서 대화동 킨텍스로 이동 중이다. 하지만 옆으로 퍼지는 대형 복합몰로 인해 주변 상권은 급속히 붕괴되었다. 실제 경매 사이트를 보면 유독 대규모 상권에 밀린 일산 지역의 소규모 상가들이 다른 지역에 비해 유독 많이 나온다.

오르는 부동산 돈 되는 부동산 잘 팔리는 부동산

대형 몰 인근 수혜 업종 vs 피해 업종

대형 복합 쇼핑몰이 들어오면 맨 먼저 의류와 악세서리, 화장품 업종들이 고전한다. 하남 스타필드나 김포공항 롯데몰처럼 옆으로 퍼지는 몰이 오면 주위 상권은 서서히 망한다. 김포공항 롯데몰이 들어오자 공항 시장이 쇠퇴하고, 하남 스타필드가 등장하니 하남 신장 시장 등 구시장 상권이 붕괴될 가능성이 높아진다.

반면 대형 몰 자체 배후 세대, 다시 말해 상층부 사무실을 채우고 국내외서 일부러 찾아오는 관광 명소가 되면 주변 상권이 먹자골목을 중심으로 같이 성장한다. 아는 회원 중에 코엑스에서 유명 맛집을 하는 분이 있다. 낮에는 줄을 설 정도로 대기하는 줄이 길지만 인건비와 재료비, 리모델링 비용을 제외하고 월세로 수천만 원을 내고 나면 손에 떨어지는 돈이 하나도 없다고 필자를 볼 때마다 한탄한다. 낮에는 번호표를 뽑을 정도로 고객들이 많지만 저녁 시간에는 손님이 너무 없어 파리가 날리기 때문이다.

이유는 이렇다. 대개 낮에는 시간이 별로 없기 때문에 상층부 사무실에 있는 수많은 근무자들은 저층부 상가에서 바삐 식사를 한다. 하지만 저녁 시간에는 스트레스도 풀 겸 몰에서 나와 다른 인근 상권에서 소비하는 경향이 강하다. 근무지가 있는 몰 안에서 친한 동료끼리 밥이나 술을 먹다 직장 상사라도 만나게 되면 스트레스가 더 쌓이지 않겠는가. 또 외부 사람이 들어와 몰에서 같이 저녁을 먹을 때는 식사

비보다 주차비가 더 나올 수도 있다. 따라서 이들은 몰 밖으로 벗어나고자 할 것이다. 이런 이유로 삼성동 상층부 사무실 인구와 인근 유동 인구가 많은 코엑스 주변, 즉 삼성동이나 선릉역 주변 먹자 상권이 좋아질 것이다. 잠실 제2 롯데월드로 인해 주변 아파트 가격도 서서히 회복하면서 인근 먹자 상권도 점차 나아질 것으로 보인다.

실제 돈 번 사람 말을 신뢰하라

"잠깐만요, 계산기 좀 쓸 수 있을까요?"

이러면서 이자, 취득세, 기회비용 등을 따지는 사람은 십중팔구 부동산 투자는 못 한다고 본다. 대신 본인 머리만 믿고 주식에 돈을 넣었다가 반 토막을 곧잘 내고 결국 그 반 토막 상태에서도 손절매를 하지 못한 채 우량주라 생각하며 물 타기를 지속하다 끝내 다시 반 토막을 내며 원치 않는 장기 투자의 길로 들어설 확률이 높다.

부동산 투자는 이성적이고 분석적인 머리보다는 감성적인 두뇌를 가지고 있는 사람들이 성공하는 경우가 많다. 남성보다 여성이 부동산 투자에 적합하다는 뜻이다. 남성은 투자 대상 부동산에 100% 결점이 없어야 투자하지만 여성분들은 장점이 많으면 일단 투자한다.

정부의 부동산 규제가 특히 다주택자에 집중되고 있는 이때, 아파트 투자에서 잠시 벗어나 토지, 상가주택, 오피스텔, 창고 투자에 나서도 좋을 것이다.

다주택자 규제로 토지, 상가, 오피스텔 등으로 눈을 돌려라

부동산은 사놓으면 설령 오르지 않더라고 부동산 그 자체는 남아 있다. 투자사기만 당하지 않으면 실패하는 경우는 거의 없다. 수년째 부동산 폭락론을 부르짖는 사람들 대부분은 실전 투자 경험은 거의 없다고 봐도 무방하다. 따라서 이들은 자신의 주장을 뒷받침하기 위해 신뢰 있는 기관의 자료를 인용, 도표까지 그려가면서 아파트만 분석하는 것이 다반사다. 왜냐면 아파트 말고는 상가나 토지, 창고 투자, 신축이나 리모델링 투자, 경매 투자에 대해서는 문외한이기 때문이다. 실전 투자 능력이 부족한 이론가들이 분석해서 내놓은 부동산 투자에 대한 결론은 대부분 집값이 폭락할 것이니 투자하지 말라는 것이다.

그러나 20년간 이어진 필자의 투자 경험상 부동산 폭락론을 부르짖고 금융 투자에 몰두한 사람치고 경제적으로 넉넉한 사람을 못 봤다. 필자는 15년 이상 부동산에 투자하면서 자산을 조금씩 늘려왔는데, 만약 그들 말이 맞다면 필자는 진작에 잦은 부동산 투자로 신용불량자가 되었어야 맞다.

하루에 국내외 신문 15개 정도를 정독하고 주말에는 도서관에 가서 경제 주간지까지 15년 넘게 필독하면서 국내외 돌아가는 정치 경제 예측에 자신 있다고 생각했던 필자다. 하지만 과거 주식과 선물 옵션에 몰두하다가 상당한 거금을 날려 가슴에 심한 통증을 안고 산 경험이 있다. 그래서 수년 전부터는 부동산에 투자하듯이 순이익과 배당이 증가하는 주식에만 장기 투자를 한 이후로 손해 보는 일이 거의 없다. 배당이 증가하는 주식에 장기 투자를 하는 것은 마이너스 금리가 일상화된 선진국형 투자법이다. 물론 이보다 더 소중한 것도 얻었다. 회사 업무와 부동산 투자에 좀 더 집중할 수 있도록 마음의 안정을 찾은 것이다.

심리학 용어 중에 '더닝 크루거 효과'가 있다. 1999년 데이빗 더닝 미국 코넬대학교 교수와 대학원생 저스틴 크루거가 학부생 45명을 대상으로 운전, 체스, 테니스, 유머 감각, 문법 지식, 논리적 사고력 등을 테스트하면서 자신이 몇 등 할 것으로 예상하는지 물었다. 그러자 점수가 낮을수록 실제 성적에 비해 등수 기대치(자신감)가 높다는 결과가 나왔다. 오히려 높은 성적을 받은 학생은 반대 경향을 보였다. 더닝과 크루거는 실력 있는 학생이 겸손하기까지 해서가 아니라 어느 분야에 대해 잘 모를수록 자신의 능력을 과대평가하는 경향이 있기 때문이라고 분석했다. 반대로 능력 있는 사람은 다른 사람도 잘할 것이라는 전제에서 조심스러운 태도를 보이며 자신의 능력을 과소평가한다는 것이다. 찰스 다윈의 "무지는 지식보다 더 확신을 가지게 한다"는 말이나 버트런드 러셀의 "자신감이 있는 사람은 무지한 반면, 상상력과 이해력이 있는 사람은 의심하고 주저한다는 것이 이 시대의 아픔"이라고 한 말과 일맥상통한다.

필자도 부동산 전문가로서 공중파와 신문 매체에 날마다 이름이 오르내릴 무렵 더닝 크루거 효과를 감지했다. 부동산 전문가로 활동하면서 나름 경험과 노하우가 쌓였기 때문이다. 개인적으로 주식 애 널리스트와 펀드매니저들의 분석은 별로 신뢰하지 않는다. 실제 만나보면 명성과 달리 투자로 모아놓은 자산이 별로 없는 경우를 많이 봤기 때문이다. 필자는 주식 투자에서 실제 돈을 번 경험이 있는 슈퍼개미들 말을 차라리 더 신뢰한다. 부동산 전문가라고 해서 반드시 값 비싼 유명 동네 아파트에 살 필요까지는 없지만, 몇몇 유명 부동산 전문가들 중에는 자산이 별로 없어 전세로 전전하거나 집이 있더라도 생소하고 저렴한 동네에 있는 경우가 많다.

물론 이론적인 기초를 제공하는 분들의 말을 참조하는 것도 중요하다. 그러나 그보다 중요한 것은 실제 주식이나 부동산에 투자해서 자산을 늘린 경험이 있는가다. 경험이 있는 사람을 좀 더 신뢰하고 적은 돈으로나마 실전 투자에 임하는 것이 노후를 대비하는 바람직한 길이다.

5장
상가주택으로
건물주 되는 법

신축 사업으로
월세 받는 법

8·2 부동산 대책에도 주택 신축 사업은 유망

임대사업이라고 하면 큰돈을 들여 아파트나 상가 등 여러 채를 매입해서 시작해야 한다고 생각하는 사람들이 많다. 하지만 본인이 오랫동안 소유하고 있는 단독주택이나 나대지등을 잘 활용하면 큰돈 안 들이고도 임대수익을 올릴 수 있다. 정부가 연면적 $200m^2$ 초과 신축 건물에 부과하던 기반 시설 부담금을 폐지해서 수익성이 좋아졌고 건축 규제도 대거 풀려 부지가 $132m^2$만 돼도 다세대주택을 신축할 수 있기 때문이다.

오랫동안 아파트에 비해 애물단지로 취급받았던 단독주택을 다가구, 다세대, 다중, 상가주택으로 변경하면 비교적 손쉽게 임대사업을 할 수 있다. 문재인 정부에서도 임대사업자에게는 각종 금융과 세제 지원을 하고 있는 만큼, 단독주택을 활용한 임대사업에 적극적으로 관심을 가질 만하다.

신축 가능한 주택에 투자하라
: 2종 일반과 준주거지가 유망

8·2 부동산 대책 이후에도 임대수익이 가능한 신축 가능 주택에 대한 투자 상담은 여전하다. 일반적으로 신축을 위해서는 최소 대지 지분이 60평(약 198㎡)은 되어야 한다. 하지만 대지 지분이 30평이라 지자체에서 건축 허가가 안 나더라도 때에 따라서는 매입할 필요가 있다. 30평짜리 대지가 연달아 붙어 있다면 옆 상가주택까지 매입, 합 필해서 건축할 수 있기 때문이다.

예를 들어 대로변에 있는 상가주택에 투자할 경우 7층(1층 상가, 2~3층은 사무실, 4~7층은 원·투룸) 정도의 건물을 올릴 수 있다. 즉, 직장인들의 로망인 꼬마 빌딩주가 되는 것이다.

지금도 일주일에 7~8개씩은, 돈 되는 단독주택과 상가주택 물건을 현장 부동산으로부터 받고 있다. 하지만 그중에 눈길 가는 것은 불과 한 달에 한 개 건지기가 쉽지 않다. 가격이 맞지 않거나 접하는 도로

면이 남향이라 일조권 영향으로 수익성이 떨어지는 물건들이다. 맘에 들어 현장에 나가 보면 집주인이 1~2억 더 부르는 경우도 다반사라 좋은 땅을 잡기는 하늘에 별 따기다.

우선 괜찮은 땅이라고 생각되면 토지 이용 계획 확인서를 떼어 면적과 더불어 1, 2, 3종인지 준주거 지역인지 확인한다. 월세가 연 3~4% 정도 나오는 상가주택이라면 월세를 받고 기다리면서 신축을 할 수 있다. 고시원이나 원룸이 많이 있는 경우에는 연 수익률이 5~7%까지 올라가기 때문에 수익률이 3%대라면 물건이 비싸게 나왔다고 볼 수 있다.

상가주택 수익률이 연 1%라면 두 가지의 경우로 살펴볼 수 있다. 첫째는 상가주택 가격을 정상가보다 매도자가 높게 부른 경우, 둘째는 상가주택 주인이 외지에 살아서 10년 동안 한 번도 월세를 올리지 않은 경우라고 볼 수 있다. 하지만 연 1% 정도 임대수익이 나오더라도 도로가 넓은 준주거 지역 대지라면 한 번 더 분석해볼 만하다. 용적률이 400%라 일반 주거 지역 땅보다 수익률이 높기 때문이다.

단독으로 상가주택 만들기

"아파트보다 단독주택이 더 돈이 될 것 같습니다."

10여 년 전부터 강남 아파트에 투자하러 오신 고객에게 필자가 한

말이다. 얼마 전 박근혜 전 대통령이 삼성동 자택을 매각하고 서울 서초구 내곡동에 새 집을 장만한 것이 큰 화제가 되었다. 박근혜 전 대통령의 삼성동 자택을 마리오아울렛 홍성열 회장이 67억 5,000만 원에 매입했다는 소식이 전해진 이후, 필자에게 그 집 매입을 알아봐 달라고 했던 회원들이 안타까워하고 있다.

그 회원들이 박사모 회원이라서가 아니다. 더욱이 땅을 맘껏 밟고 살기 위해서도 아니다. 회원들은 단독주택을 고급 빌라나 아파트로 신축, 시세 차익과 월세를 동시에 얻고자 했던 것이다. 국토교통부의 공시 가격을 보면 서울 강남구 삼성동 소재 박 전 대통령 자택(대지 면적 485㎡, 건물 면적 317.35㎡)은 재임 기간인 4년 사이에 25% 급등했지만 실제 시세는 50% 이상 올랐다. 1990년 매입 당시와 비교해 실거래 가격이 5배 이상 올랐다는 뜻이다.

박 전 대통령 자택은 2종 일반 주거 지역에 속해 있어 7층 이하 건물을 지을 수 있다. 단독주택을 빌딩으로 개축하면 용적률 150%에 지하 1층~지상 4층 높이의 근린 생활 시설을 넣는 것도 가능하다. 월 평균 3,000만 원 정도의 임대수익도 가능하다. 박근혜 전 대통령 자택은 공시 지가만 보면 대선이 열리던 2012년에는 21억 7,000만 원이던 것이 당선이 확정된 직후인 2013년에는 23억 원으로 올랐으며 4년 차인 정권 말기에는 27억 1,000만 원을 기록했다. 이 단독주택을 헐고 그 자리에 대형 고급 빌라를 신축하면 부동산 규제와 무관하게 꾸준한 상승 흐름을 나타낼 것이다.

오르는 부동산 돈 되는 부동산 잘 팔리는 부동산

삼성동은 서울 지하철 9호선이 2015년 2차 개통된 데 이어 현대차 그룹 통합 사옥[GBC], 삼성역 복합 환승 센터, 영동대로 지하화 등 대형 개발 호재가 있는 지역이다. 단, 꾸준히 몸값을 올린 단독주택과 달리, 주변 아파트인 롯데캐슬킹덤과 롯데캐슬프레미어는 오히려 수년간 보합세를 유지하고 있다.

단독으로 다세대주택 만들기
: 임대수익률 연 8~10% 가능

수원시 팔달구에 사는 김성미 씨(61세)는 20년 이상 살았던 단독주택을 임대수익이 가능한 다세대주택으로 신축해 여유로운 노후를 보내고 있다. 1층 상가와 상층부에 7개의 다세대주택을 만들고 전부 월세로 전환, 보증금(각 세대당 3,000만 원)은 별도라도 매월 700만 원의 고정 수익을 올리고 있다. 주택 임대사업(건설 임대)자로도 등록해 취득세 감면 혜택을 받았고 종합부동산세 합산 배제 신청도 했다. 단독주택을 다세대로 변경한 이후 주택 가격도 50% 정도 상승해서 본인의 결정에 연일 흡족해하고 있다.

다세대주택은 다가구주택보다 더 많은 연면적으로 지을 수 있어 임대 수입을 좀 더 기대할 수 있다. 다가구·다세대주택 모두 건축 연면적 제한이 $660m^2$로 같지만, 다세대(4층 이하)가 다가구(3층 이하)보다 한 층 더 높이 지을 수 있기 때문이다.

임대수익률이 다른 지역보다 비교적 높게 나오는 서울 관악구 신림동 277㎡에 7가구짜리 다세대주택(연면적 526㎡) 1개 동을 짓는 경우, 비용은 땅값과 건축비를 합쳐 평균 10억~13억 원이다. 건축비는 3.3㎡당 380만 원 선으로 봤을 때 연 임대수익률이 8~10% 정도는 나온다. 재개발이나 재건축 바람이 불면 추가적인 시세 상승도 가능하다. 신축 임대사업을 한다면 임대 수요가 많은 서울 강남권이나 중구, 종로구, 동대문, 서대문 일대와 대학가와 역세권이 좋다.

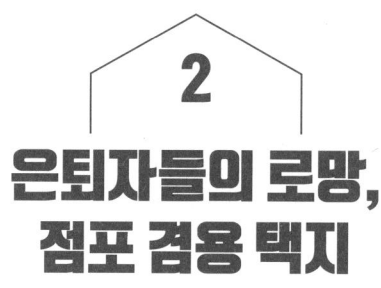

은퇴자들의 로망, 점포 겸용 택지

청약 절차 간단, 웃돈은 억대

"9,200 대 1."

2016년 6월에 분양한 영종 하늘도시 점포 겸용 단독주택 용지 경쟁률이다. 필자가 송도 신도시 컨벤션 센터에서 강사로 참여했는데, 이른바 '떴다방' 수백 명을 포함해 무려 2,000명 이상의 청중이 집결하여 뜨거운 열기가 느껴졌다. 총 6만 4,000명이 넘는 신청자가 몰려 최고 9,200 대 1의 높은 경쟁률을 기록한 곳으로, 프리미엄만 최고 4억 원대에 이르렀다.

당시 점포 겸용 토지 청약은 별도의 청약통장 없이 예약금 1,000만

영종도 점포 상업 용지 관련 강연

동탄 일대 점포 택지 먹자골목 전경

　　　　　　　　　　　　　오르는 부동산 돈 되는 부동산 잘 팔리는 부동산

원만 내면 누구나 참여할 수 있기에 당시 대학생들도 청약 행렬에 뛰어들 정도였다. 우리 직원들도 전부 청약했지만 안타깝게도 한 건도 당첨되지 못했다.

신도시 인근 택지 지구에 1층에 상가를 짓고 2~3층은 세를 놓은 후 4층에 거주하고 싶어 하는 것이 우리나라 일반적인 서민들의 은퇴 후 바람이다. 과거 중산층의 로망이었던 솔로solo형 단독주택보다는 노후를 대비해 세를 충분히 받을 수 있는 상가 겸용 단독주택을 선호하는 것이다.

앞서 얘기했듯이 토지 청약은 별도의 청약통장이 필요 없다. 청약 신청 예약금 1,000만 원만 내면 LH 청약센터 홈페이지(apply.lh.or.kr)를 통해 쉽게 참여할 수 있다. 예약금도 추첨하고 이틀 뒤에 100% 돌려받는다. 과열을 우려한 LH가 2016년 8월부터 청약 자격을 '해당 사업 지구가 속한 지역에 거주하는 가구주'로 강화했지만, 여전히 분양 때마다 수백 대 일의 경쟁률을 기록하고 있다.

주거 전용 단독주택 용지도 '청약통장을 소지하지 않아도 된다'는 장점이 부각되면서 수요자가 몰리고 있다. 김해 율하 2지구 37개 필지는 평균 경쟁률이 309 대 1, 최고 경쟁률이 1,333 대 1에 이르렀다. 동해 월소지구 21개 필지도 평균 경쟁률 233 대 1, 최고 경쟁률이 1,206 대 1이었다.

8·2 부동산 대책 이후 인기 몰이 중

2,916 대 1, 바로 원주기업도시 점포 겸용 토지 평균 분양 경쟁률이다. 이처럼 한국토지주택공사ㄴㅎ가 공급하는 공공 택지 내 단독주택 용지에 투기 바람이 불고 있다. 분양 경쟁률이 평균 수십 대 일은 기본이고, 점포 겸용이라면 수백 대 일에 이른다. 8·2 부동산 대책으로 분양 시장 분위기가 위축되고 있지만 단독주택 용지는 자격 조건이 까다롭지 않기 때문에 풍선 효과를 누리는 것이다. 즉, 단독주택 용지의 인기가 치솟는 이유는 주택 시장이 8·2 대책으로 전매 제한과 청약 자격이 강화된 반면, 토지 규제는 비교적 문턱이 낮기 때문이다.

이런 인기 때문에 주거 전용은 물론이고 점포 겸용까지 모든 단독주택 용지의 청약 자격을 지역 거주 세대주로 제한하기에 이르렀다. 또한 과열이 발생한 사업 지구 위주로 단독주택 용지 분양권을 불법 전매하는 행위에 직접 모니터링을 들어간다는 방침이지만, 프리미엄과 실수요를 겨냥한 청약 행렬은 끊일 기미가 안 보인다.

당첨만 되면 기본 1,000만 원에서 많게는 억대에 이르는 웃돈이 붙는다. 단독주택 용지를 소유권 이전 등기 전 최초 공급가보다 높은 가격으로 되팔면 3년 이하 징역이나 1억 원 이하의 벌금에 처해지지만, 암암리에 불법 전매가 성행하고 있다. 현재 단독주택 용지를 분양받은 자는 소유권 이전 등기 전까지 전매가 금지된다. 다만, 소유권 이전 등기 전에는 사업 시행자로부터 공급받은 가격 이하로만 전매가 허용되고 있다. 웃돈을 받고 팔면서도 공급 가격 이하에 거래한 것으로 다운계약서를 작성하고 웃돈은 현금으로 거래하는 편법이 탄생한 배경이다.

그러나 앞으로 경쟁 입찰로 바뀌고, 잔금을 납부하기 전 또는 공급 계약일로부터 2년이 지나기 전까지는 공급받은 가격 이하로도 전매가 금지된다.

점포 겸용 주택 투자 시 주의점
: 큰길가 모서리를 공략하라

현행 단독주택 용지 내 근린 생활 시설 설치 비율은 연면적의 40% 미만이다. 2층 건축물인 경우 1층 전체를 근린 생활 시설로 사용할 수 없지만, 앞으로 2층 이하의 건축물이라면 설치 비율을 50% 미만으로 확대, 2층 건축물이라면 1층 전체를 근린 생활로 사용할 수 있게 된다.

점포 겸용 주택은 1층이나 지하에는 음식점 같은 상가를 두고 2~3층에는 주택을 지을 수 있는 용도로 개발되었다. 1층에 상가가 들어가면 일반 주택보다 임대료를 2배 이상 높게 받을 수 있기 때문에 인기가 높은 편이다. 청약 시에는 무조건 경쟁률이 가장 높은 곳에 큰 대로변 모서리 필지에 청약해야 한다. 큰길가 모서리라고 친절하게 글씨로 나오지 않기 때문에 실시간으로 경쟁률이 가장 높은 곳이 대로변 모서리라고 보면 된다. 경쟁률이 낮다고 덜컥 이면도로 점포 택지를 분양받으면 상권이 안쪽까지 확장되기가 쉽지 않아 실패할 확률이 높다.

또 상가주택이 좋아 보인다고 무작정 뛰어들어서도 곤란하고 무리한 기대도 금물이다. 상권이 활성화되기까지 최소 2~3년이 걸리기 때문에 단기적으로 공실^{空室}이 생길 가능성이 크고, 안정기에 접어들더라도 연 4~5% 이상 수익률을 기대하기는 어렵다.

3
상가주택 투자로
건물주 되기

직장인들의 로망, 상가주택

'은퇴 이후의 삶에 어떤 생각을 갖고 있냐'는 질문에 미국인과 한국인은 확연한 차이를 보인다. 미국인은 긍정적인 인식이 높은 반면, 한국인은 경제적인 불안감으로 부정적인 인식이 많아서, 그를 해결해 줄 대안으로서 안정적인 월세가 나오는 상가주택을 꿈꾼다.

은퇴가 다가올수록 많은 사람들이 주거와 임대료 수익을 동시에 누릴 수 있는 상가주택에 관심을 갖는다. 그 정도가 가히 폭발적이다. 상가주택이란 1인 소유의 건물에 상가와 사무실이 추가된 단독주택 유형 중 하나로 볼 수 있다. 20~50억 전후 자금이 있는 고객들을 중심으로 1~2층은 상가나 사무실로 활용하고 3층은 주택 임대, 4층은 임대인이 거주하는 형태의 괜찮은 상가주택을 찾아봐달라고 요청이 들어온다. 임대수익이 주요 목적이다 보니 전세보다는 월세를 받을 수 있는 상가주택 쪽을 선호한다.

20년간 부동산 투자 전문가로 있으면서 도심권 상가주택 시세가 하락하는 경우는 거의 못 봤다. 대지 지분, 즉 땅을 충분히 깔고 있고 상가주택이 있는 자산가들은 파산하는 경우가 아니면 매도하는 일이 거의 없기 때문이다. 예를 들어 대지 지분당 평당 4,000만 원에 투자한 상가주택을 보유하고 있으면 주변에서 평당 6,000~7,000만 원에 거래되는 경우가 발생해서 자연스레 내 땅도 5,000만 원 이상으로 올라가기도 한다. 삼성동 한전 부지가 현대차에 시세보다 2배 이상 높은 가격에 매매되자 주변 상가주택이나 빌딩 가격이 급등한 경우가 이에 해당한다.

10년 전에 7% 정도 수익이 나는 상가주택을 사둔 고객들의 수익률은 현재 3%로 급락했다. 하지만 이들을 중심으로 사무실 방문이 잦다. 수익률이 반 토막 나기는 했지만 매가는 그때에 비해 2배 이상 급등했기 때문이다. 매월 고정적으로 월세 받는 것보다 더 중요한 것은 큰 폭의 시세 상승이다.

강남권에서 괜찮은 상가주택을 살 생각이면 예산은 최소 20~30억 원을 잡아야 한다. 투자 금액은 보증금과 대출을 끼더라도 10~15억 정도 현금을 가지고 있어야 안정적이다.

권리금 붙어 있는 상가주택을 눈여겨봐라

건물주가 바뀌면 임차인들은 임대료를 올리는 것보다 권리금도 못 받고 길바닥에 내동댕이쳐질 것을 두려워한다. 과거 용산 4구역 참사가 권리금 때문에 벌어진 일임을 온 국민이 다 알고 있다. 따라서 약간의 월세 상향 조정을 통해 임대인과 임차인이 합의를 보는 것이 일반적이다. 권리금이 어느 정도 붙어 있는, 장사가 잘되는 프랜차이즈 업체나 미용실 등이 영업 중인 상가주택에 투자하는 것이 유리해 보인다.

권리금 표준 계약서로 임차인 입장에서는 세원이 노출될 수 있다는 우려 때문에 작성을 꺼릴 수 있다. 현행 소득세법상 상가 권리금은 기타 소득의 하나로 과세 대상이다. 임차인은 권리금의 20%에 대해 20%의 세율을 적용한 소득세를 내야 하며, 소득세액의 10%는 주민세로 내야 한다.

틈새 상가주택에 투자하라

파리바게트나 롯데리아, 커피빈 등 유명 브랜드가 상가주택 1층에 자리 잡고 있으면 투자하고 싶어 어쩔 줄을 모르는 사람들이 많다. 대개는 부동산 투자 초보인 경우가 많다. 차라리 입지는 좋은데 장사가 안 되는 상가를 매입, 유명 브랜드 업체나 편의점 업체에 의뢰해 임차인을 바꾸는 사람들은 중급 투자자다. 1~2인 가구가 폭발하는 시대에 맞게 골목 구석구석까지 편의점이 진출해 있기 때문이다.

장사가 신통찮은 개인 슈퍼나 옷 가게 등을 이런 유명 프랜차이즈 업체로 임차인을 바꾸기만 해도 월 100만 원 받던 임대료를 월 150만 원까지 올려 받을 수 있다. 월세가 50만 원이 오르면 건물 가격만 최소 1억 원 이상 오르게 된다.

상가주택을 매입한 다음 헐어서 다시 건축해서 분양하거나 임대를 놓는 사람은 한층 고수라고 볼 수 있다. 본인이 건축하기 귀찮고 모르겠더라도 주변에서 건축하고자 내 물건에 의뢰를 하기 때문에 걱정할 필요가 없다. 최소 건축 면적이 정해져 있는 자치구 같은 경우도 20~30평대 단독이나 상가주택을 매입해놓고 기다리면 옆 필지까지 묶어 건축이 가능해지면 덩달아 가격이 오르기도 한다. 잠실새내역 근처 새마을 주택은 1채당 대지 지분이 30평이지만 나 혼자는 건축이 불가능하다. 옆에 있는 필지(30평)와 묶어야 건축 허가가 나는 것이다. 현재 새마을 주택 1채당 가격은 3년 전 6억 원에서 현재 9억 원을 웃돌고 있다.

4
상가주택 절세법

상가주택, 양도세도 체크하라

상가주택을 보유한 사람들은 일반 주택과 마찬가지로 1주택자 양도소득세 비과세 등 절세 혜택을 볼 수 있는지가 가장 궁금할 것이다. 결론부터 말하면 상가 겸용 주택도 일정 조건만 갖추면 양도세를 한 푼도 내지 않아도 된다.

그럼 어떤 조건을 갖춰야 할까? 양도소득세 비과세 조건은 다음과 같다.

① 전체 면적 중에서 주택으로 사용하는 면적이 더 클 경우

이 경우에는 상가를 포함한 건물 전체를 주택으로 간주한다. 그래서 보유 기간이 2년이 넘는다면 양도세를 비과세 받을 수 있다. 조정 대상 지역에 있는 1세대 1주택에 한해 비과세 요건에 거주 요건이 새로 추가되었다. 양도가액 9억 원 이하의 집을 2년 이상 보유하면 비과세를 받을 수 있는데, 여기에 '2년 이상 거주' 요건이 더해진 것이다.

② 주택 면적이 상가 면적보다 작거나 같을 경우

이 경우에는 상가 부분은 주택으로 간주되지 않는다. 즉, 2년 이상 보유하고 양도 가격이 9억 원 이하라고 해도 상가 부분을 제외한 주택 부분에 대해서만 비과세를 받을 수 있다.

상가는 양도 차익이 발생하면 무조건 양도소득세를 물어야 한다. 그러나 주택은 1세대 1주택 요건을 갖추어 양도하면 비과세 등을 적용받을 수 있다. 상가와 주택의 성격을 동시에 지니고 있는 상가주택을 양도할 경우 주택으로 간주되면 양도소득세 절세 면에서 유리해진다. 물론 1세대 1주택이라도 양도가액이 9억 원을 초과하면 그 초과 부분에 해당하는 양도 차익에 대해서는 양도소득세를 내야 한다. 그러나 1주택자라면 양도 차익의 최대 80%까지 장기 보유 특별 공제(보유 기간 3년 이상인 부동산에 대해 공제율 24~80% 차등 적용)를 적용받기 때문에 세 부담을 줄일 수 있다.

상가 겸용 주택으로 비과세 받는 방법

만약 주택으로 사용하는 면적과 상가로 사용하는 면적이 비슷하다면 다음과 같은 방법으로 어느 정도 조정이 가능하다.

첫째, 계단, 복도 등을 주택 면적으로 조정하는 방법이 있다.

둘째, 조건이 된다면 주택 부분을 약간 증축하여 주택으로 사용하는 부분이 50%를 초과되도록 조정하는 방법이 있다.

단, 신축을 고려하고 있다면 설계 단계에서부터 주택이 50%가 넘도록 설계하는 것을 잊지 말자.

투자에 실패하는 이유

투자에 실패하는 이유 중 가장 큰 원인은 바로 욕심을 제어하지 못한 탓이다. 다시 말해 처음의 마음이 탐욕으로 바뀌기 때문이다. 제빵사가 새벽부터 출근해 빵 만드는 준비를 하는 것은 돈을 벌고자하는 자연스러운 경제 행위다. 그러나 국적 불명의 싼 재료를 쓰고 알바비도 떼어먹고 하면서 많은 이익을 남기고자 하는 것은 탐욕이다.

인도 우화에 등장하는 시칸다 왕은 돈과 권력을 거머쥔 욕심 많은 왕이다. 어느 날 거리에서 거지 성자가 동냥 그릇을 내밀며 채워달라고 부탁하는 것을 봤다. 왕은 신하에게 음식과 비단, 보석으로 동냥 그릇을 채우게 하지만 어찌된 일인지 그 그릇은 계속 반밖에 채워지지 않았다. 놀란 왕이 거지 성자에게 그 이유를 묻자, 거지 성자는 "세상의 모든 보물을 여기에 담는다 해도 그것은 항상 비어 있을 것입니다. 이것은 욕망이라는 그릇입니다"라고 말했다. 시칸다 왕의 과욕에 일침을 준 것이다.

욕망은 파멸을 부른다

투자는 결국 한정된 자산을 더욱 키우기 위한 인간의 욕망에서 비롯되었다. 투자에서 욕망은 늘 주의해야 할, 상당히 큰 위험 요소다. 지난 몇 년간을 돌아보면 욕망의 극에 달했던 자산들은 어김없이 투자자들에게 큰 손실을 안겨줬다.

2007년 인기 절정이었던 미래에셋 해외 펀드에 가입하고 저축은행 고금리후순위채에 투자했으며 2008년 금융위기가 터지기 이전에 용산 재개발 지분에 투자한 것이 그랬다. 안전한 시중 은행에 예금하기보다는 1~2%의 금리를 더 받고자 저축은행에 5천만 원 이상의 예금을 맡기고 후순위채에 자산을 몰았다가 인생이 불행해진 사람들이 많다. 최근에는 무리하게 빚을 내서 투자를 강행한 강남권 재건축과 전세를 끼고 갭투자하는 다주택자 등이 8·2 부동산 대책으로 고민에 빠져들었다.

필자도 주특기인 부동산 투자만 집중적으로 했다면 지금보다 더 엄청난 부를 축적해서 편안하게 여행도 다니고 기부도 더 많이 할 수 있었을 것이다. 하지만 여유 자금이 생길 때마다 본업과 상관없는 위험한 투자에 도전했다. 고수익을 약속하는 사기꾼들에 거금을 맡겼다가 상당한 자산을 날리기도 했다. 돌이켜보면 모든 것이 필자의 과욕에서 비롯되었다. 수차례 사기를 당한 뒤에야 비로소 고수익을 바라기보다는 일단 투자사기를 당하지 않도록 우리 고객들에게 강의를 하고 있는 셈이다.

통상 남자들은 호주머니에 돈이 있으면 집 안보다 집 밖에서 맴도는 경향이 있다. 적어도 수십수백 억씩 대박을 터트린 부동산 사장들과 건설사 사장들이 필자 주위에 많다. 대부분은 욕심을 제어하지 못하고 집 밖에서 맴돌다가 다른 여자들 품 속에서 흥청망청거리며 그 많은 자산을 탕진하고 결국 본처와 이혼한 경우도 많다. 사업도 소홀히 하다 보니 이래저래 폐인이 된 경우도 많이 봤다.

30여 년 전 필자 아버지의 급여일이었던 매달 25일경이 되면 어머니와 어린 필자는 아버지가 다니던 회사 정문을 지키고 서 있어야 했다. 아버지는 정문에서 어머니와 마주치면 멀찌감치 돌아가며 외면하기 일쑤였으나 차마 막둥이인 필자는 외면하지 못했기에 어머니는 필자를 꼭 데리고 갔다.

지금처럼 급여 자동 이체가 없었기 때문에 당시에는 경리 아가씨가 일일이 정산해서 노란 봉투에 담아 현금으로 나누어주었다. 술고래이셨던 아버지는 월급봉투만 받으면 바로 이 집 저 집 술집으로 직행, 남의 외상값까지 갚아주면서 대부분을 술로 소비해버렸다. 어쩔 수 없이 어머니는 아버지 월급날만 되면 긴장을 안 할 수가 없었다.

큰 부자가 망하는 이유

부자가 삼 대 못 간다는 말이 있다. 이는 서양에서도 마찬가지인 모양이다. 부유한 가문의 재산 관리를 맡았던 젠스프링 패밀리 오피스의 최고경영자CEO 마리아 엘레나 래고메이시노는 십 수년 동안 미국 경제 전문지 《포브스》에 이름을 올린 400대 부자 명단을 조사했다. 조사 결과 400대 부자에 계속 이름을 올린 부자는 15%에 불과했다. 400대 부자에서 탈락한 85%의 부자들 중에서 세상을 떠난 것을 이유로 명단에서 빠진 경우는 3분의 1도 되지 않았다. 나머지 3분의 2는 현재 살아 있는데도 어떤 이유로든 자산이 줄어들어 400대 부자 명단에서 밀려났다는 뜻이다.

래고메이시노는 슈퍼리치가 재산을 잃고 망하는 이유를 다음과 같이 5가지로 분석했다.

첫째, 올인All-in 전략. 하루아침에 부자가 된 사람들은 대개 과잉 집중화의 위험이 있다. 벼락부자들은 벤처기업이나 부동산, 광산 등에 투자했다 '대박'이 난 사람들이 많다. 한 종류의 자산에 거의 전 재산을 걸었다가 이 자산의 가치가 급등하면서 부자가 됐기 때문에, 같은 이유로 이 자산의 가치가 급락하면 그들의 자산 또한 급감할 수밖에 없다.

둘째, 레버리지. 부채는 단기간에 자산을 급격히 늘려주기도 하지만 한순간에 자산을 사라지게 만드는 '위험한 '유혹'이다. 기업의 몸집을 키우기 위해 또는 수익률을 높이기 위해 많이들 빚을 내서 투자를 한다. 상황이 좋을 때는 이런 레버리지가 부를 늘리는 '효자' 노릇을 하지만 그렇지 않을 때는 '자산 킬러'로 돌변한다는 점을 염두에 둬야 한다.

셋째, 지출. 래고메이시노는 "부자들 중에서는 의외로 돈을 어떻게 써야 하는지, 즉 지출을 어떻게 관리해야 하는지 모르는 사람들이 있다"고 지적했다. 주식이나 부동산 등 자산 가치가 올라 장부상 부가 늘어났을 뿐인데도 사치스러운 집이나 자동차, 명품 등을 사는 데 돈을 펑펑 쓰는 부자들이 있다. 지출이 자산이나 근로에서 창출되는 현금 흐름을 초과하는 상황이 이어지면 당연히 자산은 급격히 줄어든다.

넷째, '독약 칵테일'. 벼락부자들 중에서는 돈을 빌려 과감하게 투자하거나 돈을 펑펑 쓰면서 부를 과시하고자 하는 이들도 적지 않다. 자산 가치가 올라 늘어난 장부상의 부만 믿고 방만한 투자를 이어가거나 사치스러운 생활을 즐기다 보면 언젠가 자산을 팔아 씀씀이를 메우거나 빚을 갚아야 한다. 자산을 팔아 다른 투자나 지출을 충당하다 보면 부자가 중산층으로 떨어지는 것은 한순간이다.

다섯째, 가족 문제. 이혼이나 유산을 둘러싼 가족 간 싸움이나 가업을 둘러싼 분쟁 등 가족 문제도 부자가 재산을 잃거나 망하는 중요한 이유 가운데 하나다. '창업보다 수성이 어렵다'는 말도 있는 것처럼, 언제나 돈은 벌기도 어렵지만 번 돈을 지키기가 더 어렵다.

6장
오피스텔 투자의 정석

오피스텔 투자의 정석

오피스텔도 규제 시작, 옥석 가리기 할 때

오피스텔이 아파트의 대체 투자처로 주목을 받고 있다. 저금리 추세에 아파트 규제가 본격화되면서 갈 곳을 잃은 뭉칫돈이 시중에 넘쳐나는 까닭이다. 그러나 아파트 대체재로서 무작정 투자하기보다는 8·2 부동산 대책으로 그동안 사각지대에 놓였던 오피스텔이 분양권 전매 제한 등 규제를 받게 된 만큼 옥석 가리기가 그 어느 때보다 중요하다.

8·2 부동산 규제로 투기 과열 지구뿐만 아니라 청약 조정 지역에서 분양하는 모든 오피스텔도 입주 때까지 분양권 전매가 전면 금지된

다. 또 청약 조정 지역 내 오피스텔 분양 물량의 20%는 해당 지역 거주자에게 우선 분양해야 한다. 수도권 투기 과열 지구에 적용하던 오피스텔의 분양권 전매 금지 조치를 전국 단위의 청약 조정 지역으로 확대한 것이다.

이에 따라 전국 40곳의 청약 조정 지역 가운데 투기 과열 지구가 아닌 경기 지역 신도시와 부산 7개 구 등 13개 청약 조정 지역에서 법 개정 이후 분양 신고를 하는 오피스텔은 소유권 이전 등기(입주) 시까지 분양권 전매가 금지된다는 것을 알아두어야 한다.

8·2 부동산 규제는 다주택자 규제를 강화했기 때문에 주거용보다는 사무실로 쓰는 오피스텔의 가치가 높아질 것으로 보인다. 필자가

8·2 부동산 대책 오피스텔 분양 관련 변경 내용

조정 대상 지역	• 서울 전 지역(25개 구), 경기 7개 시 (과천, 성남, 하남, 고양, 광명, 남양주, 동탄2), 부산 7개 구, 세종시 • 소유권 이전 등기까지 분양권 전매 제한 • 거주자 우선 분양 20% • 적용 시점: 건축물 분양에 관한 법률 개정 이후
투기 과열 지구	• 서울 전 지역(25개구), 경기 과천시, 분당, 세종시, 대구 수성구 • 소유권 이전 등기까지 분양권 전매 제한 • 거주자 우선 분양 20% • 적용시점: 8월 3일

* 자료: 국토교통부

경제적으로 어려웠던 시절부터 오피스텔을 통해 종잣돈을 만든 만큼 다른 전문가들보다 오피스텔(아파텔) 투자를 바라보는 시선은 긍정적인 편이다. 오피스텔 임대수익률이 예금 금리보다는 높기 때문에 투자자들은 계속 몰릴 수밖에 없고 프리미엄은 일부 사업장에서 계속 형성될 것이다. 강화된 담보 인정 비율LTV과 총부채 상환 비율DTI 규제가 적용되지 않고 기존대로 청약통장도 필요 없기 때문이다.

청약 열풍에 휩쓸리기보다 냉정하게 수익률을 계산하자

신규 분양 오피스텔은 그동안 수요가 꾸준해 임대수익은 물론이고 시세 차익까지 노릴 수 있어 투자자들에게 인기가 높았다. 그러나 앞으로는 분양 전에 철저한 수익률 검증이 필요하다. 세금을 포함해 중개 수수료, 공실 리스크, 부족한 자금 중 일부를 대출로 받아서 임대사업을 할 경우까지 가정해야 하기 때문이다.

분양 이후 주거용으로 이용하거나 임대하는 이들은 부가가치세를 환급받지 못한다는 점도 유의해야 한다. 오피스텔을 업무용이 아닌 주거용으로 사용하면 주택으로 간주되는데, 1가구 2주택자가 되어 양도세가 중과되면 양도차액의 50%를 세금으로 내야 한다.

임대차 수요와 적정 분양 가격을 살펴보자

오피스텔에 투자할 때 가장 중요한 점은 임대차 수요가 풍부한지와 그에 따른 적정한 분양 가격이다. 오피스텔은 건축법 적용을 받아 3.3m^2당 분양가를 산정할 때 계약 면적으로 나누기 때문에 공급 면적(전용 면적+주거 공용 면적)으로 나누는 아파트보다 분양가가 훨씬 낮은 듯한 착시 효과를 불러일으킨다. 더구나 오피스텔의 분양 면적 산정 방식이 벽 중간부터 계산하는 '중심선 치수'가 아닌 실내 벽 안쪽부터 재는 '안목 치수'로 통일되면서 전용률이 더 낮아진다는 점도 알아두어야 한다. 기존 중심선 치수 방식으로 계산하면 오피스텔의 평균 전용률은 40~50% 수준이다. 그러나 벽이 차지하는 면적이 빠진 안목 치수로 계산하면 30~40% 가량으로 더 낮아진다. 이에 따라 계약 면적(전용 면적+주거 공용 면적+기타 공용 면적) 기준으로 계산된 3.3m^2당 분양가가 낮은 것처럼 느껴져도 실사용 면적 기준으로 산정하면 오히려 아파트보다 더 높아질 가능성도 있다.

대기업 입주 시점에 맞추어 분양받자

마곡 지구처럼 기업 입주로 상주 근로자 증가가 기대된다는 기사만 보고 선투자를 하는 것은 위험하다. 이미 완공된 오피스텔도 대기업 준공 시점과 맞지 않아 당초 예상된 임대료가 대폭 내려가는 중이다. 그렇다고 분양가대로 매도도 쉽지 않아 일부 오피스텔은 공실이 발생하고 그에 따라 대출 이자를 걱정하는 투자자들도 많다. 차라리 분양받기보다는 오피스텔 입주 시기에 맞춰 저렴하게 급매로 받아 임대사업을 하는 것이 더 나을 수 있다.

주로 학군과 브랜드 등을 꼼꼼히 따져야 하는 아파트와 달리 오피스텔에 투자할 때 가장 중요하게 여겨야 할 부분은 '입지'다. 브랜드가 있는 오피스텔을 분양받는다고 해도 세입자에게 그에 따른 월세 프리미엄을 요구하기는 힘들다. 오피스텔은 교통이 편한 역세권이 최우선이다. 시세 차익을 노리는 아파트와 달리 프리미엄이 잘 붙지 않는다는 것도 감안해야 한다.

거품 있는 지역의 오피스텔을 주의하자

수요자들의 자금력에 한계가 있는 지방에서는 초기에만 프리미엄이 반짝할 뿐, 중도금을 낼 시기가 다가올수록 본격적으로 하락세로 접어들면서 가격은 분양가 수준이나 그 이하로 형성된다. 아무래도 수도권에 비해 자금력이 약한 지방의 특성 때문이기도 하고, 수도권에서 몰려든 투자자들이 대개 초기에 형성된 프리미엄만 챙기고는 급속히 빠져나간 탓도 있다.

전매가 제한되는 오피스텔도 있다는 걸 알아두자

전매가 자유롭다고 알려진 오피스텔이지만 규제가 존재하는 경우도 있다. '건축물의 분양에 관한 법률'은 오피스텔 사용 승인이 나기 전까지 2명 이상에게 전매하거나 이를 알선해서는 안 되도록 규정하고 있다. 2채를 모두 계약한 뒤 분양권을 팔 때 두 사람에게 1채씩 나눠 팔 수 없다는 뜻이다. 이들 가운데 한 사람에게 2채를 모두 넘기거나 1채는 자신이 갖고 나머지 1채만 전매해야 한다. 사실상 분양받은 오피스텔 수와 상관없이 전매 행위 자체가 한 차례만 가능한 것이다. 이를 어기면 1년 이하의 징역 또는 벌금형이다.

2017년 4월 수원 광교 신도시에서 분양한 '광교컨벤션 꿈에그린'은 이런 오피스텔 전매 제한 단지에 해당했다. 필자가 강연자로 참여한 이 오피스텔은 청약 경쟁률 86.79 대 1을 기록했다. 그러나 조기 완판 전망이 나왔던 이 오피스텔은 결국 선착순 분양까지 간 끝에 계약이 완료됐다.

2
오피스텔 투자 전 체크 포인트

시세 차익보다는 임대수익률

문재인 정부가 들어서도 저금리 상태가 장기간 지속된다는 가정하에 생각하면 기본적으로 오피스텔 투자 환경은 나쁘지는 않다. 전세난이 지속되고 있다는 점도 앞으로 오피스텔 투자 전망을 밝게 한다.

반면, 지난 몇 년 사이 오피스텔을 비롯한 도시형 주택과 다가구주택 등이 많이 늘어났다. 이에 따른 부작용으로 공실률도 높아지고 있으며 투자 대비 수익률도 나날이 떨어지고 있다. 하지만 아무리 공급이 많아도, 주변 역세권과 교통, 유동 인구 등 상업 입지 시설과 편의시설이 얼마나 잘 갖추어져 있는지 주변 여건을 잘 파악한다면, 투자자들이 선호할 만한 조건의 오피스텔을 발견할 수 있다. 오피스텔은 아파트와 달리 큰 시세 차익을 기대하기 어려운 만큼 임대수익률을 꼼꼼히 따져 접근해야 한다.

임대수익률은 보수적으로

수도권 신도시 일대 소형 오피스텔을 가지고 있는 김미경 씨(자영업, 45세)는 최근 오피스텔을 처분하기로 결심했다. 연 수익률 5%를 기대하고 매입했지만 오피스텔을 보유하고 보니 내야 하는 지역 의료보험료와 국민연금까지 대폭 올라 실제 수익률이 더 낮아진 탓이다. 또 일반적으로 2년에 한 번씩 계약하는 주택에 비해 세입자들이 자주 바뀌다 보니 그때마다 내야 하는 중개 수수료도 큰 부담이었다. 최근 신규로 분양하는 오피스텔도 마찬가지다. 분양가가 너무 높게 책정된 까닭에 기존 오피스텔보다 투자 수익률이 떨어질 수 있다는 점을 염두해두고 있어야 한다.

오피스텔, 아파트에 비해 전용률 불리

전용률은 주거 전용 면적을 공급 면적으로 나눈 것으로, 아파트는 일반적으로 80% 이상이지만 오피스텔은 45%~70%선이다. 로비 등의 시설이 필요한 오피스텔은 아파트보다 큰 공용 면적 탓에 전용률이 아파트보다 상대적으로 적다. 아파트 투자에 익숙한 투자자들이라면 오피스텔 투자에 앞서 공급 면적에 준하여 꼭 체크해야 한다. 오피스텔 등 수익형 부동산은 아파트보다 전용률(분양 면적에 대한 전용 면적 비율)이 현저하게 낮으므로, 전용 면적 대비 분양가와 향후 수익률 등을 반드시 따져봐야 한다.

브랜드보다는 세입자 입장에서 투자

최근 분양 시장에서 브랜드가 있는 1군 시공사 오피스텔을 선택해서 돈을 번 사람은 거의 못 봤다. 시공사 브랜드가 좋을수록 공사 단가가 세기 때문에 분양가는 높아지고 이를 세입자가 감당하기 힘든 경우가 많기 때문이다. 오피스텔 같은 임대형 부동산은 분양받을 때 전적으로 미래의 세입자를 생각하면서 결정해야 한다.

아파트와 달리 오피스텔 가격은 교육이나 조망 등 환경적인 여건보다는 적절한 분양가에 따른 월세와 그 월세에 따른 세입자 유인성, 업무 지구 접근성이나 교통 여건에 더 많은 영향을 받는다는 것을 기억하자.

저층부 오피스텔을 공략하라
: 아파트는 로열층, 오피스텔은 저층

임대수익을 기대하고 오피스텔 투자를 염두에 둔 투자자들이 늘어나고 있다. 그러나 정작 관리상의 어려움 때문에 쉽게 덤비지는 못한다. 오피스텔 임대인들의 가장 큰 고민은 월세를 제때 내지 않는 임차인들과 생길 수 있는 분쟁을 둘러싼 이른 걱정이다.

따라서 필자는 공실 위험과 함께 위와 같은 임차인과의 월세 분쟁도 적고 사무실과 주거 겸용으로 사용이 가능하며 때에 따라서는 임차료도 쉽게 올릴 수 있는 지역을 추천한다. 특히 사업용으로 쓰이는 역세권 소형 오피스텔은 재계약 시 월세 인상분에 대해 주거용보다는 민감하지 않다. 세금 계산서로 처리되는 임대료는 대부분의 사업자가 임대료로 지출하는 만큼 소득세 절감이 가능하기 때문이다. 사업자들이 많이 분포해 있는 도심이나 부도심에 위치한 역세권 소형 오피스텔이 그 대상이다.

일반적으로 아파트의 로열층은, 23층 아파트라면 보통 1/4 법칙상 1/4은 저층(1~6층)과 상층(20~23층)을 제외한 나머지, 즉 7~19층에 해당한다. 하지만 최근 들어 조망권이나 일조권 개념이 중요해지면서 1/4법칙에 따른 7~19층보다 최상층을 제외한 20~22층을 더 로열층으로 치기도 한다.

아파트라면 로열층을 가지고 있어야 나중에 급할 때 제때 팔수 있는 환금성이 뛰어날뿐더러 임대도 저층보다 잘되어 프리미엄이 높게 형성된다. 하지만 오피스텔을 분양받아 임대사업을 한다면 저층이 분양가도 고층보다 저렴할 뿐만 아니라 때에 따라 가격 할인까지 가능하므로 적극 노려볼 만하다. 오피스텔은 임대를 놓는다고 가정할 때 로열층이나 저층이나 차이 없이 임대료가 비슷하게 형성된다. 초기에 고층과 저층 간 임대료 차이가 나더라도 임대가 거의 완료되면 결국에는 임대 물건의 희소성이 생겨 고층부와 저층부의 임차 가격이 비슷해지는 동조 현상이 나타나기 때문이다.

사업 초창기 필자가 오피스텔에서 처음 사업을 시작할 때다. 사무실이 20층에 위치해 있었는데 점심 시간마다 각 층에서 엘리베이터로 몰려드는 인파로 여간 고역스러운 게 아니었다. 꼬르륵 소리 나는 배를 잡고 점심 식사 약속을 맞추기 위해 엘리베이터를 포기한 채 계단을 이용해 1층으로 내려간 적이 한두 번이 아니다. 이때의 경험으로 사무용 오피스텔을 쓸 때는 반드시 저층으로 가겠다는 다짐을 했다. 고층 오피스텔은 오히려 저층부가 로열층이 된다는 확신을 이때 가지게 되었다.

즉, 오피스텔을 분양받아서 세를 놓을 생각이라면 저층부에 위치해 있는 오피스텔을 저렴하게 구입하는 편이 좋다. 저층부보다 5~10% 높게 분양가가 책정된 고층부 로열층을 매입해봐야 수익률을 맞추기 위해 임차인에게 저층보다 10% 높게 임대료를 받기는 어렵기 때문이다.

오피스텔 분양가를 책정할 때 건설사들은 일반적으로 저층과 고층의 가격차를 5~10%까지 둔다. 분양 당시에는 상층부가 가장 먼저 분양되지만 임대 시에는 하층부나 상층부나 별다른 차이가 없으며 임대료도 거기서 거기다. 실거주가 아니라 임대 목적의 오피스텔을 구입한다면 굳이 비싼 가격에 조망권이 훌륭한 상층부를 분양받을 필요까지는 없다고 본다.

빌라 등 경쟁 상품 대비해야

업무 지구가 밀집한 곳에서 공급되는 신규 오피스텔은 별 영향이 없을 것이다. 그러나 주거지가 밀접한 지역에 공급되는 오피스텔은 고시원, 다가구주택, 도시형 생활주택 등 경쟁 상품 공급이 크게 늘고 있는 추세라 오피스텔 임대수익률이 시간이 갈수록 떨어질 가능성이 있다. 결론적으로 도시형 생활주택보다 전용률은 떨어지면서 상대적으로 임대료가 높고 관리비가 비쌀 수밖에 없는 오피스텔의 경쟁력은 갈수록 떨어진다는 것이다. 아파트와 달리 오피스텔 같은 수익형 상품은 향후 개발 기대감에 따른 시세 차익을 거의 기대할 수 없다는 점도 명심해야 한다.

오르는 부동산 돈 되는 부동산 잘 팔리는 부동산

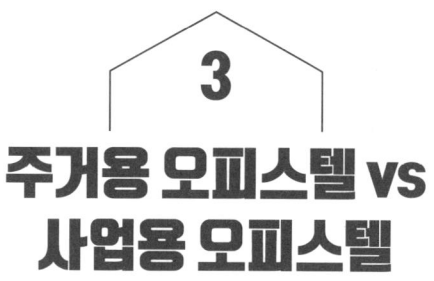

3
주거용 오피스텔 vs 사업용 오피스텔

다주택자 규제로 사업용이 유리

"오피스텔을 주거용으로 신고해야 되나요, 사업용으로 신고해야 되나요?"

이런 질문을 받을 때마다 필자의 대답은 하나다.

"정답은 없고요. 각자 상황에 따라 다릅니다."

문재인 정부의 주택 시장 규제 강화로 오피스텔 투자로 눈을 돌리는 사람들이 많아지고 있다. 그러나 세금 문제에 이르면 주택으로 할지 상업용 건물로 할지 선뜻 결정을 내리지 못한다. 주거용인지 상업용인지에 따라 세금 부담에 차이가 발생하는 까닭이다.

분양 당시 오피스텔은 건물분에 대해 부가세 면에서 다르다. 오피스텔을 업무용으로 사용하면 건물분 부가세를 면제받는다. 하지만 도중에 오피스텔을 주거용으로 쓰면 면제받았던 부가세를 도로 납부해야 한다. 면제받은 부가세의 소멸 시효는 10년이다. 요즘은 이런 문제 때문에 임대인들이 주거용으로 임대하면서도 업무용으로 판정받고자 세입자에게 전입신고를 받지 않기도 한다.

결론부터 말하면 앞으로도 오피스텔은 주거용으로 사용하면 무조건 주택으로 간주된다. 현재 오피스텔을 주거용으로 사용한다는 점이 밝혀지면 주택으로 보고 양도세 등 세금을 중과하는 것과 같은 맥락이다.

오피스텔 거래 및 용도에 따른 세금 의무

① 분양 및 취득 시

오피스텔을 분양 및 취득할 때는 건물분 분양 가격의 10%에 해당하는 세금 계산서를 수수하고 부가가치세를 낸다. 이를 부가가치세 매입 세액이라 하는데 금액이 크기 때문에 오피스텔을 분양받을 때는 일단 매입 세액을 환급받는 경우가 대부분이다.

부가가치세 매입 세액을 환급받으려면, 먼저 분양 계약서 작성 시에 계약자 명의로 부동산 임대사업자 등 과세사업자로 등록을 하고 매번 분양 대금을 지급한 달의 다음 달 25일까지 환급 신청을 해야한다. 그러면 신청 후 15일 이내에 조기 환급을 받을 수 있다.

그런데 업무용으로 사용하더라도 부가가치세를 환급받지 못하거나, 환급받은 매입 세액을 다시 내야 하는 경우도 있다. 오피스텔을 업무용으로 사용할 때는 다음과 같은 세 가지 경우가 있다.

Ⓐ다른 사업자에게 업무용으로 임대해주는 경우

Ⓑ본인의 과세 사업에 사용하는 경우

Ⓒ본인의 면세 사업에 사용하는 경우

Ⓐ과 Ⓑ의 경우에는 모두 과세 사업에 사용하므로 부가가치세 매입 세액 환급이 가능하다. 하지만 Ⓒ의 경우에는 면세 사업에 사용하므로 부가가치세 매입 세액 공제를 받을 수 없다. 만약 처음에 환급을 받았다면, 실제 본인의 면세 사업에 전용한 시점(10년 이내인 경우)에 자기가 자기에게 오피스텔을 공급한 것으로 간주해 부가가치세를 계산해서 납부해야 한다.

② 임대 및 임차 시

오피스텔을 업무용으로 임대할 때는 임대료 공급가액의 10%에 해당하는 부가가치세를 임차인에게 징수한다. 이때 임차인은 징수당한 부가가치세를 매입 세액으로 공제받을 수 있다. 오피스텔 임대소득이 발생한 경우에는 부동산 임대소득에 대한 종합소득세를 매년 5월 31일까지 신고, 납부한다. 상시 주거용으로 사용하거나 임대했을 때는 부가가치세 면세이므로 부가가치세 신고 납부 의무는 없다. 만약 분양받은 오피스텔을 주거용으로 임대하고 발생한 부동산 임대소득은 세대별로 합산해 오피스텔 이외 다른 임대주택이 없다면 비과세다. 하지만 오피스텔이 과세 기준일(매년 12월 31일) 현재 기준 시가 6억 원을 초과하는 주택에 해당되면 과세된다.

③ 양도 또는 부동산 임대사업 폐업 시

업무용으로 사용하던 오피스텔을 팔 때는 과세 사업에 사용한 오피스텔이라면 건물분 양도가액의 10%에 해당하는 부가가치세를 매수자에게서 거둬서 납부한다. 하지만 면세 사업에 사용한 오피스텔을 팔거나 사업의 포괄양수도에 해당하면 부가가치세 납부 의무는 없다. 부동산 임대사업을 폐업하면 앞서 설명한 면세 사업 전용 시와 마찬가지로 10년 이내라면 경과 기간별로 매입 세액을 재계산해 납부해야 한다. 즉, 상시 주거용으로 사용하거나 임대한 오피스텔을 양도하는 경우라면 부가가치세 납부 의무는 없다. 그러나 주거용으로 사용하거나 임대한 오피스텔은 주택으로 간주하므로 1가구 1주택 비과세 또는 2주택 이상 중과세 규정을 적용받는다. 따라서 오피스텔을 3년 이상 보유하고 다른 주택이 없다면 1가구 1주택 양도세 비과세에 해당된다.

2018년까지는 연간 2,000만 원 이하 비과세

오피스텔을 상업용으로 사면 구입 시점에 건물분에 해당하는 부가 가치세를 환급받을 수 있다. 단, 앞으로는 임대소득은 본인의 근로소 득과 합산하여 신고해야 한다. 주거용으로 임대를 놓을 경우 부가가 치세 환급은 없지만, 2018년까지는 연간 2,000만 원 이하의 임대소득 에 대해서는 세금이 없으며 취득세나 재산세 감면 규정이 있다.

2019년부터는 임대소득이 연간 2,000만 원 이하면 다른 소득과 합 산되지 않고 15.4%로 분리 과세된다. 예를 들어 A씨의 근로소득이 8,000만 원이고 임대료는 월 140만 원으로 동일하다고 가정하면 상업 용으로 구입하는 것이 오히려 소득세 부담이 높다. 주거용으로 주택 을 임대할 때 신규 분양을 받으면 전용 면적이 $60\,m^2$ 이하라면 취득세 가 전액 면제된다. 또한 2채 이상 임대 시 재산세 감면 효과도 볼 수 있 다. 종합부동산세 또한 주거용으로 임대하는 오피스텔의 기준 시가가 6억 원 이하라면 비과세가 가능하다.

오피스텔 임대사업 절차

오피스텔은 중과세에서 배제되는 소형 주택에 해당되지 않지만 주 택 임대사업이 가능하다. 주거용으로 오피스텔 임대를 주고 취득세 및 재산세 감면을 받기 위해서는 취득일로부터 60일 이내에 분양계약서와 신분증을 가지고 주소지 관할 구청에 주택 임대사업자로 등록하고 부동산 소재 시 관할 구청을 찾아가 감면 신청을 해야 한다. 다만 최소 4년 이상은 임대를 해야 한다. 의무 임대 기간 4년을 채우지 못하면 감면받은 취득세를 납부해야 하기 때문이다. 2018년까지는 주택으로 임대하고 월세로 거두는 소득이 연간 2,000만원 이하라면 건강보험료 추가 부담은 없다. 직장 가입자의 피부양자 자격도 유지된다. 국민연금도 사업소득과 근로소득 등에 부과되므로 주택 임대로 받는 월세가 연간 2,000만 원 이하라면 추가적인 부담은 발생하지 않는다.

또 주거용으로 임대를 하면 2주택자가 되지만 임대사업 등록을 하면 기준 시가가 6억 원 이하인 임대주택은 주택 수에서 제외시켜주기 때문에 거주하는 주택을 양도하면 비과세를 적용받을 수 있다. 거주 주택 양도 후에 임대주택 1채만 남아 있을 때는 이미 거주 주택을 먼저 비과세를 받았기 때문에, 임대주택에서 양도 차익이 발생하면 그 양도 차익에 대해서 양도세를 납부해야 한다.

상업용으로 임대를 하면 오피스텔은 주택으로 보지 않기 때문에 양도 순서와 상관없이 거주 주택을 1가구 1주택자로서 비과세를 받을 수 있다. 요약하면 세제상으로는 월세액이 연간 2,000만 원을 초과하고, 구입하는 오피스텔이 기준 시가 기준으로 6억 원을 초과한다면 주택으로 임대해도 실익이 없는 것이다. 반대로 연간 수입 금액이

2,000만 원 이하로 기준 시가가 6억 원 이하라면 취득세, 재산세, 종합 부동산세 등 세제 혜택이 많이 주어지기 때문에 주거용으로 임대하는 것이 유리하다.

이론에 집착하지 마라

"대학 때부터 공부만 너무 많이 한 것 같아요."

50만 원짜리 월세 집에 살고 있는 김영덕 씨(52세)는 현재 굴지의 글로벌 대기업을 다니는 고액 연봉자다. 일본의 부동산 붕괴 등 글로벌 경제를 비관적으로 바라보는 공부에 빠진 결과, 나름의 똑똑함에 취해 주식, 그중에서도 선물 옵션에 20년 인생을 걸었지만 그 결과 남은 것이라고는 수억이 넘는 사채와 매달 갚는 이자, 극도의 스트레스로 인한 대인기피증과 불안감과 고도비만뿐이었다.

필자가 기분을 풀어주는 이야기를 해도 극심한 스트레스 탓인지 표정마저 굳어버린 김영덕 씨는 제대로 웃지도 못한다. 실전 투자를 겸비하면서 부동산 공부를 했으면 최소 본전이라도 건졌을 테지만 그는 오로지 책으로만, 다시 말해 이론으로만 공부하고는 부동산 투자를 하면 망한다는 결론을 내버린 것이다.

김영덕 씨에게 조금이나마 더 친숙할 주식 용어를 섞어가며 PER이 낮고 PEG가 좋은 부동산에 투자할 것과 주식을 못 끊겠다면 배당을 지속적으로 주주에게 나눠주는 회사에 장기 투자할 것을 권하며 상담을 매듭지었다. 그러나 그가 다시 선물 옵션에 돈을 넣을까봐 하루 종일 내 마음까지 불안했다.

행동재무학에서는 훨씬 좋은 투자안을 마다하고 자신이 잘 알고 친숙한 분야에 집중해 투자하는 행태를 두고 친숙성 편향familiarity bias 혹은 자국 편향home country bias이라 한다. 수익력이 뛰어난 다른 회사를 외면하고 자신이 다니는 회사 주식을 산다거나 성장성이 좋은 미국 등 선진국 주식을 마다한 채 국내 주식에만 투자하려는 습성이 여기에 해당된다. 상담을 하다 보면 부동산에서도 본인 사는 지역이 너무 좋은데 왜 다른 지역처럼 오르지 않냐고 불만을 제기하는 이들이 많다. 투자를 하려면 외부의 시각, 즉 외지 투자자 입장에서 바라봐야 한다. 쉽게 얘기하면 강남 사람들이 투자하러 가는 지역인지 아닌지가 중요하다는 뜻이다.

기존 편입 펀드들의 수익률 높이기는 도외시한 채 새로운 상품만 팔아 수수료 수입만 올리려는 일부 증권사 마케팅 전략도 도가 지나치다. 1년 남짓 ○○펀드에 적립식으로 100만 원씩 불입하고 있는 김영철 씨(자영업, 46세)는 요즘 부진한 수익률에 펀드 추가 납입을 심각하게 고민 중이다. 종합주가지수가 1800~2400선을 넘나들었는데 펀드 가입 시점부터 지금까지 마이너스 상태를 벗어난 적이 없기 때문이다. 우리나라 펀드 수익률 대부분이 은행 예금보다 못한 경우가 태반이다. 차라리 펀드할 돈으로 예금을 해서 쥐꼬리만 한 이자라도 받아 취미 생활을 누리거나 아이가 진짜 하고 싶은 것을 배우게 하는 것이 펀드 스트레스도 안 받고 아이의 장래를 위해서도 좋은 일일 것이다.

배당 수익률이 계속 증가하는 주식에 투자하라

나는 주식 투자에서도 투자 방법을 깨우친 뒤로는 원금을 날린 적이 거의 없다. 물론 이런 사실을 깨닫기까지 그동안 주식 시장에 갖다 바친 돈이 어마어마했다. 손실에 대한 고통으로 제대로 잠도 못 이루고 휴일에도 맘 놓고 쉴 수 없었다. 애널리스트들이 곧잘 얘기하는 추천주나 가치주, 성장주는 시장 상황에 따라 언제든지 바뀔 뿐만 아니라 결국에는 맞지 않는 일이 다반사라는 것도 깨달았다.

필자는 부동산과 주식을 20여 년간 동시에 투자하고 있지만 2008년 금융위기 같은 특별한 상황을 제외하고는 손실을 본 적이 거의 없다. 주식도 좋은 입지에 위치해서 월세가 꾸준히 증가하는 상가주택을 고르듯 배당주 위주로 투자했고 한 번 사면 5년 이상 보유하기 때문이다. 월세처럼 꾸준히 돈이 나오는 배당주를 브렉시트나 북한 전쟁 위험 같은 변수로 주식 시장이 갑자기 급락했을 때를 투자 포인트로 삼아 투자한 덕분이다. 마치 월세가 꾸준히 나오는 상가주택을 오랫동안 눈여겨보고 있다가 갑자기 10%씩 가격이 급락했을 때가 찾아오면 이런 기회를 절대 놓치지 않고 사들이는 여유 있는 사람들처럼 말이다.

우리나라 대다수 증권사처럼 수수료 수입을 위해 수차례씩 사고 팔기를 반복하지 않고 몇 년에 한 번씩만 부동산 사고팔듯 트렌드도 맞고 배당도 증가하는 기업을 찾아 보유 주식을 갈아탈 뿐이다. 실제 필자의 주식 투자 수익률만 놓고 보면 웬만한 자산 운용사보다 낫다고 자부한다.

"주식 투자해서 확실히 돈 버는 방법이 있기는 합니다. 그건 아예 주식 투자를 안 하는 겁니다. 과거 투자에 실패해 나쁜 마음을 가지고 한강 다리를 수차례 건너면서 얻은 결론입니다. 그래도 저는 한강 다리에서 뛰어내리지 않고 강단에 서고자 회사로 돌아왔지만 여러분은 못 돌아올 수 있으니 절대 주식 투자 하면 안 됩니다."

강의 때마다 주식 투자의 위험성을 알리기 위해 필자가 수강생들에게 곧잘 하는 얘기다. 하지만 지금은 생각이 조금 바뀌었다. 주가가 문재인 정부 들어 이미 많이 올랐지만 배당이 꾸준히 증가하는 주식이라면 지금 들어가도 괜찮다고 본다. 문재인 정부의 대기업 지배 구조 개선 정책과 해외 기업들의 배당 확대 추세에 발맞춰 국내 주요 기업들의 배당 성향도 같이 높아질 것으로 예상되기 때문이다.

스튜어드십 코드Stewardship Code 도입과 더불어 현금, 배당, 자사주는 문재인 정부 시기에 주목할 만한 키워드다. 상가에 투자해 월세를 받듯이 배당이 증가하는 주식에 관심이 가지라는 뜻이다. 스튜어드십 코드란 연기금과 자산 운용사 등 주요 기관 투자가들의 의결권 행사를 적극적으로 유도하기 위한 자율 지침을 가리키는 말이다.

금리가 오르더라도 배당주의 매력은 더욱 빛난다

2차 대전 당시 일본은 진주만을 공격했다. 공격 당일 일본 증시는 하한가를 맞았다. 이날 한 증권사에서 하한가 주식을 대거 매입했고 거래소는 문을 닫았다. 패전 후 증시가 다시 개장하자 주식이 폭등했고 하한가에 주식을 매집했던 증권사는 돈을 벌어 최고의 증권사가 되었는데, 그게 바로 지금의 노무라증권이다. 이와 마찬가지로 시장이 외부 변수, 예를 들어 브렉시트나 트럼프 대통령 당선, 북한 문제 등으로 급락할 때마다 배당이 증가하는 회사를 눈여겨보며 꾸준히 매집한 결과, 수억 원의 배당금도 받고 대주주 위치까지 오른 적이 여러 번 있다.

주식 시장에서도 금리 인상에 따른 수혜주와 피해주 찾기가 한창이다. 시장에서는 금리 인상의 피해주로 그동안 강세를 보였던 배당주를 꼽고 있지만, 한국투자증권 분석에 따르면, 금리가 오르더라도 배당주 매력은 떨어지지 않는다. 다시 말해, 한국 시장에서 기준 금리와 배당 수익률은 약하지만 양(+)의 관계를 보여주고 있다. 즉, 금리가 상승하면 배당 수익률 역시 올라갈 가능성이 높다는 뜻이다. 이는 금리와 배당주의 관계는 한쪽의 매력이 올라간다고 다른 쪽 매력이 줄어드는 대체제 관계가 아니라는 것을 의미한다. 국고채와 회사채가 스프레드를 유지하며 같은 방향으로 움직이듯 기준 금리와 배당 수익률도 같은 방향으로 움직일 가능성이 높다. 따라서 금리가 올라갈수록 배당주의 매력이 떨어진다는 주장은 그야말로 설득력이 떨어진다.

배당이 증가하는 주식은 배신하지 않는다

수익률이 좀 낮더라도 개인 슈퍼가 들어가 있는 상가주택을 매입한 뒤, 유명 프랜차이즈 업체나 편의점을 들이면 월세 수익률이 증가하고 상가주택 매가도 상승한다.

이런 상가주택 투자처럼 저금리·저성장기에는 가치주나 성장주보다는 순이익이 꾸준히 증가하는 주식, 배당이 꾸준히 증가하는 고배당 주식을 찾아 최소 3년 이상 장기 투자하는 것이 잃지 않는 투자법이다. 국내 기업의 배당 성향과 배당 수익률은 여느 국가와 비교하면 낮은 편에 속한다. 하지만 최근 국내 기업의 배당 성향이 높아질 가능성이 짙다. 기업 유보 자금이 늘어난 데다 주요 투자자인 연기금의 배당 요구도 높아지고 있기 때문이다.

이런 주식들은 국내외적인 정치·경제 상황에 아랑곳하지 않고 안정적으로 주가가 유지되어 투자하면 수익을 올릴 수 있다.

7장

규제를 이기는
틈새 투자

증축과 리모델링,
종상향 예정지에 투자하라

　문재인 정부가 들어서면서 강화된 부동산 규제 때문에 아파트로 돈 벌기가 예전처럼 쉽지는 않다. 따라서 앞으로는 부동산에 투자해 놓고 오르기만을 기다리며 월세만 받는 전통적 방식에서 벗어나, 해당 부동산을 개발해서 절세는 물론이고 시행 이익까지 얻을 수 있는 시행자적 관점에서 생각해야 한다. 아무래도 전통적인 투자 방법으로는 높은 수익을 기대할 수 없기 때문에 개·보수(리노베이션), 용도 변경, MD(머천다이징) 변경 등 다양한 방법을 통해 활용 방법을 찾아야 하는 것이다.

　비싼 가격에 헌 주택을 매입해서 임대용 주택으로 신축하는 것도 좋지만 내·외부 수리를 통한 리모델링을 하는 것도 고려해볼 만하다.

리모델링은 현재 강화된 건축법이 아닌, 해당 건물 건축 허가 당시의 건축법을 적용받는다. 뿐만 아니라 공사비도 신축에 비해 30~40% 수준이다. 또 공사 기간이 신축에 비해 짧아 훨씬 수익률을 높일 수 있다.

상가도 저밀도 저층인데 용적률에 여유가 있으면 상권에 따라 1~2층 정도 증축해 추가로 임대수익을 기대할 수 있다. 노후화된 건물이라면 용적률과 주차장 여건 등을 고려해 증축이 가능하다. 만약 그럴 여유가 없다면 리모델링을 통해 건물 외관과 내부 화장실 등을 수리할 수 있다. 그러면 월세 지급 능력이 더 좋은 임차인 유치가 가능하다.

물론 매입과 신축 개발 의사결정 전에는 반드시 토지비, 설계비, 공사비, 인허가 비용 등 총 투자비와 주변 임대 시세 등을 잘 따져봐야 한다. 개발 전 임대료 금액과 임차인 구성, 매각 가치와 대비, 신축 개발 후 임대수익과 매각 가치는 1.5~2배 내외가 적당하다. 강화된 용적률과 주차 대수로 인해 신축보다는 리모델링이 유리할 때도 있다. 홍대같이 상권이 좋은 경우라면 리모델링만 잘 해놔도 골목길 반지하까지 와인 바나 유명 맛집이 생기고 손님이 들어차는 경우가 있다.

종상향 예정 지역에 투자하는 것도 좋다. 상업지로 변모할 지역 인근 일대 2종 일반 주거지는 준주거지나 3종으로 변모될 가능성이 충분하다. 삼성동 한국전력 부지가 현대자동차 본사 부지로 팔리면서 상업지로 전환되면 주변 일반 주거지 대지들이 준주거지로 변모할 가능성이 크기 때문에 땅값이 큰 폭으로 상승한 것이다.

　과거 지어진 건물의 경우, 과거의 건폐율·용적률과 대비해 현재의 건폐율과 용적률을 전부 활용하지 못하는 건물이 아직 많다. 과거의 경제 규모가 이만큼 성장하지 못했을 때는 용적률을 전부 찾아서 고층 건물을 지을 필요가 없었기 때문이다. 이런 건물들만 기막히게 찾아 매입하거나 틈새 점포로 다시 개발 컨설팅해서 건물주와 수익을 나누는 것도 틈새 투자다. 강남역에 있는 민병철 어학원 뒤편 1층 소형 점포(과거 세븐일레븐에서 현재는 해외 유명 속옷 가게 운영 중)가 이에 해당하는 경우로, 보증금을 제외하더라도 월세만 600~700만 원 정도를 호가한다.

　반대로 경기가 별로 좋지 않은 지방이라면, 서울에 비해 상업 용지 땅값이 아무리 싸다고 해도 덜컥 계약하지 않는 것이 좋다. 용적률을 다 찾아 건물을 짓게 되면 임대가 나가지 않아 건축주가 망하기 십상이다.

2

펜트하우스, 테라스하우스, 초소형 아파트 투자법

"이번에 펜트하우스 신청하려고 준비 중이었는데 그새 먼저 마감이 되어버렸어요, 대표님."

강남권 재건축 조합원을 상담하다 보면 한강변에 위치한 펜트하우스 선호도가 높다는 것을 알 수 있다. 실제 분양 이후 상승폭을 보더라도 일반 아파트보다 펜트하우스 상승률이 더 높다. 펜트하우스는 일반 가구보다 평당 분양가가 비싼데도 잘 팔리고 불황이 와도 찾는 사람이 많아 거래도 잘 이루어지며 가격도 안정적으로 유지된다. 펜트하우스는 단지에 몇 가구 되지 않아 희소성이 높은 데다 강이나 공원 조망권이 바로 확보되는 가장 입지 좋은 위치에 배정되어 조망권 프리미엄이 붙기 때문이다.

오르는 부동산 돈 되는 부동산 잘 팔리는 부동산

이렇듯 정부의 부동산 규제에도 불구하고 홍보하지 않아도 알음알음으로 잘 팔려나가면서 프리미엄이 붙는 것이 바로 입지 좋은 지역에 분양하는 펜트하우스와 테라스하우스, 초소형 아파트다. 즉, 부동산 규제로 도심권에서 분양하거나 급매로 나오는 펜트하우스와 테라스하우스, 초소형 아파트를 잡아 느긋하게 월세를 받으며 규제가 풀릴 때까지 기다리는 것도 안정적인 투자법이다.

강남권 펜트하우스

개포 주공1단지 전용 $179m^2$ 펜트하우스는 배정된 전용 $61.5m^2$가 24~26억에 이른다. 펜트하우스가 아닌 평형에 배정된 같은 전용 $61.5m^2$가 16억 5,000만 원인 것과 비교하면 상당히 비싼 가격이다.

10억 원에 가까운 프리미엄이 붙은 것은 펜트하우스가 그만큼 희소하기 때문이다. 개포 주공1단지는 재건축을 거쳐 최고 35층, 총 6,642가구의 고층 대단지로 탈바꿈하는데 이 중에서 펜트하우스는 전용 $156m^2$ 8가구, 전용 $172m^2$ 23가구에 불과하다.

강남 지역 펜트하우스는 물량 자체가 매우 적고 거래도 뜸해 시세는 의미가 없다. 인근 개포 주공2단지 재건축 '래미안 블레스티지'는 2015년 조합원 분양 당시 전용 $141.7m^2$ 펜트하우스가 19억 원, 전용 $175.8m^2$가 24억 2,000만 원에 분양된 후 입주권 거래가 전무하다. 송도나 위례 등 신도시에도 펜트하우스 프리미엄은 일반 단지에 비해 2배 이상 높게 형성되어 있기 때문에 정부의 부동산 규제에도 불구하고 자금력만 있다면 자산가들이 선호하는 희소성 있는 펜트하우스에 도전하는 것도 좋다. 스웨덴 경제학자 구스타프 카셀Gustav Cassel이 말한 '희소성의 법칙Law of Scarcity'이 펜트하우스에도 그대로 적용되므로 투자성이 돋보인다 하겠다.

지난 2005년 분양한 포스코건설의 인천 송도 국제도시 내 주상복합 '더샵 퍼스트월드'는 최고 206 대 1의 경쟁률을 기록했다. 대부분 주택형으로 성공적으로 청약을 마감했다. 하지만 300㎡대 이상의 펜트하우스는 뜻밖에도 청약 결과가 저조했다. 가장 규모가 큰 412㎡만 7 대 1의 경쟁률을 기록했을 뿐, 나머지 펜트하우스는 접수 인원을 겨우 채웠다. 이 아파트는 최초 분양 당시 가격이 3.3㎡당 평균 1,300만 원이었다. 하지만 현재 412㎡ 펜트하우스는 30억 원에 이른다.

호반건설이 하남 미사 강변도시에 분양한 '호반서밋플레이스'도 총 846가구 중 4가구가 펜트하우스로 공급됐는데, 청약 경쟁률이 최고 139 대 1에 달했다. 단지 바로 앞에 미사역이 개통될 예정이고 스타필드 하남을 비롯해 대규모 공원과 미사 조정경기장이 모두 걸어서 15분 거리에 위치한다. 일부 동에서는 한강 조망권도 가능하다. 펜트하우스 중 한강 조망이 가능한 물건은 일반 분양권 프리미엄의 2배를 웃돌고 있다.

이 단지의 경우, 일반 가구의 3.3㎡당 평균 분양가는 1,301만 원이었으나, 펜트하우스의 3.3m^2당 평균 분양가는 1,590만 원대다. 전용 147m^2형 펜트하우스는 분양가만 9억 3,750만 원대로 프리미엄까지 더해지면 13~14억 원을 내다본다.

테라스하우스

2011년 세종시에서 분양한 포스코건설 '더샵 레이크하우스'도 118m^2 36가구에 개별 정원으로 사용할 수 있는 테라스를 설치해 관심을 끌었다. 호수 조망권에 최근 유명 연예인 투자 소식까지 더해져 세종시에 가장 비싼 아파트에 이름을 올렸다.

필자가 분양 당시 강사로 참여했는데, 테라스 전용 110m^2의 분양가는 약 5억 6,000여만 원이었다. 그때는 과연 투자성이 있을까 하는 의구심으로 반신반의했으나 현재는 2배 이상 시세가 폭등했다.

필자와 아주 가깝게 지내는 지인이 성공리에 분양했던 강남구 세곡동의 '강남 효성해링턴코트'는 강남 최초 모든 가구를 테라스하우스로 조성했다. 전용 95m^2형은 매물이 분양가(9억 4,000만 원)보다 높은 13~14억에 나오고 있다. 2014년 9월 분양 당시 최고 청약 경쟁률이 222 대 1에 이르렀고 3일 만에 완판됐다. 199가구로 공급 물량이 많지 않은 데다 강남에 위치한다는 입지적 강점도 작용했다.

초소형 아파트

"사모님, 아예 12, 18평짜리 강남권 초소형 아파트 급급매 나올 때마다 투자하세요."

수년 전부터 필자가 컨설팅할 때마다 버릇처럼 하는 말이다. 이는 정부의 부동산 규제가 집중되는 지금도 변함없는 투자법이다.

서울 강남권의 전용 $59m^2$ 규모 소형 아파트 가격이 10억 원을 돌파했다 송파구 잠실동 1단지 '엘스' 전용 $59m^2$ 와 '리센츠'의 실거래 가격은 10억 원을 호가한다. 월세 놓기도 수월하고 주변 개발 호재도 많아 부동산 규제가 잠잠해지면 재차 상승할 가능성이 높다.

강남구 대치동에서는 '래미안 대치팰리스'가 12~13억 원대, '대치 아이파크' $59m^2$ 매매가도 11~12억 원대에 이른다. 개포동 '래미안 블레스티지'와 '디에이치 아너힐즈' 등의 전용 $59m^2$ 분양권도 10~11억 원, 강남구 청담동 '청담 자이'는 초소형인 전용 $50m^2$도 12~13억 대다. 아크로리버파크' 전용 $59m^2$는 무려 14~15억에 이른다.

전용 면적 $59m^2$는 전체 가구 수의 20% 정도로 그 희소성 덕분에 몸값이 급등했다. 최근 공급되는 전용 $59m^2$의 총 면적은 신평면으로 인해 예전 공급분의 총 사용 면적보다 훨씬 넓다. 변경된 안목 치수와 발단된 설계 기술, 지하 주차장과 커뮤니티 시설 등 공용 공간 면적이 커진 이유다.

초소형은 자녀들 증여와 투자용으로 많이 찾는다. 대우건설이 건국대학교 산학연구팀과 공동으로 2010~2015년 수도권에서 분양된 29개 단지 총 2만 6,329가구를 분석한 결과, 전용 면적 $40~50m^2$의 67%를 '50세 이상'이 사들였다. 50대가 36.4%, 60세 이상이 30.3%를 차지했다. 40대는 25.8%, 30대는 7.6%였다.

자산가들에게 강남 초소형 아파트는 마치 샤넬 백처럼 '머스트해브Must have' 아이템이 되어가는 것이다.

3
대물 부동산에 투자하라

"사모님, 여기에 투자하세요!"

상업용 부동산을 상담할 때 필자가 이렇게 자신 있게 말하는 경우는 1년에 한 번 있을까 말까다. 그때가 바로 '경매보다 훨씬 저렴하면서 잘 나가는 법인이 임차료를 내고 있는 대물 부동산을 접했을 때'다. 대물 부동산 투자는 대체로 연 10%가 넘는 임대수익에 추후 매각 시 시세 차익까지 거둘 수 있는 투자 상품이라 인기가 높다.

대물 부동산은 통상 시행사가 자금난에 봉착했을 때 시공사나 시행사 하청업체에서 건축비 대신 완공한 부동산을 대납하는 과정에서 흘러나오는 부동산을 말한다. 대물 부동산을 받은 하청업체도 자금 회전이 안 되기 때문에 원가 이하에라도 빨리 처분할 수밖에 없다.

필자는 20년째 부동산 사업을 하다 보니 분양률이 저조한 물건을 중심으로 대물이 알음알음 들어온다. 때문에 투자자들로부터 월세 잘 나오는 대물 부동산이 나오면 언제든지 연락을 달라는 문자도 자주 온다.

우리 고객인 김영식 씨(자영업, 58세)는 신도시 중심가 사무실 건물을(당초 분양가 10억대로, 7층 120평) 대물로 7억에 계약, 현재 보증금 1억 원에 월 500만 원씩 받고 있다. 대출을 안 받고도 수익률이 연 8%대고 대출을 받으면 무려 연 수익률이 15%로 7년 정도만 임차료를 받아도 원금 회수가 되기 때문에 연일 싱글벙글한다. 시행사인 K사는 1~3차에 걸쳐 주상복합 사업을 연달아 하다 보니 공사비가 부족해 1차 핵심층을 하청업체에 대물로 줄 수밖에 없었다. 법인 임차인 특성상 제날짜에 월세가 꼬박꼬박 들어올 뿐만 아니라 통상 몇 년에 한 번씩 임차료를 올려주기 때문에 건물 시세도 빠르게 회복되어 정상가 이상으로도 매각이 가능하다.

대물 부동산은 통상 덩어리가 커서 매각하기 힘든 물건들이나 정상 가격으로는 시장성이 떨어지는 물건이 주류를 이룬다. 지방 소형 아파트나 오피스텔도 대물 부동산으로 간혹 필자의 회사 본사에 접수된다. 일시적인 자금 압박으로 인해 통상 수십 가구 이상 묶음으로 거래된다. 대물 물건들은 큰손들과 투자자들을 많이 확보하고 있는 컨설팅 업체나 투자 자문사, 대형 부동산들을 통해 유통된다.

실제로 10년 전 글로벌 금융위기때 가구당 40% 할인된 가격인

4,700만 원씩, 총 투자금 7억 원가량을 투입하고 15가구를 직접 통매입한 김성호 씨(퇴직, 59세)는 당시의 결정에 만족하고 있다.

노후를 걱정하던 차에 필자를 만났던 김성호 씨는 지방 역세권에 위치한 대물 부동산인 오피스텔을 싸게 구입할 수 있었다. 임대사업자 등록을 하자마자 건물분에 대한 부가세를 환급받고 한 가구당 보증금 1,000만 원, 월세 45~50만 원에 임대를 주고 매달 675~750만 원 정도의 고정 소득을 올리고 있다. 세입자에게 받은 보증금 1,000만 원을 제외하면 5억 5,000만 원을 투자해 매월 675만~750만 원 정도의 임대수익을 올리고 있으니 계산해보면 수익률이 연 15% 이상인 셈이다.

9년 전 구입한 시세대로 매각한다고 해도 세금을 제외하고 한 가구당 2,500만 원 정도의 시세 차익을 얻을 수 있어 대략 3억 7,000만 원 정도의 시세 차익을 기대하고 있다. 역세권 소형 오피스텔이 상승 추세에 있고 노후 대비용으로 구입한 것이라 굳이 매도할 필요성을 못 느끼는 김 씨는 당분간 보유하면서 추가적으로 수익형 대물 부동산을 알아보고 있다.

이런 대물 부동산에 투자할 때는 반드시 체크해야 할 6가지 사항이 있다.

첫째, 대물로 나온 이유를 꼼꼼히 체크해야 한다. 당초부터 주변 시세와 비교해 분양가가 비싸게 매겨진 탓에 대물로 나온 경우는 대폭 할인을 받더라도 별로 실익이 없을 수 있다.

둘째, 임대수익을 목적으로 하는 대물 부동산에 접근할 때는 임차인이 정해져 있는 상태의 부동산을 매입하는 것이 현명하다.

셋째, 가급적 역세권에 위치해 있는 것을 노려야 향후 임대하기가 쉽다.

넷째, 가급적 시공사 담당자를 통해 직접 구입하는 것이 좋다. 분양 대행사나 인근 중개업소를 통해 구입하면, 간혹 시행사와 시공사, 협력 업체 간 분쟁 중인 물건이 걸릴 수 있다. 이런 경우에는 소유권 이전이 어려울 수도 있다.

다섯째, 수십 채 이상씩 묶음으로 파는 경우가 많다. 이럴 때는 대부분 자금력 있는 투자자나 자산가들에게 흘러간다. 이때 이런 업체들에 접촉해 그중 1~2개라도 구매, 투자하는 것이 낫다. 수수료를 지급하더라도 경매보다 훨씬 낮은 가격이기 때문이다.

여섯째, 시행사 및 시공사와 접촉이 많은 부동산 컨설팅이나 자산관리 업체에 회원으로 가입해 대물 부동산 투자에 관심이 있다는 의사를 미리 표명해놓는 것이 좋다.

4
자산가들의 포켓 부동산

규제책에도 흔들리지 않는 포켓 부동산

서울 한남 더힐, 유엔빌리지, 성북동, 방배동 서래마을, 강남권 펜트하우스 등 부동산 규제책에도 불구하고 흔들리지 않는 부동산이 바로 '포켓 부동산'이다. 필자가 20년 이상 부동산 현장에서 지켜본 결과, 글로벌 금융위기 등 온갖 불황이 와도 포켓 부동산은 가격이 흔들리지 않고 꾸준한 수요가 있다.

포켓 부동산이란 자산가들의 '주머니 속의 부동산'이라는 뜻으로, 매물이 잘 나오지 않는다는 희소가치 때문에 높은 가격을 유지하면서 불황기에도 흔들리지 않는다. 서울 지역에서는 성북·구기·가회·

한남·동부이촌동·방배 서래마을의 초고가 단독주택 및 빌라, 아파트 등이 대표적이다. 대기업 오너나 스타급 연예인, 정치인 등 최상류층이 주로 거주하고 있으며 집값은 수십억 원이 넘지만 매물이 없어 웃돈을 줘도 구하기가 어렵다.

세계적으로 고가 아파트의 가치는 상승하고 있다. 영국의 부동산 컨설팅 업체가 최근 발간한 「2017 부자 보고서The Wealth Report」에 따르면, 중국 상하이 고가 아파트 가격은 2016년 27.4% 상승했다. 베이징, 광저우 내 고가 아파트도 각각 26.8%, 26.6%나 올랐다. 우리나라도

한남 더힐 전경

서울시 고가 아파트의 가격이 16.61%나 뛰어 세계에서 4번째로 상승폭이 큰 도시에 이름을 올렸다.

"한남 더힐 이번에 분양받아도 되겠죠, 대표님."

미국에서 장기간 거주한 재미교포 자산가 김미정 씨(54세)가 단도직입적으로 필자에게 물었다.

"네, 분양받으세요. 사모님."

필자는 그동안 부동산 컨설팅을 하면서 쌓아둔 직관으로 그 자리에서 바로 대답했다.

용산구 한남동 '한남 더힐'은 2009년 임대 아파트로 공급됐으며, 2016년부터 분양 전환했다. 2011년 입주할 때 3.3m^2당 최고 8,150만 원에 분양 전환됐다. 지상 3~12층 규모로 지어졌으며 2016년 12월, 전용 면적 244m^2가 82억 원에 거래돼 대한민국 최고가 아파트에 이름을 올렸다. 아울러 2016년에 30억 원 이상 초고가 주택 거래량의 절반 이상이 한남 더힐이었다.

한남 더힐의 인기는 쾌적하고 고즈넉한 주거 문화 수요가 높아지고 있는 것과 연관이 있다. 한남 더힐의 대지 지분은 주택 크기의 90%선이다. 다른 초고층 아파트의 대지 지분이 10~20%에 불과하단 것과 비교하면 무척 높다는 것을 알 수 있다. 부지 면적은 13만m^2에 달하지만 용적률은 120%로 낮기 때문에 서울 도심에서는 보기 드물게 단지 내 조경 면적이 36%에 이른다.

동별로 주차장이 따로 조성되어 있으며 예술 조형물을 활용한 테마 공원도 30개의 동마다 따로 조성돼 있다. 세계적인 조각가 베르나르 브네의 조각품, 린 채드윅, 쿠사마 야요이를 비롯해 국내외 현대 작가의 작품 30여 점이 단지 곳곳에 설치돼 있다. 모두 입주민 공동 소유다. 여기에 경사지에 건축해 단지별로 고저가 다르지만 남산 줄기인 매봉산 공원으로 이어지는 산책로도 갖춰져 있으며 한강 조망이 가능한 곳도 있다. 건물은 최고급 대리석으로 건립됐으며 단지 내 수영장과 피트니스 센터, 골프 연습장, 사우나 시설 등 입주민만을 위한 편의 시설이 따로 갖춰져 있다.

세계적으로 단독주택 형태의 고가 아파트가 인기를 끌고 있는 상황에서, 한남 더힐은 서울 중심부에 위치한 입지와 풍부한 녹지로 이루어진 단지 내 조경, 최고 수준의 보안 시설 등으로 많은 정계 인사들과 기업인들이 찾고 있다.

또다른 포켓 부동산인 한남동의 고급 빌라 단지인 유엔빌리지는 국내 주택 경기와 상관없이 인기가 꾸준하다. 자산가들뿐만 아니라 대기업 총수와 임원, 외국 대사 공관과 상사 주재원 등이 거주해 늘 수요가 넘친다. 유엔빌리지에서 한강 조망이 가능한 198m^2는 시세가 30억 원대로, 임대료는 월 600~800만 원에 이른다. 이 일대 역시 월세 물건만 간혹 나올 뿐, 매매 물건은 찾아보기 힘들다.

성북동은 330 일대가 주목받고 있다. 대교 단지, 꿩의 바다, 성락원 주변 등으로, 그중 최고 지역으로 꼽히는 대교 단지는 고급 주택 시세가 3.3m^2당 2,000~3,000만 원으로 가장 비싸며 나머지 지역도

1,500~2,500만 원가량이다. 이 일대는 두 차례에 걸친 금융위기 때도 가격 변동이 없었다. 한 번 구입하면 장기 거주하는 집주인이 대부분이라 매물도 거의 없다.

가회동 일대 북촌 한옥마을도 고급 주택촌으로 급부상하고 있다. 가회동 한옥은 3.3㎡당 3,500~5,000만 원에 시세가 형성돼 있다. 방배동 서래마을 또한 지난 금융위기 시절 부동산 침체기에도 아랑곳없이 안정세를 나타내면서 매물도 거의 나오지 않았다. 지금도 잘 나오지 않는다.

대림산업이 성동구 성수동 뚝섬 지구단위계획 특별계획 3구역에서 공급한 '아크로 서울포레스트'도 포켓 부동산이라 할 수 있다. 정부의 8·2 부동산 대책으로 생각보다 청약률이 저조했지만 연예인들도 관심을 많이 나타내고 있는 만큼 중장기적인 관점에서 접근해 볼 만하다. 서울포레스트는 주거, 업무, 판매, 문화 시설로 구성된 복합 주거문화 단지다. 주거 2개 동과 아트센터를 를 비롯해 트렌디한 브랜드로 구성될 리테일 리플레이스^{Replace}, 프라임 오피스 공간인 디타워^{D Tower} 등 복합 문화 시설이 들어선다. 주거 부분은 지하 6층~지상 49층, 전용 면적 91~273㎡, 총 280가구로 조성된다.

정부 규제로 부동산 경기에 확신이 들지 않을수록 매물이 귀한 포켓 부동산에 관심을 가져야 한다. 보유세가 오르고 경기가 그다지 안 좋더라도 자산가들이 선호하는 고급 포켓 부동산은 흔들림이 없기 때문이다.

5

다가구 vs 다세대 투자법

필자는 서울 마포구, 서초구, 세종시, 대전 등지에 수십 채의 다가구 주택을 컨설팅했다. 필자를 믿고 투자한 고객들은 그동안 월세는 월세대로 잘 받으면서 대부분 매입가 대비 50% 이상 가격이 뛰었다. 지금도 여윳돈 4~5억 원으로 대전이나 세종시 일대에 관리까지 대행해주는 연수익 10% 이상의 다가구주택을 찾아달라는 문의가 줄을 잇고 있다. 물건이 많이 달려 수요를 못 맞추는 형편이다.

개별 분양하는 다세대주택은 대부분 3억 원대 이하로 잘만 고르면 월세와 시세 상승이 동시에 가능하기 때문에 문재인 정부 시대의 부동산 틈새 상품이라고 할 수 있다.

다가구주택과 다세대주택 구별법

외관상으로 보기에 비슷하지만 다가구주택과 다세대주택을 잘 구별해 투자해야 한다. 다가구주택은 건물 전체가 1인 소유인 단독주택이고 다세대주택은 가구마다 주인이 다른 공동주택이다. 우리는 통상 다가구와 다세대를 통합해 '빌라'라고 통칭한다.

문재인 정부가 들어서면서 다가구주택에 집주인이 직접 거주하면서 남은 집을 임대해도 민간 임대주택으로 등록해 세제 혜택을 받을 수 있도록 법이 바뀌었다. 다가구주택을 실별로 임대하는 경우도 임대주택으로 등록할 수 있다는 뜻이다. 이에 따라 다가구주택 소유주가 집에 거주하면서 나머지 공간을 임대할 때도 임대사업자나 민간 임대주택으로 등록할 수 있다.

이처럼 다가구 임대주택 등록 요건이 완화된 만큼 집주인의 자발적인 임대주택 등록을 유도할 수 있을 것으로 기대한다. 민간 임대주택으로 등록되면 일정 기간 임대 의무 기간이 설정되고 임대료 증액이 연 5% 이내로 제한돼 세입자가 안정적으로 거주할 수 있다. 임대사업자는 세금 혜택 등을 볼 수 있다.

좋은 다가구(다세대)주택 고르는 법

첫째, 일조권과 개방감을 따져라

다가구주택은 무엇보다 일조권과 개방감 등을 따져야 한다. 이는 다가구주택이라는 특성상 독립된 공간의 장점을 최대화할 수 있는 요소다. 아울러 네모반듯한 필지가 좋다. 재건축을 할 때 주택을 건설하기 좋은 구조이기 때문이다. 이와 같은 사항은 앞으로 매매할 때도 가격을 책정하는 데 큰 요인으로 작용한다.

둘째, 용도 변경 눈여겨봐라

용도 변경이 가능해지면서 임대주택 사업자 등록도 손쉬워졌다. 벽 두께며 출입문 위치, 가구 규모 등이 다세대주택으로 변경이 가능한지도 꼼꼼히 살펴봐야 한다. 다가구주택을 다세대로 바꾸면 여러 채의 집을 구분 등기할 수 있기 때문에, 세입자 입장에서는 집주인이 부도를 내도 자신의 전세금을 더 안전하게 확보할 수 있다.

다세대주택은 구분 등기가 되지만 다가구주택은 그렇지 않다. 다가구주택을 구분 등기하려면 먼저 다세대주택으로 용도부터 변경해야 한다. 관할 시·군·구청에 용도 변경을 신청해 건축물 관리대장의 기재 사항을 다세대주택으로 바꿔야 한다.

근린 상가로 리모델링을 할 경우, 1~2층은 카페나 음식점으로 세를 주고 위층은 살림집으로 쓰거나 원룸으로 임대해 수익을 얻을 수 있다. 다가구주택을 근린 생활 시설로 리모델링하는 가장 큰 이유는 상대적으로 규제가 적기 때문이다. 예를 들어 주택은 시설 면적 100~150㎡당 1대의 차를 댈 수 있는 주차장을 확보해야 한다. 반면 제1종 근린 생활시설은 시설 면적 200㎡당 1대꼴이다. 리모델링 비용은 설계 등 조건에 따라 천차만별이지만 보통 3.3㎡당 200~250만 원 안팎이다. 단 석면 철거, 옹벽 보강, 소방 시설 등의 비용이 변수가 된다.

셋째, 임대사업자로 등록하라

사업자 등록을 꼭 해야 하냐는 질문도 많은데, 다가구주택이 1채라면 굳이 할 필요는 없다. 하지만 2주택 중 하나가 다가구(다세대가 아닌 주택)주택이라면 사업자 등록을 할지 말지 선택해야 된다. 다가구주택을 사고 3년 내에 기존 주택을 팔면 비과세이므로 이때는 안 해도 상관없다. 하지만 8·2 부동산 대책으로 인한 양도세 중과세를 피하기 위해서는 종합소득세까지 잘 따져보고 임대사업을 할지 결정해야 한다.

임대사업을 하기 위해서는 구분 등기 후 주민등록등본과 임대 건물의 등기부등본을 갖춰 구청과 세무서에 임대사업 등록을 해야 한다. 임대사업자로 등록하면 대부분 감면이나 면제 혜택을 받을 수 있어 등록하지 않을 때보다 세금 부담이 훨씬 적어진다.

대개 15평짜리 다가구주택 6가구를 다세대주택으로 바꿔 임대주택 사업을 하면 1년에 수백만 원 정도 세금을 덜 낼 수 있다.

다가구주택을 다세대주택으로 변경한 경우에도 바꾸기 전에 납부했던 취득세는 환급되지 않지만 신축 중인 다가구주택은 다세대주택으로 바꾸면 감면을 받을 수 있다. 또 다가구주택을 지은 건축주가 다세대주택으로 변경한 경우, 건축주로부터 주택을 처음 분양받아 임대사업자로 등록하면 취득세가 면제된다.

넷째, 경매 낙찰도 고려하라

기존 세입자와 재계약할 필요도 없고 빈집을 넘겨받을 수 있어서 완전히 새로 꾸밀 수도 있다. 전체적으로 개조하면 개조 비용도 크게 줄일 수 있으며 외관도 세입자에게 피해를 주지 않으면서 산뜻하게 바꿀 수 있다. 다가구주택은 경매를 이용해 구입 비용을 최대한 낮추고 추후 임대용으로 개조하면 높은 수익을 올릴 수 있다.

다섯째, 하자에 대비하라

공동주택 관리 규약(주택법 제44조 제2항 및 같은 법 시행령 제57조 제1항)에 따라 철저하게 관리되는 아파트와 달리 다세대나 연립의 체계적인 관리 부분은 아직까지 미비하다.

아파트는 거주자 및 사용자 보호와 주거 생활 질서 유지를 목적으로 만들어진 공동주택 관리 규약으로 보험 등에도 강제 규정으로 가입하도록 되어 있다. 또한 주택법으로 아파트를 건설할 때는 부대·복리 시설의 설치가 의무화되는 등 건축법령이 정하는 제한 외에 주택 건설 기준 등에 관한 규정 및 규칙이 적용된다. 주택 공급에 관한 규칙·공동 주택의 관리에 관한 조문 등 건설·공급·관리 단계마다 주택 법령이 정하고 있는 제한을 모두 적용받는다.

건축법과 달리 주택법은 입주자 대표회의의 구성·공동 주택 관리 규약·관리비·장기수선 계획과 장기수선 충당금·안전 관리 계획·안전 점검 등에 관한 자세한 규정을 두고 있다. 그밖에도 공동주택을 신축, 증축, 개축, 대수선 또는 리모델링을 하는 행위 등을 하려면 시장, 군수, 구청장의 허가를 받거나 신고를 하게 하는 등 주택 관리와 관련된 많은 조문을 두고 있다.

그러나 대개 소규모 건설업체나 개인업자들이 공급하는 다세대나 연립주택은 현실적으로 아파트와 같은 체계적인 관리가 힘들기 때문에 신경 써야 할 것이 많다. 특히 다세대나 연립주택에 거주하는 사람들의 대표적인 민원 가운데 하나가 바로 결로^{結露}에 대한 부분이다. 결로는 주로 외기와 직접 맞닿는 부위(방 내부 외벽, 아파트 베란다 등)에서 자주 발생한다. 결로는 주로 주택법 시행령이 정한 하자 담보 책임에 포함되는 하자로, 건축물 내외부의 온도차로 발생한다.

일반적으로 겨울철 추워진 날씨 탓에 실내에 곰팡이가 피고 이슬이 맺히는 결로 현상 때문에 세입자와 집주인, 집주인과 건축주 간 분쟁이 많이 일어난다. 새집일수록 사람이 방에 없더라도 한동안은 낮은 온도로 보일러를 자주 틀어놓거나 장롱 등 살림살이를 벽에서 약간 띄워서 공간을 확보하면 어느 정도 예방이 가능하다.

다세대 공동 주택 하자 보수(하자 보증금)

다세대나 연립 주택 등, 이른바 빌라에서 하자가 발생하면 하자 보수 업체에게 터무니없이 비싼 공사비용을 요구하지 않는 한 '하자 보증 보험'으로 해결이 가능하다. 일반적으로 공동주택(아파트, 다세대, 연립)의 경우, 건축업자가 하자 보증금이란 명목으로 건축 시공비의 3%를 후일 하자 보수를 위해 예치한 금액이 있다. 하자 보증금은 시공자가 시설별 하자 보수 기간에 하자 보수 의무를 다하면 시공자의 몫이고 그렇지 않으면 입주자의 돈이기 때문에 당연히 하자 보수 권리를 주장해야 한다.

건축주 입장에서는 서울보증보험과 건설공제조합을 통해 보험증서를 끊어 하자 보증금을 대신한다. 서울보증보험은 영세업자들이 건물을 짓고 하자 보수 의무를 소홀히 하는 경우가 많기 때문에 이를 현금으로 먼저 받아놓고 일정 기간 동안 하자에 대한 민원이 없을 때 다시 돌려준다. 건설공제조합과 대한주택보증은 예치 증서로 대체하고 있으나 실제로 돈이 들어 있는 것은 아니다. 무엇보다 중요한 것은 하자가 발생하기 전에 수시로 관리를 해줘야 항상 새집처럼 사용할 수 있다는 것을 잊지 말아야 한다는 점이다.

일자리 선두주자, 지식산업센터

상가나 오피스보다 안정성과 수익성이 높다

"지산센터로 이사한 뒤로 근무 환경이 더 쾌적해졌어요."

지산센터라고 부르는 건물로 이사하고 나서 근무 만족도가 예전보다 훨씬 좋아졌다는 주변 CEO들이 많다. 지난 2010년 아파트형 공장이 지산센터, 즉 지식산업센터로 명칭이 변경되었다. 세련된 환경과 저렴한 관리비, 각종 세제 혜택, 고부가 가치 산업 업종 입주 등으로 첨단 섹션 오피스로 변모했다.

특히 도심권(강남과 광화문, 여의도 일대)에 있는 수많은 회사들이 임대료도 줄이면서 기존보다 넓은 사무실을 쓰기 위해 도심권을 탈출해 지식산업단지로 향하고 있다. 특히 IT 기업이 본사를 옮기면 십중 팔구 구로나 성수동, 판교 테크노밸리로 간다. 최근에는 문재인 정부의 일자리 정책과 발맞추어 문정 법조 단지나 하남 미사 지구까지 지식산업센터가 퍼져나가고 있다.

성수, 판교, 구로에 있는 지식산업단지들은 교통도 편리하고 최신 건물에 근무 환경도 좋아 직장인들의 선호도가 강남권 못지않다. 특히 2~3년 전만 해도 별다른 주목을 받지 못했던 성수동 상권은 서울 숲 주변으로 고급 주거 단지가 들어서고 지식산업센터 등 대형 업무 시설들이 자리를 잡으면서 젊은이들의 필수 탐방 코스로 살아나기 시작했다. 수제 맥주나 유명 베이커리 등 맛집 상권 이외에도 인근에

벤처 기업 몰리는 문정동 법조 타운 일대

뚝섬 고급 주상복합 아파트와 호텔, 컨벤션 센터 등이 차근차근 들어서면서 서울의 업무·문화·상업의 한 축을 담당할 것으로 보인다.

문정동 재건축 단지와 가든 파이브 내 창고도 유망하다. 문정 법조 단지를 대표하는 대형 지식산업센터인 현대 지식산업센터, 테라타워, 엠스테이트, H비즈니스파크 등이 들어서며 첨단 업무 지구가 완성되고 있다.

서울 동부지법·동부지검이 문정동 법조 타운에 입주하면서 그간 '유령 상가' 신세를 면치 못했던 가든파이브에 복합 아울렛 '현대시티몰'이 개장하며 문정동 일대 부동산 시장이 들썩이고 있다. 법조 타운과 아울렛 활성화에 따라 상주 인구는 물론이고 유동 인구와 지원 시설 수요까지 크게 늘어날 것이라는 기대 때문이다.

문정 지구에는 법조 타운뿐만 아니라 중소·벤처 기업 2,000여 곳이 입주할 15만 1,551㎡ 규모의 '미래형 업무 단지'도 조성된다. 또 2만 135㎡ 규모의 '문정 컬쳐밸리'도 완공되면 송파구 추산 문정역 일대 상주 인구가 3만 5,000명으로 늘어날 것이며 이에 따라 고용 창출 효과도 2만 명에 달할 것으로 기대된다.

문정동 일대는 변호사·법무사 사무실 수요가 늘어나고 있으며 인근 오피스·상가와 아파트 등 다른 부동산 수요도 급증하고 있다. 실제로 문정동 일대 아파트 단지에서는 매매와 전·월세 가격이 빠르게 상승하고 있다. 그간 재건축 사업 진행이 부진했던 낡은 아파트 단지도 점차 논의가 빨라져 문정동 지식산업센터 수혜가 기대된다. 아울러 문정동 현대 아울렛 효과로 가든파이브 내 창고도 임대 수요가 많아 투자가 유망하다.

세제상 혜택도 많고 관리비도 저렴한 것이 장점

지식산업센터 등의 수익형 부동산은 8·2 부동산 대책에 포함된 분양권 전매 규제, 청약통장에서 자유롭다. 또한 입지 등에 따라 수익률도 높다. 게다가 지식산업센터 분양자에게는 각종 금융·세제 혜택을 준다. 취득세 75% 면제, 재산세와 종합토지세 5년간 50% 감면을 받을 수 있다. 또 분양 금액의 70%까지 융자 지원 및 3년 거치 5년 상환의 금융 혜택도 준다. 건설사들도 계약 조건으로 계약금 5~10%에 중도금 무이자, 잔금 60% 등 아파트나 오피스에 비해 완화된 조건을 내세우고 있다.

분양 시 잔금 대출을 받을 때도 3%대 저리에 정책 자금이 지원된다. 사무실이나 공장 용도이기 때문에 관리비도 저렴하다. 통상 강남권 오피스텔 관리비가 3.3m^2당 1만원 내외인 것에 비해 지식산업센터는 6~9천 원가량밖에 되지 않는다. 이런 장점 때문에 지식산업센터에 입주하는 일부 사업자는 투자용으로 추가로 분양받아 임대용으로 돌리기도 한다.

공동 투자를 하기 전 주의점 7가지

첫째, 사전에 계약서를 꼼꼼하게 공증하라

자금이 별로 없는 탓에 소액 공동 투자로 돈을 찔끔찔끔 벌다가 결국에는 공동 투자로 그동안 번 돈을 한 번에 날리고 서로 소송까지 가는 사람들을 많이 목격했다. 이런 파국에 이르지 않기 위해서는 사전에 미리 꼼꼼히 챙겨야 할 점이 많다.

특히 경매는 공동 투자가 많이 이루어지는데 낙찰을 받은 경매 물건을 계약된 기간 내에 매도하지 못할 경우도 있다. 따라서 계약서를 꼼꼼히 살펴 투자를 진행하는 것이 바람직하다. 또 운용을 세련되게 못하면 아니 뭉치느니만 못한 결과를 낳을 수도 있다. 투자 후 모임을 운영하는 과정에서 구성원끼리 의견 충돌이 날 때가 많고 역시나 심하면 소송 등으로 이어지기도 한다. 투자 기간과 수익 배분은 물론이고 멤버들끼리 당초 약속했던 투자 기간이 끝나기 전에 지분을 처분하려는 사람이 생길 때 해당 지분을 누가 인수할 것인지 등 구체적인 내용을 협약서에 명기한 뒤 공증을 해둬야 뒤탈이 없다. 초과 이익이 발생하면 큰 문제가 없지만 손해가 나면 책임 소재를 둘러싸고 분쟁이 발생하므로 손해 발생 시 책임 소재나 해결책에 대해서도 합의해두는 편이 좋다.

둘째, 뜻이 맞는 투자자와 같이해라

공동 투자를 하기 위해 가장 먼저 해야 할 일은 무엇보다 '뜻이 맞는' 투자자를 모으는 일이다. 공동 투자가 실패로 끝나는 가장 큰 이유는 투자자끼리 생기는 불협화음이다. 일정 시간이 흐르면 매도를 원하는 투자자와 보유를 원하는 투자자 간에 마찰이 생겨 적절한 매도 타이밍을 놓칠 수 있으며, 거듭 말하지만 법적 분쟁까지 발생할 가능성이 있다. 따라서 공동 투자를 하기 전에 투자 대상 선정, 투자 기간, 목표 수익률 등을 합의해놓는 것이 좋다.

셋째, 투자에 참여하는 인원은 적을수록 좋다.

투자자가 너무 많으면 의사결정을 하기가 쉽지 않다. 투자 대상을 주도적으로 관리하는 리더를 두고 권한과 책임을 부여하는 것도 좋은 방법이다. 공동 투자자 수는 2~5명 정도로 구성하는 것이 좋다. 투자자 수가 많을수록 분쟁의 소지도 증가할 가능성이 크기 때문이다.

넷째, 등기 명의에 신경 써라

공동 투자 시 '명의'를 누구로 할지도 매우 신경 쓰일 것이다. 공동 투자자들 중 대표 1인의 명의로 등기를 하면 나머지 투자자들은 자신의 지분에 대해 공증을 받는 방법이 있다. 하지만 이때 대표 명의자가 임의로 부동산을 처분해도 막을 수 없다는 한계가 있다. 따라서 등기부상에 기재되지 않은 나머지 투자자들은 재산권 보호를 위해 근저당을 설정하는 것이 바람직하다.

공동 투자자들이 공동명의로 등기를 하는 방법도 있다. 투자자들의 투자 금액 비율에 따라 지분별 등기가 가능하다. 다만 지분별 등기를 하면 일부 투자자가 자신의 지분을 매도하고자 할 때 분쟁이 발생할 수 있다. 이런 분쟁을 해결하는 방법이 바로 '구분 공동 투자'다. 예를 들어 A, B, C 3명이 3층짜리 건물에 공동 투자를 하면서 1층은 A, 2층은 B, 3층은 C 소유로 나누어서 등기하면 된다. 등기를 특정 개인 앞으로 할 때는 임의로 처분할 가능성이 있는 만큼, 공동 투자한 부동산 명의는 반드시 공동으로 하는 것이 안전하다.

다섯째, 세금 부담도 감안하라

문재인 정부가 들어서면서 부동산 관련 세금이 많이 증가했기 때문에 절세 차원에서 공동 투자를 진행해야 한다. 상가나 토지 투자 시 재산세가 개인별로 합산 과세되기 때문에 절세 효과도 있다. 주택에 대한 종합부동산세도 다른 사람과 투자하면 세금이 줄어든다. 양도세 또한 개인별로 양도 차익이 분산되기 때문에 금액이 적어져서 낮은 세율이 적용된다. 공동명의로 하면 양도소득세도 절감된다.

단, 주택은 지분 형태로 보유한 주택도 주택 수에 포함되기 때문에 양도세 부담이 늘어날 수도 있다. 공동 투자를 진행하는 각각의 과정에 따라 내가 부담할 세금이 어느 정도인지를 투자하기 전에 상세하게 파악해두는 것이 좋다.

여섯째, 기간을 고려해 선택하라

투자 수익을 실현하고 싶은 시점을 따져 대상을 선정해야 한다. 단기투자자들은 전세 비율이 높고 회전율이 좋은 소형 아파트가 바람직하다. 중장기 투자자들에게는 재건축이나 토지가 적합하다. 단기간에 수익을 실현할 수는 없지만 향후 재건축이나 토지 개발에 보상이 이루어지면 고수익을 올릴 수 있어서다. 단, 장기 투자 때는 투자자들의 자금 여력이 충분해야 하고, 대출은 피하는 것이 좋다.

일곱째, 물건 선택에 신중하라

분양형 호텔이나 모텔 등의 숙박 시설, 콘도 회원권 등에 공동 투자를 할 때는 좀 더 신중해야 한다. 이런 숙박 시설은 투자하기 전에 입지와 객실 회전율 등을 잘 따져봐야 한다. 분양형 호텔은 일부 지역의 공급 과잉에 대한 우려로, 예전만큼의 수익성은 기대하기 어렵다.

8장

전문가도 모르는
6가지 시크릿 투자법

1
3억 원대 나홀로 아파트에
투자하라

8·2 부동산 대책 이후 수천으로 투자도 가능하고 월세도 받을 수 있는 3억 원 전후 나홀로 아파트에 대한 문의가 늘고 있다. 임대를 통한 쏠쏠한 월세 수익과 더불어 매매 가격 상승에 따른 시세 차익까지 기대할 수 있기 때문에 부동산 규제에도 불구하고 최고 틈새 상품으로 주목받고 있다.

나홀로 아파트란 일반 주택가 또는 여러 아파트 단지 사이의 좁은 땅을 활용해 지어진 소규모 아파트를 말한다. 통상 100가구 미만의 1~2개 동짜리 아파트를 가리킨다. 대단지 아파트에 비해 도로 등 기반 시설 여건이 열악하고 공동 커뮤니티 시설 등이 없어 그동안 투자자들의 외면을 받았다. 가격이 저렴하다는 장점은 있었지만 환금성이 떨어지고 가격이 오르지 않는다는 인식이 많아 그간 투자의 불모지였다.

그런데 8·2 부동산 대책 이후 3억 원 전후의 나홀로 아파트와 빌라가 투자 틈새 상품으로 떠오르면서 자녀 증여용으로도 재평가를 받고 있다. 기존 단지형 아파트에 비해 적은 자금으로 내 집을 마련할 수 있고 국세청 세무 조사에서도 비교적 자유롭기 때문이다. 특히 1~2인 가구 등 젊은 층으로부터 출퇴근하기 편리하다는 점이 매력으로 작용하면서 인기를 끌고 있다. 대중교통이 좋은 도심권이나 관광지 인근의 나홀로 아파트는 방마다 침대를 여러 대 들여 놓고 게스트하우스로 사용해도 고수익이 가능하다. 셰어하우스로 사용해도 마찬가지다.

강남 일대 초소형 나홀로 아파트의 임대 조건은 보증금 2,000~3,000만 원에 월 임대료 120~150만 원 정도다. 주요 임차인 층은 신혼부부, 전문직 종사자가 대부분이다. 임차인의 신분과 소득 수준이 확실히 보장되는 편이라 연체나 세입자 관리의 위험이 적다는 점도 오피스텔이나 빌라 등과 차별된 점이다.

나홀로 아파트, 불황기에도 매매, 월세 강세

말 그대로다. 위치에 따라 전용 면적 59m^2인 소형 아파트가 10억 원에 육박하는 반면, 전용 면적 $84m^2$가 넘는 큰 집이 10년새 10억 원이나 가격이 떨어지기도 했다. 실제로 전용 면적 $59m^2$ 이하 중소형은 2006~2007년 부동산 시장 호황기에 최고가를 훌쩍 넘어섰지만 전용 $85m^2$를 초과하는 중·대형 아파트는 전고점에 미치지 못하고 있다.

KB부동산에 따르면, 서울 대치동 '대치 아이파크' 아파트 전용 $59m^2$ 시세는 지난 10여 년 동안 폭등했지만 전용 $84m^2$와 전용 $119m^2$의 매매가는 2007년 최고가 수준에 미치지 못하고 있다. 2006년 입주한 도곡동 '도곡 렉슬' 아파트도 마찬가지다. 전용 $84m^2$는 반등한 반면, 전용 $119m^2$는 소폭 올랐다. 입주 당시 35억 원에 이르던 전용 $176m^2$의 매매 가격도 큰 폭으로 떨어졌다.

필자의 고객 중에서 역삼동에 위치한 대기업에 근무하는 김성호 씨(37세)는 2008년에 100여 가구도 안 되는 직장 인근 20평형대 아파트를 1억 원의 대출을 안고 3억 5천에 투자했다. 구입 당시 주변에서는 단지 규모도 적을뿐더러 브랜드도 없는 아파트라며 구입을 만류했으나 직장과 도보 3분 거리에 오피스텔과 가격 차도 나지 않아 투자를 결심했다. 2008년 금융위기가 다가오자 좀 겁이 나기는 했지만 유지했다. 이후 대부분의 아파트 가격은 모두 20~30%씩 하락했지만 그가 투자한 아파트는 꾸준히 가격이 올라 현재 8억 원에 육박한다.

회사원인 김영복 씨(42세)도 충북 ○○산업단지 인근에 위치한 아파트 10채를 대출 50%를 이용해서, 1억 5천(1채당 1,500만 원 대출)에 매입했다. 지금은 월 20만 원에 회사 기숙사용으로 임대하고 있다. 회사에서 월세를 매월 정확한 날짜에 입금해주기 때문에 별로 신경 쓸 것이 없다. 주변에 산업단지도 밀집해 있어 공실 걱정도 없다. 방 2개에 거실 1개로 된 아파트 14평을 1채당 3,000만 원에 투자한 셈인데, 대출 이자를 제외하고도 연 10% 이상의 고수익을 올리고 있는 것이다. 관리소에서 임대차 중개 업무도 대신해줘서 중개 수수료도 한 푼 나가지 않는다. 아파트 주변이 산과 호수로 둘러싸여 있어서 1채는 남겨두었다가 나중에 펜션처럼 이용할 생각이다. 주변에서도 주말에 쉬는 장소로 이용하기 위해 5,000만 원에 1채 팔라고 여러 군데서 부탁을 받지만 당분간 팔 생각이 없다고 한다.

서울 도심권과 지방 산업단지 인근 유망

상담을 하다 보면 6개월~1년 정도 한국에 머무는 삼성이나 LG 등 대기업 외국인 임원들은 하나같이 1,000세대가 넘는 아파트가 아닌 100~200세대 정도의 도심권 주상복합 아파트나 직장과 가까운 소규모 아파트를 원한다. 홍콩이나 싱가포르 등지를 가봐도 저층에 백화점 같은 상점이 들어 있거나 시내과 가까운 한두 동짜리 소규모 아파트가 인기다.

"도심권과 지방 산업단지 인근에 있는 나홀로 아파트도 수익형 부동산으로 생각하시면 대단지보다 오히려 수익성이 높아 연금형 부동산으로 훌륭합니다."

수년 전부터 필자가 대중을 상대로 강의할 때마다 강조하던 말이다. 2011년경 도심권 소규모 나홀로 아파트가 급등하기 전부터 필자는 강의나 칼럼이나 저서를 통해 꾸준히 강조했다. 인터넷을 쳐서 '박상언'과 '나홀로'를 연관 검색하면 진실인지 금방 확인 가능하다. 회원 중에 5년 전 강의를 듣고 강남권 나홀로 아파트에 투자해서 대박을 치고 20억 이상을 번 회원도 있다.

부동산 연구차 수차례 방문한 일본 도쿄나 오사카만 봐도 도심에 우리나라처럼 대단지 아파트가 드물다. 대부분 방 한 칸짜리 분리형 원룸이나 투룸이 대세고 인기다. 우리나라식의 대단지 아파트는 도심에서 멀리 떨어진 외곽 신도시에 산재해 있다. 외국인 관점에서 아파트에 투자한다고 보면 수익환원법으로 접근한다. 즉, 투자 금액 대비 월세가 얼마나 나올 것부터 판단하는 것이다.

우리나라에서도 실제 과거 강남권 일대의 나홀로 아파트들은 주변 대단지 동일 평면 시세의 60%에 거래될 정도로 가격이 저평가돼 있었다. 따라서 임대수익과 시세 차익을 동시에 노릴 수 있는 틈새 상품으로 자리 잡을 수 있었다. 특히 부동산 대책 이후에도 서울 도심부와 지방 산업단지 인근은 없어서 못 팔 지경이다. 수익환원법으로 보면 수익률 측면에서 단연 최고이기 때문이다.

"10년 전에 강남과 목동 대단지 아파트에 투자하신 분들은 돈을 벌었을까요, 못 벌었을까요?"

필자가 가끔씩 강연 때 던지는 질문이다. 사실 강남 아파트가 많이 오른 것 같겠지만 아니다. 반포와 압구정에 투자한 사람들 말고는 별로 재미를 보지 못했다. 오히려 강남이나 목동 대단지 아파트보다 10여 년 전 역삼동, 대치동, 또는 오목교역 쪽에 있는 소규모 아파트나 지방 산업단지 인근에 월세를 주는 소규모 아파트에 투자한 사람들이 대박이 났다.

중구, 동대문구 나홀로 아파트 유망

8·2 부동산 대책에 따르면, 국토교통부에서 투기 과열 지구 내 3억 원 이상 주택 구입자의 자금 조달 계획서를 받아 자금 출처를 검증하고 있다. 이는 3억 원 이상의 주택에 접근하는 것은 투자자들에게 큰 부담이 된다.

따라서 자금 조달 계획서를 피하려면 3억 원 전후의 주택(오피스텔)으로 투자 수요가 몰릴 수 있다. 특히 월세가 잘 나오는 도심권 주택은 월세가 잘 나오는 우량 상가를 샀다고 생각하고 월세를 꼬박꼬박 챙겨 받으면서 부동산 시장이 회복될 때까지 견딜 수도 있다.

그러나 이미 가격이 급등한 강남이나 목동권 나홀로 아파트에 접근하기에는 늦은 감이 있다. 지금은 중구와 동대문구처럼 그동안 상대적으로 주목을 덜 받았던 3억 원 전후의 강북 도심권에 위치한 한두 동짜리 나홀로 아파트와 개발 호재가 있는 빌라에 월세를 받는다는 개념으로 접근하는 것이 좋다.

성인 자녀라면 10년간 5천만 원까지 증여할 수 있으므로 3억 원짜리 아파트를 2억 5천만 원의 전세를 안고 증여해둬도 좋다. 아직 결혼하지 않은 성인 자녀가 있다면 5천만 원을 통장에 두기보다는 5천만 원에 전세로 2억 5천을 끼고 3억 원짜리 아파트를 사주는 것이 자녀

나홀로 아파트를 고르는 팁 4가지

첫째, 대단지 인근을 골라라
인근에 단독주택이나 빌라가 산재해 있는 곳보다는 대단지 아파트를 끼고 있는 곳을 고르는 것이 좋다. 부족한 기반 시설과 학군 등을 대단지 아파트를 이용해 보완할 수 있기 때문이다. 특히 학군이 강한 지역은 대단지 아파트에 비해 저렴한 가격으로 동일 학군을 이용할 수 있다는 장점이 있어 교육 프리미엄을 노릴 수도 있다.

둘째, 큰 도로에 인접하거나 역세권에 있는 소규모 아파트를 찾아라
대개 1~2인 가구 규모의 젊은 층이 거주한다는 점을 고려하면 출퇴근이 용이한 곳일수록 인기가 높다.

셋째, 지방 산업단지도 주목하라
산업단지 인근에 있는 소규모 아파트는 회사에서 기숙사로 활용, 월 임대수익률이 우수하며 월세도 안 밀린다. 또 적게는 2,000~3,000만 원의 소액으로도 투자가 가능하기 때문에 주목해야 한다.

넷째, 3억 원 이하 아파트를 골라라
8·2 부동산 대책으로 3억 원 이상의 주택을 구입할 때는 정부의 자금 출처 조사가 강화된 만큼, 3억 원 이하의 주택에 당분간 집중할 필요가 있다.

에게 더 자신감을 줄 수 있다. 자녀가 열심히 일해 전세금을 갚으면서 들어가 살 수도 있고 아파트를 월세로 전환해 월세를 받을 수도 있다.

서울 수도권 지역의 3억 원 전후 아파트는 500세대 이상 대단지에는 거의 없다. 따라서 대단지 인근 한두 동짜리 아파트에서 골라야 한다. 10년 전 강남이나 목동 대단지에 투자한 사람보다 인근에 있던 한두 동짜리 아파트에 투자한 사람이 훨씬 더 성공했다는 것을 상기할 필요가 있다. 일본도 도심 쪽 한두 동짜리 아파트가 월세도 잘 나가고 불황에도 강하며 가격도 많이 오르고 있다는 점을 상기해야 한다.

오르는 부동산 돈 되는 부동산 잘 팔리는 부동산

2

그래도 갭투자한다면, 이곳

학군, 업무 지역, 이주 수요 고려

"대치동 ○○아파트가요, 매매가가 떨어져서 이제는 전세 안고 3억이면 갭투자가 가능한데요. 괜찮을까요?"

"현재 그 아파트를 사셔도 월세로 300 정도 받을 수 있으니 상가를 산다고 생각하시고 투자하시면 마음 편할 것 같습니다."

갭투자는 전형적인 레버리지 투자지만 전세를 이용해 금융 비용 없이 소자본으로 투자 수익률을 극대화할 수 있다는 장점이 있다. 또 금융권의 대출 압박이 심해지는 상황에서 대출 거부나 은행 이자 상승에 따른 위험 부담도 상대적으로 낮은 편이다.

갭투자는 주로 집값과 전셋값 차이가 적은 주택을 매입하는 방법으로 이루어진다. 집값이 크게 오르면 일정 기간 뒤 팔아서 시세 차익을 남기는 방법이다. 전세 제도가 있는 한국에서만 가능한 투자 방법이다.

이론적으로 갭투자는 1억 원만 투자해도 여러 채의 자기 집을 가질 수 있다. 부동산 바람을 제대로 타면 짧은 기간에 투자 금액 회수와 몇 배의 시세 차익까지 기대할 수 있다. 그동안 대학생들이 대출을 받아 갭투자에 뛰어들 정도로 광풍으로 이어진 이유도 거기에 있다.

갭투자 방지 위해 디딤돌 대출도 실거주 조건으로

문재인 정부가 마련한 부동산 대책도 갭투자자자들에게 철저히 불이익을 주고 있다. 대표적으로 무주택 실수요자의 주택 마련 자금을 지원하는 '디딤돌 대출'이 실거주자에게만 허용된다. 디딤돌 대출이 도입 취지에 어긋나게 '갭투자' 자금으로 활용되는 것을 막기 위한 것이다. 특별한 사유가 없다면 대출일로부터 한 달 이내에 구매한 주택에 전입해야 하며 전입한 이후에는 1년 이상 거주해야 한다. 정당한 사유 없이 이를 지키지 않으면 배상금을 물거나 대출금을 회수한다. 이번 개편안은 투기 수요를 차단하고 주택 시장을 실수요자 중심으로 재편하기 위한 8·2 부동산 대책의 연장선에 있다.

정부가 실거주 의무 제도를 도입하기로 한 이유는 최근 전세가가 매매가의 80% 가까이 치솟으면서 애초 도입 취지와 다르게 디딤돌 대출이 '갭투자' 자금으로 활용되는 경우가 있기 때문이다. 디딤돌 대출은 목돈 마련이 어렵고 대출이 쉽지 않은 서민들의 내 집 마련을 지원하기 위한 목적으로 도입된 정책 대출 상품이다. 부부 합산 연소득 6천만 원 이하(생애 첫 주택 구매자는 7천만 원 이하)인 무주택 세대주가 5억 원 이하의 주택을 살 때 최대 2억 원까지 2%대의 저렴한 이율로 대출을 받을 수 있다. 디딤돌 대출을 받아 전세를 끼고 주택을 살 때는 자기 자본 없이 시가 5억 원 주택을 구매하는 사례들이 있었다.

달리 생각하면 8·2 부동산 대책 이후에 매매가가 떨어져 갭투자 비용이 갈수록 줄어들자 도심권 새 아파트 위주로 갭투자 문의가 들어오고 있다. 특히 부동산 대책으로 매매가가 떨어지면서 갭투자가 가능한 도심권 소형 아파트에 투자할 타이밍을 묻는 투자자들의 문의도 여전하다. 갭투자 성공으로 한 해 투자금 대비 2~3배씩 버는 사람들이 주변에 많이 늘어나고 있기 때문이다.

8·2 대책 이후 갭투자자들은 규제에서 벗어난 지역, 즉 투기 과열 지구나 조정 대상 지역에 들어가지 않은 수도권과 지방 중소도시 위주로 눈을 돌리고 있다. 전세가율도 높을 뿐 아니라 임대사업자로 등록하면 양도세 중과세도 쉽게 피할 수 있기 때문이다. 8·2 대책에 따르면, 수도권 주택은 공시 가격 6억 원, 지방은 3억 원 이하일 때 거래 시 중과세가 면제된다.

월세 나오는 도심권 소형 아파트에 집중하라

소형 아파트는 오피스텔에 비해 관리비는 저렴하면서 전용률이 높은 것이 매력이다. 환금성도 좋기 때문에 8·2 부동산 대책 이후에도 여전히 투자자들의 선호도가 높다. 일부 지역의 소형 아파트는 임대 수익률이 연 3~4%를 넘어서고 집값이 하락해도 일정 수준에서 반등 가능성이 있어 안정적이다.

도심권에 위치한 주택에 갭투자를 할 때는 수요가 충분해 임대수익률뿐만 아니라 시세 차익도 기대할 수 있다는 장점이 있다. 갭투자에서 가장 중요한 것은 주변 새 아파트 입주 물량이 적으면서 월세 전환이 쉬운 업무 지역이나 재건축 이주 주변 지역, 학군 좋은 지역, 역세권 소형 주택 등이 좋다는 것을 기억하자.

8·2 부동산 대책 이후 서울을 대신해 규제에서 빠진 평촌, 수원 등지의 3억 초반대에서 4억 원 초반 매물에 대한 갭투자 문의가 증가하고 있다. 7,000만~1억 5,000만 원대에 갭투자가 가능하기 때문이다. 이들 지역은 서울과 인접하고 있음에도 8·2 부동산 대책에서 비껴난데다 서울과 거리가 가깝다는 장점 때문에 서울로 출퇴근하는 이들의 수요가 많다. 지하철을 포함한 도로 교통을 중시한 주거 편의성도 높은 곳으로 꼽히면서 더욱 관심이 증가하고 있다. 하지만 정부의 추가 규제나 다주택자 매물이 언제든지 나올 수 있는 만큼 선별 투자해야 한다.

안정적인 월세 수요가 갭투자 성공의 길

앞으로 갭투자가 성공하느냐 여부는 전세가 대비 투자 금액이 아니라 투자 원금 대비 안정적인 월세 수익률이 나오느냐에 달려 있다. 부동산 규제로 주택 수요가 줄어들 수는 있지만 고령화와 임대수익 선호 현상으로 도심권 소형 주택에 대한 임대 수요는 늘어날 수밖에 없다. 따라서 갭투자용 아파트는 월세 전환이 가능한 도심권에서 찾아야 한다.

먼저 입주한 지 2~4년째 되는 기존 아파트는 비과세 매물이 많이 나와 거래가 활발하고 전세가도 높기 때문에 갭투자하기에 좋다. 또 재개발이나 재건축 등 이주 수요가 활발히 일어나는 주변 신규 아파트에 이주 수요가 몰리기 때문에 유망하다. 게다가 실거래가 3~6억 원이하면 취득세율이 부담 없을 뿐만 아니라 자금 출처 조사에서도 비교적 자유로울 수 있다. 따라서 대단지 역세권만 고집하지 말고 임대 수요가 풍부하다면 비역세권 소규모 단지도 눈여겨볼 만하다.

일본과 홍콩을 보면, 도심권 소규모 단지들이 오히려 대단지보다 인기가 있는데, 이 점을 곰곰 되새겨볼 필요가 있다. 자칫 입주 물량이 몰린 지역에서 갭투자를 하면 세입자의 전세금을 돌려줄 수 없는 '깡통 전세'가 될 수도 있다. 따라서 월세가 원활하게 돌아가는 지역에서 갭투자 물건을 찾아야 한다. 특히 조선 중공업 경기가 상당 기간 안 좋다는 것을 명심하고 아무리 갭투자하기 좋은 물건이 나왔다고

해도 지방 산업단지는 당분간 피해야 한다.

결론적으로 갭투자의 특성상 전세 가격이 떨어질 수도 있고 또는 역전세난이나 정부의 추가 규제책으로 유동성 위기에 몰릴 수도 있기 때문에, 투자하기 전에는 반드시 전문가와 상담을 통해 신중히 선정해야 한다.

3

공동명의로 절세하라

필자는 쓸데없는 돈을 쓰는 것은 낭비라 생각한다. 세금도 마찬가지다. 합법적으로 절세할 수 있는 방법이 있다면 그 길이 곧 불필요한 낭비를 줄이는 길이다. 늘 합법적 절세를 고려하는 습관이 필자에게는 배어 있다.

자산가들과 상담하다 보면 보유하고 있는 부동산이 공동명의로 되어 있는 경우가 일반인에 비해 많다. 필자가 소유한 부동산도 대부분 부부 공동명의로 되어 있다. 예를 들어 남편이 3, 아내가 7, 이런 비율로 비율도 자유롭게 설정할 수 있다. 본인 주택 외 1채만 소유해도 임대사업이 가능하기 때문에 공동명의를 하면 부동산 임대소득 절세도 추가로 가능하다.

문재인 정부가 들어서면서 세법 개정으로 과세 표준 5억 원 초과 구간에 대한 세율이 40%에서 42%로 2%포인트 인상된다. 또한, 3~5억 원 초과 구간이 신설돼 40%의 세율을 적용한다. 소득세는 6~42%로 부과되며 소득이 커질수록 부담이 커지는 누진세 구조다. 즉, 문재인 정부 이후 부동산 세 부담은 대폭 증가했으며 이에 따라 공동명의를 통해 절세하고 자하는 이들의 상담도 대폭 증가했다.

혼인신고 전후 세금 달라진다

결혼은 했지만 혼인신고를 하지 않은 젊은 부부 중에도 공동명의로 주택을 구입할 때가 있다. 하지만 이때는 반드시 부부 한 쪽이 이미 주택을 소유하고 있는지 먼저 헤아려 결정해야 한다.

세법에서는 부부 공동으로 명의 이전을 해도 부부는 1가구 1주택자다. 원래 공동명의 주택은 지분 소유자 모두 각각 집을 1채씩 가지고 있는 것으로 간주하지만, 부부의 공동 지분은 합산해서 따진다. 따라서 부부 공동명의 주택 1채와 남편 명의나 아내 명의의 1채가 더 있다면 1가구 2주택자가 된다.

몇 년 전 나를 찾아온 한 젊은 부부의 경우가 그랬다. 두 사람은 결혼은 했지만 혼인신고는 하지 않은 상태에서 공동명의로 주택을 구입했다. 그러나 부인이 결혼 전부터 본인 명의로 된 빌라를 보유한 상태였다. 두 사람은 혼인신고 후 부인이 보유하고 있는 빌라를 팔면 양도세가 비과세된다고 생각했던 것이다.

하지만 이 경우 부인이 1가구 2주택자에 해당되어 양도세를 물어야 한다. 혼인신고 전 구입한 주택을 공동명의로 하지 않고 단독명의로 했다면 비과세를 받을 수 있었다. 결혼 전 1주택씩을 보유한 남녀가 혼인해서 2주택이 된 경우, 혼인한 날부터 5년 이내에 집 1채를 팔면 그 집이 비과세 요건을 갖췄다면 비과세를 받을 수 있기 때문이다. 이때 혼인한 날이란 혼인신고한 날을 기준으로 한다. 그런데 혼인신고하기 전에 부인은 이미 2주택자가 되었기 때문에 이런 비과세 혜택을 받을 수 없게 된 것이다.

공동명의 시 양도소득세 절세 효과

주택을 단독으로 등기하는 것과 공동명의로 등기하는 것에는 양도소득세 차이가 있다. 현행 우리나라 양도소득세는 양도 차익에 누진 세율로 소유자별로 과세하기 때문에 1년 이상 보유한다면 공동명의가 유리하다. 보유 주택을 부부 공동명의로 하면 한 사람에게 귀속될 양도 차익이 두 사람에게 분산되기 때문에 단독명의일 때보다 낮은 세율이 적용되어 내야 할 세금도 적어진다.

예를 들어보자. 양도 차익이 1억 원 발생했을 때 남편 혼자 단독명의로 되어 있으면 1,900만 원의 양도소득세를 내지만, 부부 공동명의라면 1,200만 원의 양도소득세를 낸다. 뿐만 아니라 1년 단위로 적용되는 기본공제 250만 원도 공동명의일 때는 각각 250만 원(합계 500만원)을 받을 수 있다.

하지만 단독명의로 되어 있는 보유 부동산이 그다지 양도 차익을 발생시키지 않을 것 같다면 부부 공동명의로 변경하는 것은 취득세와 기타 부대 비용 및 증여세 등 오히려 많은 비용이 들어 불리할 수도 있다. 소득이 없는 배우자 명의로 부동산을 등기할 때는 증여재산 공제액 6억 원(10년 이내의 기간에 배우자로부터 증여받은 재산을 포함) 범위 이내에는 증여세가 없다.

부동산을 취득하면 재산을 보유하는 동안 지방세인 재산세를 내야 한다. 재산세는 공동명의라도 특별한 혜택이 없다. 매년 6월 1일 현재 토지와 건물을 사실상 보유한 자에게 건물분은 7월, 토지분은 9월에 재산세가 부과된다. 이때 주택과 건물분 재산세는 1개 물건별로 개별 과세하고, 토지분 재산세는 시, 군, 구청의 지방자치단체별 관내 토지를 인별로 합산해 과세한다.

수익형 부동산도 공동명의로

수익형 부동산을 임대할 때는 임대소득이 발생한다. 이 부동산을 공동명의로 했다면 부동산을 임대해서 들어오는 임대소득도 분산된다. 예를 들어 임대소득으로 1억 5,000만 원을 벌었다고 치자. 단독명의일 때는 이에 38%의 소득세율이 적용된다. 하지만 부부가 공동명의로 등기를 했다면 각각 7,500만원으로 소득이 분산되고 그에 따라 소득세율도 24%로 감소한다. 세금으로 비교하면, 단독명의일 때 1억 5,000만 원에 38%의 소득세가 적용되어 3,760만 원의 세금을 부담해야 하지만, 공동명의라면 각각 7,500만 원의 수입에 대해 24%의 소득세율이 적용되어 각 1,278만 원의 소득세를 납부하면 된다.

결국 임대사업으로 1억 5,000만 원이라는 같은 돈을 벌며 명의만 공동명의로 했을 뿐이지만 세금은 3,760만 원에서 2,556만 원으로 1,210만원이나 줄어드는 절세 효과를 톡톡히 볼 수 있다.

종합소득세와 상속세 측면에서도 유리

상가나 오피스텔에 대한 투자 상담도 꾸준한데, 이때도 공동명의가 유리하다. 가령 상가를 부부 공동 소유로 한다면 상가 임대로 얻는 임대소득은 소유자별로 나뉘어 귀속되므로 종합소득세도 줄일 수 있다. 상속세의 절세 효과도 크다. 부부 중 한 사람이 모두 소유한 상태에서 사망할 때보다 부부 간에 미리 재산을 분산해놓으면 낮은 세율이 적용되어 상속자가 부담할 상속세가 많이 줄어든다. 또한 통상 소득이 없는 아내가 부동산 등을 취득하는 경우, 자금 출처를 입증할 수 있다는 장점이 있다. 상가 임대소득으로 취득 자금 원천을 쉽게 밝힐 수 있기 때문이다. 보유 후 매각할 때도 양도 대금이 발생하므로 또다른 자산의 취득 자금원으로 인정받을 수 있다.

종합부동산세도 절세된다. 종합부동산세는 1인 1주택의 경우 공시 가격이 9억 원을 초과할 때이며, 1주택 이상은 6억 원을 초과할 때 종합부동산세를 내야 한다.

예를 들어 12억 원짜리 주택을 단독명의로 하면 초과 6억 원에 대해 종합부동산세를 부담해야 한다. 그러나 6억 원씩 공동명의로 하면 종합부동산세를 한 푼도 내지 않아도 된다. 다만 1주택을 단독명의로 보유한 경우에는 9억 원 초과분에 대해 종합부동산세를 부과하는 데다 장기 보유와 고령자에 따른 추가 공제 혜택까지 있기 때문에 2주택 이상 보유했을 때만 부부 공동명의로 취득하는 것이 유리할 수 있다. 공시 가격 기준으로 9억 원이 넘는 고가 주택은 종합부동산세 과세 대상인데, 부부끼리 6억 원씩 재산을 분할하면 최대 12억 원까지는 대상이 아니기 때문이다.

상가, 사무실, 빌딩 등 수익형 부동산에는 종합부동산세가 과세되지 않는다. 주택과 종합 합산 토지, 별도 합산 토지에만 종합부동산세가 과세된다. 또한 종합부동산세는 세대별 과세가 아니라 인별 과세이기 때문에 만약 단독명의로 주택을 구입했다면 20억 원대에서는 1%의 종합부동산세 세율이 적용되지만, 공동명의라면 과세 표준이

오르는 부동산 돈 되는 부동산 잘 팔리는 부동산

절반으로 줄어들고 세율도 0.75%가 적용되어 절세 효과가 있다.

토지도 마찬가지다. 부부 공동명의로 하면 보유 토지의 공시가액이 최대 10억 원(공시가액)까지는 종합부동산세를 피할 수 있다. 재산세도 절세가 가능한데, 부부 공동명의 시 지분별로 과세되므로 단독명의일 때보다 낮은 재산세율을 적용받을 수 있다.

자금 출처 소명에도 유리

앞서도 잠시 언급했지만 부부 공동명의는 무소득 배우자의 자금출처를 증빙하기에도 좋다. 가령 20억 원대의 부동산을 구입할 때, 단독명의가 아닌 배우자와 공동으로 취득한다면 등기 비용을 포함하여 배우자의 자금 출처가 문제가 될 수 있다. 하지만 2008년 1월 1일 이후, 배우자의 증여재산 공제액이 6억 원이기 때문에 과거에 소득이 있거나 증여한 사실이 없다면 별 문제가 없을 것으로 판단된다.

즉, 8·2 부동산 대책 이후 고분양가 논란이 있는 아파트나 소득이 없는 부녀자가 부동산을 취득해 자금 출처 조사가 우려될 때는 그 출처를 미리 준비한 상태에서 취득해야 생각지도 못한 증여세 고지를 면할 수 있다. 이때 기존 부동산을 미리 공동명의로 하고, 이후 그 매각 대금으로 자금 출처를 입증할 수 있다. 예를 들어 기존에 가지고 있는 집(1세대 1주택 비과세 요건 충족)을 공동명의로 바꿔 매도하면 증여세 및 양도소득세 없이 자금 출처를 마련할 수 있어 유용하다. 물론 현금으로 증여할 수도 있지만 현금으로 6억 원을 주는 것보다 6억 원짜리 부동산을 증여해 향후 12억 원에 팔 수 있다면, 소명할 수 있는 자금 원천도 훨씬 커지는 셈이다.

세종시 아파트 투자법

세종, 기대를 모아온 핫 플레이스

2011년 하반기 대전 모처 강당에서 필자가 강연자로 초빙되어 개최된 '세종시 포스코 레이크파크 설명회'에는 2,000여 명에 이르는 인파가 몰렸다. 분양가도 평당 800만 원대를 훨씬 웃돌았기 때문에 강연자인 필자조차 당시 고분양가로 인해 투자성을 반신반의했었다. 그랬던 것이 2013년 7월경 입주가 시작될 무렵 프리미엄이 2~3억으로 치솟더니 지금은 분양가 대비 2배 이상 올라 세종시에서 가장 비싼 아파트로 자리를 잡았다.

대통령 선거가 있을 때마다 각 당 대선 후보들은 충청권 민심을 잡기 위해 세종시에 장밋빛 청사진을 제시한다. 속마음을 확실히 드러내는 전라도나 경상도 표밭에 비해 세종시로 대표되는 충청권은 선거 일까지도 속마음을 잘 드러내지 않기 때문이다. 따라서 대선 후보들이 확실한 우위를 점하기 위해서는 세종 시민들이 좋아할 만한 정책이나 공약들, 예를 들어 청와대나 국회 이전, 수도 이전 등의 파격적인 정책들을 계속 내놓을 수밖에 없다.

세종시는 유력 대선 후보들이 저마다 기능 강화 계획을 공약으로 내걸면서 선거 유세가 한창이던 두어 달 전부터도 이미 많은 기대를 모아온 핫 플레이스다. 문재인 대통령을 비롯해 안철수, 홍준표 등 당시 후보들이 각각 행정수도로서 세종시의 기능을 큰 폭으로 강화하겠다는 의지를 내비쳤다. 여기에 문재인 대통령이 선거에서 승리하면서 세종시의 가치는 한층 올랐다. 과거 노무현 정부의 핵심 과제였던 세종시의 행정수도 건설 과업이 문재인 대통령 대에서 다시 한 번 강력하게 추진될 가능성이 높아졌기 때문이다. 실제로 문재인 대통령은 선거 운동 기간 중 세종시를 명실상부한 행정수도로 육성할 계획임을 강조했다. 이를 위해 문재인 대통령은 행정자치부와 미래창조과학부의 세종시 이전, 국회 분원 설치 추진, 세종~서울 고속도로 조기 완공 등을 실천 목표로 삼은 바 있다.

특히 행정자치부와 미래창조과학부의 세종시 이전과 함께 국회 분원 설치는 문재인 대통령의 대선 공약이기도 하다. 행정자치부의 세종시 이전은 법 개정을 거쳐 이르면 2018년 이루어질 듯 보인다. 세종시에 국회 분원이 설치되면 길 위에서 시간을 허비하는 공무원, 이른 바 '길국장', '길과장'이 확 줄어들 것이다.

젊음이 가득한 도시, 세종

「2016 세종의 사회 지표」를 보면 전국에서 가장 젊음이 가득한 도시는 세종특별자치시(현 시장 이춘희, 이하 세종시)다. 인구는 시 출범 이후 지속적인 증가세를 보여 2016년 총 24만 6,793명으로 집계됐다. 월평균 가구 소득은 300만 원 이상이 증가하면서 월평균 소비 지출액은 200~300만 원 미만이 22.9%로 가장 높게 나타났다.

새로 유입되거나 신설되는 사업체 수와 그에 따른 종사자 수도 매년 증가하는 추세며, 세종 시민들 역시 고용 상황이 더욱 좋아질 것이라는 기대감 또한 65.7%로 높게 나타났다. 여기에 안전도시 인증을 위해 노력하는 도시답게 2016년 총 1,023대의 사회 안전 CCTV를 운영하고 있으며, 민원 서비스 만족률(시청 58.3%, 읍·면·동 60.7%)은 계속 증가하고 있고 삶에 대한 만족도(6.29점)와 행복(6.46점) 경험도 높게 나타났다.

덧붙여 지역별 아파트 가격을 보면 어진동 > 소담동 > 보람동 > 새롬동 > 도담동 > 종촌동 > 아름동 > 한솔동 > 고운동 순으로 시세가 높다.

8·2 부동산 대책에도 분양 아파트는 접근할 만

정부가 지난 8·2 부동산 대책을 발표한 이후 신도심(행정중심복합도시) 노른자 부지의 프리미엄이 수천만 원까지 급감했다. 주택 담보 대출 규제도 40%로 강화되어 예전처럼 큰 폭의 상승세는 어려울 것으로 전망된다.

세종시에는 2생활권과 3생활권 일부 대형 평형을 중심으로 5~6억 원을 넘는 단지가 속속 발생하고 있다. 8·2 대책 이후 전용 면적 84㎡는 평균 4억 원대를 유지하고 있다. 현재 입주가 본격화된 2, 3생활권은 통상 프리미엄이 5천~1억 원 수준이다. 최근에는 공공 기관 집적화 단지 후보지로 지목된 행복도시 2-4생활권과 4-2생활권에 실수요자들과 투자자들이 관심을 보이고 있다.

세종시 소재 분양 아파트 가격은 아직도 평당 1,000만 원대에 나오기 때문에 기존 아파트 대비 수천만 원에서 억대의 프리미엄을 기대해볼 만하다. 다만 기존 아파트 매입은 신중해야 한다. "갭투자 하러 세종시 간다." 한동안 이런 얘기가 있었지만 앞으로는 이런 말 하기 힘들 것이다. 왜냐하면 전셋값은 하락세를 면치 못하고 있기 때문이다. 즉, 투자자보다 실수요자가 적다는 이야기다.

이렇듯 세종시는 아파트 매매 가격과 전셋값의 탈동조화가 심화되고 있다. 월세 수요가 적은 데다 아파트 평균 전세가율이 51%(KB국민은행 집계, 2017년 7월 기준)로 전국 평균(75.3%)보다 크게 낮다. 주택 담보 대출을 통해 여러 채 분양받은 다주택자들의 부담이 커질 수밖에 없다. 입주 물량이 늘어나 전세가율(매매 가격 대비 전세 가격 비율)이 추락할 수 있기 때문에 기존 아파트 투자는 신중을 기해야 한다.

특히, 세종시 단지 내 상가와 오피스텔은 투자하기 전에 더욱 신중을 기해야 한다.

"세종시 2-2생활권 아세요, 대표님?"

"그럼요. 거기 세종시에서 가장 좋은 지역 중 한 곳 아닌가요?"

"그랬죠. 그런데 거기 있는 상가를 분양받았는데 아직도 공실이라 대출 이자와 관리비만 내고 있어요. 세종시 오피스텔도 분양받았는데 임대료도 생각보다 안 나와서 큰일이에요."

"아무리 세종시라 해도 업종 제한 없는 일부 지역 상가를 저렴하게 사는 것 말고는 절대 투자하시면 안 됩니다."

얼마 전 고객과 나눈 대화로 그 이유를 대신한다.

5

세종시 토지 틈새 투자법

대통령 선거철마다 세종시 토지 시장 들썩

대전보다 비싼 땅들이 속출하고 있다. 그만큼 세종시 땅값은 상승세다. 국토교통부 통계누리에 따르면, 세종시의 지가 변동률은 전국 평균보다 2배에 달하는 수준으로 오르고 있다.

2017년 상반기 전국 토지 가격 변동률을 보면 17개 시도 지가가 모두 상승했는데, 수도권이 1.86%로 지방(1.82%)보다 상승률이 조금 높았다. 행정중심복합도시가 조성되고 있는 세종시는 3% 오르며 전국 최고 상승률을 기록했다. 각종 개발 호재가 있는 부산이 2.88%로 뒤를 이었으며 중국인 투자 수요에 힘입어 한동안 압도적 격차로 1위를

오르는 부동산 돈 되는 부동산 잘 팔리는 부동산

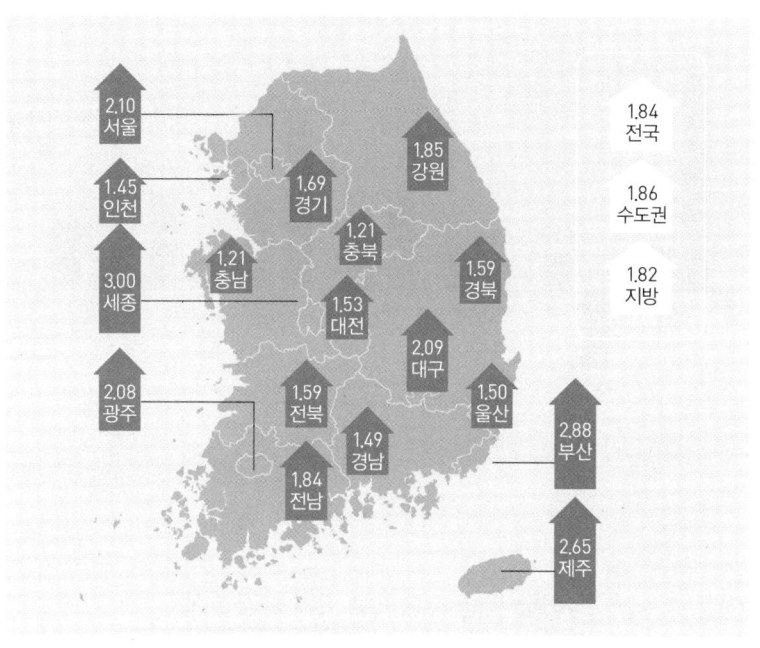

*자료: 국토교통부

달리던 제주는 2.65% 오르며 3위를 기록했다. 서울이 2.1% 오르며 그 뒤를 이었다. 2017년부터 비사업용 토지의 장기 보유 특별 공제가 적용되면서 비사업용 토지 매물이 늘어났고 그 결과 시중의 유동 자금이 토지 거래로 향하면서 땅값이 오르고 있다.

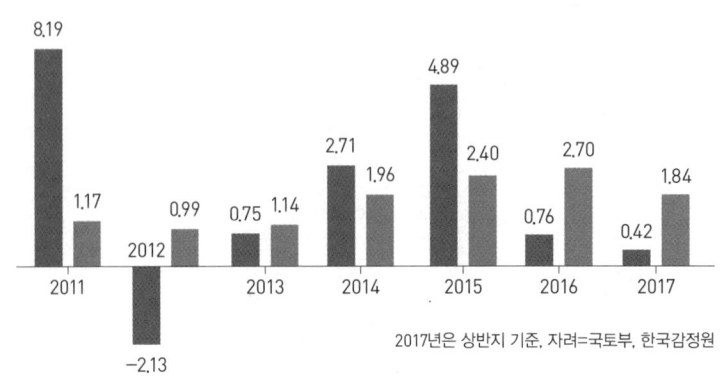

전국 아파트와 토지 매매 가격 변동률

단위: %

8.19
1.17
2012
0.99
0.75 1.14
2.71
1.96
4.89
2.40
0.76
2.70
0.42
1.84

2011 　 2013 2014 2015 2016 2017

-2.13

2017년은 상반기 기준. 자료=국토부, 한국감정원

* 자료: 국토교통부, 한국감정원

서울~세종 고속도로 조기 완공 호재

국토교통부는 서울~세종 고속도로를 당초 민자 추진 방식에서 한 국도로공사가 시행하도록 사업 방식을 전환했다. 전술 구간을 1년 6개월 단축, 오는 2024년 조기 완공하겠다는 계획이다. 현재 도공이 이미 착수한 안성~구리 구간은 당초 예정됐던 민자 사업 전환 계획을 취소한 뒤 오는 2022년 완공하고, 세종~안성 구간 역시 사업 시행자 변경을 거쳐 2024년 6월에 조기 마무리한다는 방침이다.

세종시 구석구석을 찾아보면 아직도 가격이 덜 오른 지역이 많다. 즉, 덜 오른 지역에서 건축물 신축이 가능한 계획 관리 지역 토지에 투자하는 것도 좋다. 입지가 좋은 농지나 산지를 개발 행위 허가를 받아 전원주택이나 펜션 부지, 공장 용지, 창고 용지, 음식점 부지로 개발하는 것도 좋다. 지목 변경을 하는 것이다. 개발 행위 허가를 받으려면 반드시 기반 시설인 진입로와 배수로를 확보하거나 확보할 수 있어야 하며 임야는 경사도나 입목이 해당 시, 군, 구의 도시계획조례에서 정한 허가 기준에 적합해야 한다. 또 농지는 농지 취득 자격 증명을 발급받아 소유권 이전을 할 수 있어야 한다.

지목 변경을 염두하면 투자할 만

필자의 처가는 세종시 인근에 있는 공주시다. 장인어른과 처남들이 인근에 토지와 아파트를 여기저기 보유하면서 계속 사들이는 과정을 봐왔기 때문에 세종시 일대의 부동산 흐름을 마치 현지인처럼 잘 알고 있다. 이런 연유 때문인지 오래 전부터 필자는 고객들과 함께 세종시 유망 부동산 답사를 다니고 있다. 오래 전 계약한 사람들은 상당한 시세 차익을 거뒀다. 지금도 저평가된 계획 관리 지역 토지나 지목 변경이 가능한 밭 등이 필자 눈에 많이 띈다.

이렇게 세종시 일대를 회원들과 함께 답사를 다니다 보면 가끔 못생긴 땅을 만난다. 하지만 발상을 전환하여 이런 땅을 싸게 매입해야 한다. 움푹 들어간 땅을 매입해 메울 수도 있고, 맹지를 사서 길가에 접하고 있는 앞땅까지 추가로 매입해 투자 수익을 높이는 방법도 있다.

가격이 싼 산지나 농지를 전용하여 건축 행위가 가능한 땅으로 바꾸는 지목 변경도 땅의 값어치를 높이는 방법 중 하나다. 세종시 개발 호재와 상관없이 용도만 변경하면 땅의 가치를 높일 수 있다. 지목 변경 전, 토지 이용 계획서를 우선 확인한 다음 지목에 따라 건축 행위 가능 여부와 건축물의 종류를 알아봐야 한다.

세종시 토지 개발 행위 허가 여부는 오래 영업한 세종시 부동산이나 해당 지자제 인허가 담당자에게 문의하면 된다. 또는 토지 소재지의 토목 설계 사무소를 방문하여 컨설팅을 의뢰해도 좋다. 지목 변경은 전문적인 영역일뿐더러 경험 많은 분들의 도움이 절대적이기 때문에 가급적 전문가의 컨설팅을 받을 것을 권한다.

필자와 함께한 세종시 투어 현장

오르는 부동산 돈 되는 부동산 잘 팔리는 부동산

6

주택 임대사업 등록 제대로 알기

"대표님, 파는 게 나을까요, 아니면 임대사업을 등록하는 게 나을 까요?"

상담을 하면서 많이 받는 질문이다. 다주택자인 자산가 대부분은 성급한 매도보다는 임대사업으로 등록할 것을 고려하고 있다. 정부 에서도 임대사업을 권장하고 있으며 그에 따라 각종 세제 금융 혜택 을 주기 때문이다.

최소 8년 이상 임대하는 장기 임대는 준공공 임대로 분류돼 양도 소득세 감면과 장기 보유 특별 공제 등 세제 혜택을 받을 수 있다. 최 초 임대사업자로 등록하면 단기 임대(4년)로 등록한 민간 임대주택을 사후에도 준공공 임대(8년)로 변경하는 것이 허용된다.

따라서 앞으로 주택 가격이 오를 것 같으면 임대사업의 득실을 고려해봐야 한다. 그렇지 않으면 다주택자 중과세가 되기 전에 매각하는 것이 오히려 낫다. 또 다주택자를 임대사업자로 유도하기 위해 건강보험료 부담을 완화해주는 방안이 추진되고 있기 때문에 경과 과정을 지켜보고 임대사업 등록을 해도 좋다.

임대사업 종류와 세제 혜택

임대사업자 등록에는 주택 수 제한이 없다. 한 가구만으로도 임대사업을 할 수 있는 것이다. 일단 임대사업자로 등록하면 취득세(신규 분양 대상), 재산세, 소득세, 양도소득세를 감면받고 종합부동산세도

주택 임대사업자 등록 혜택 정리

구분	세금 혜택	의무 규정
취득세	전용 60m²이하 면제(신규 분양)	• 일반 임대: 4년 이상 임대 • 준공공 임대: 8년 이상 임대
재산세	2채 이상 등록 시 감면	〃
임대소득세	전용 85m² 이하, 공시가 6억 원 이하 감면	〃
종합 부동산세	수도권 공시가 6억 원, 비수도권 공시가 3억 원 이하 제외	5년 이상 임대
양도 소득세	• 거주 주택 양도 시: 등록 임대주택 수에서 제외 • 임대주택 양도 시: 장기 보유 특별 공제 추가 공제, 임대 기간 중 발생한 양도소득세 100% 감면	• 거주 주택 양도 시: 5년 이상 임대 • 임대주택 양도 시: 장기 보유 특별 공제 추가 공제는 일반임대 6년 이상, 준고옥 임대 8년 이상 임대, 양도소득세 감면은 준공공 임대 10년 이상

* 세목에 따른 요건이 다르므로 자세한 내용은 주거복지 포털 사이트(www.myhome.go.kr) 참조
* 자료: 국토교통부

면제된다.

재산세 감면 혜택을 받으려면 2가구 이상 임대주택으로 등록해야 한다. 임대사업자에게 허용되는 모든 주택이 가능하지는 않다. 공동주택(아파트·연립·다세대주택)과 전용 $85m^2$ 이하 오피스텔만 가능하다. 단독주택과 다가구주택에는 혜택이 없다.

임대소득세 감면을 위해서는 3가구 이상 등록이 필요하다. 이때는 주택 종류 제한이 없다. 단 종합부동산세는 임대주택 수에 상관없이 임대주택으로 등록만 되어 있으면 비과세된다.

재산세는 전용 $85m^2$ 이하, 소득세는 전용 $85m^2$ 이하이면서 공시가격 6억 원 이하다. 종합부동산세 비과세 대상은 공시 가격 수도권 6억 원, 지방 3억 원 이하다. 소득세와 종합부동산세 공시 가격 기준은 과세 시점이 아니라 임대주택 등록 시점이다.

임대사업법에 따르면, 임대주택은 4년짜리인 일반 임대와 8년을 이상을 임대하는 준공공 임대로 구분된다. 준공공 임대는 세법상 양도세 감면이나 장기 보유 특별 공제를 받을 수 있는데, 준공공 임대 중에서 10년간 임대를 유지하면 양도소득세가 100% 감면된다. 애초 양도세 100% 감면은 최근 발표된 세법 개정안에서 2020년까지 연장됐다. 장기 보유 특별 공제는 임대 기간이 8년 이상이면 공제율이 50%이고 10년 이상이면 70%다.

임대주택으로 등록했다고 해도 임대 기간 안에 매각하면 그간 감면받은 세금을 추징당하고 가산세까지 물게 된다는 점을 잊지 말아야 한다. 앞으로 임대사업자 등록 활성화 차원에서 주택 종류와 주택 수 제한 등이 조만간 완화될 것으로 보인다.

임대주택 등록 사업 절차

임대주택 사업 등록을 위해서는 거주지 시·군·구청의 주택과를 방문하여 서면 신청과 함께 임대사업자 등록증을 교부받고 임대 개

주택 임대사업자 등록 절차

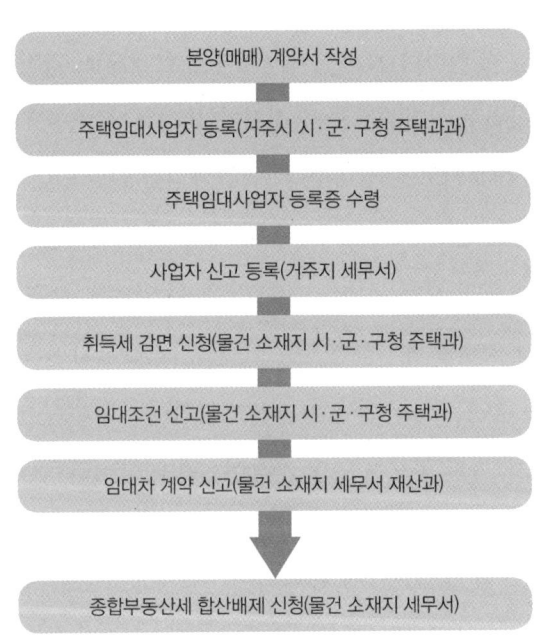

분양(매매) 계약서 작성

주택임대사업자 등록(거주시 시·군·구청 주택과과)

주택임대사업자 등록증 수령

사업자 신고 등록(거주지 세무서)

취득세 감면 신청(물건 소재지 시·군·구청 주택과)

임대조건 신고(물건 소재지 시·군·구청 주택과)

임대차 계약 신고(물건 소재지 세무서 재산과)

종합부동산세 합산배제 신청(물건 소재지 세무서)

임대사업자 등록(시·군·구청)과 사업자 등록(관할 세무서)

- 신청 장소: 주소지 관할 시·군·구청 주택과
- 구비 서류: 임대사업자 등록 신청서, 주민등록증(법인은 등기부등본), 주택의 등기
  부등본 또는 매입 계약서
- 신청 장소: 관할 세무서 민원봉사실

시 10일 전에 임대 조건을 신고해야 한다. 신고 내용은 보증금, 임대료 등을 포함한다. 또한 임대사업자 등록과는 별도로 관할 세무서에 임대 개시 20일 전에 임대사업자 등록 신청서를 제출해야 한다.

직전 임대료에서 최대 5%까지 인상 가능

임대사업자의 임대주택은 연간 5% 이하로 임대료 인상이 제한되는데, 그렇다고 매년 5%씩 올릴 수 있다는 뜻이 아니다. 기간에 상관없이 직전 임대료에서 5%까지만 올릴 수 있다. 2년 임대차 계약 만료 뒤에 계약 갱신을 하는 경우에 10%가 아닌 5%까지 인상할 수 있다는 뜻이다. 보증금과 월세를 함께 받으면 5% 제한은 각각에 적용된다. 보증금이 1억 원이고 월세가 100만 원이라면 인상 한도는 보증금 1억 500만 원, 월세 105만 원이다.

그러나 무조건 5%까지 올릴 수 있는 것도 아니다. 주거비 물가 지수, 인근 지역 임대료 변동률 등도 고려해야 한다. 주변 시세보다 높게 올리기 어렵다. 국회에 임대료 인상 상한을 5%에서 2%까지 낮추는 법안이 발의되어 있기 때문에 앞으로 5%까지 올리지 못할 수도 있다.

세입자가 바뀌어 새로 계약한다고 해도 임대료를 자율적으로 정할 수 있는 것도 아니다. 임대료 5% 제한은 임대 의무 기간 동안 줄곧 적용된다. 새 임차인과 새로 임대차 계약을 맺더라도 이전 임대료에서 5% 이내에서만 임대료를 올릴 수 있다.

이는 전세 보증금 일부를 월세로 바꿀 때도 적용된다. 임대료 인상폭과 마찬가지로 보증금을 월세로 전환할 때 적용하는 이율도 규제를 받는다. 1할(10%)과 한국은행 기준 금리(현 1.25%)에 3.5%를 합친 이율 중 낮은 이율을 적용해야 한다. 4.75%다. 다시 말해, 1억 원을 월 임대료로 바꾸면 월 39만 6,000원(연 475만 원)까지 가능하다.

개인에서 법인 전환 임대사업 시 장점과 단점

개인으로 부동산 임대업을 하다가 법인 전환을 고려하고 있는 고객들의 상담도 많다. 개인 사업자 대부분이 법인 전환을 고려하는 가장 중요한 이유는 바로 세금 때문이다. 주택 시장 안정화 방안이 발표되고 같은 날 2018년 세법 개정안이 발표되었다. 이 중 소득세율 구간

상향(3억 원 초과~5억 원 이하 40%, 5억 원 초과 42%)과 성실 신고 확인 제도 적용 대상 확대(부동산 임대업은 현행 연 수입 금액 5억 원 이상에서 2020년 이후에는 연 수입 금액 3억 5,000만 원 이상이면 성실 신고 확인 제도가 적용된다)가 포함되어 있다.

결국 사업 규모가 커지면 형식은 개인이더라도 사실상 법인과 동일할 정도로 과세 관청에서 관리가 된다. 세율도 더 높아지기 때문에 법인 전환을 고려하는 것이다.

세제상 법인 사업자의 가장 큰 장점은 세율이다. 2017년 기준으로 개인은 6.6~44%(지방 소득세 포함), 법인은 11~24.2%(지방 소득세 포함) 세율로 과세된다. 이 때문에 많은 사람들이 법인이 더 유리하다고 생각한다. 하지만 법인 소득을 개인에게 이전하기 위해서는 급여 또는 배당이 이루어져야 하는데, 이 과정에서 근로소득세와 배당소득세가 추가로 발생한다.

과세 소득도 차이가 있다. 개인은 3주택 이상이고 전세 보증금이 3억 원을 초과하는 경우, 이 전세 보증금에 대해 간주 임대료를 산정한다. 법인은 장부기장을 하는 경우 전세 보증금이 금융 수익을 발생시킨다고 판단하여 간주 임대료를 따로 산정하지 않는다. 또한 대표 이사 급여도 법인은 비용 처리가 가능하지만 개인은 어차피 개인 사업자의 재산이므로 비용 처리가 불가능하다.

상속과 증여 대비에도 차이가 있다. 개인이 부동산을 상속·증여하면 부동산 자체의 가치만으로 증여 재산가액을 평가하지만, 법인은 주식이 이전되는 것이므로 일반적으로 자산 가치와 수익 가치를 가중 평균하여 증여 재산가액을 평가한다.

끝으로 건강보험료도 고려해야 한다. 직장 가입자가 아닌 개인이 부동산 임대업을 하면 지역 가입자로서 적지 않은 건강보험료를 부담해야 한다. 그러나 부동산 임대 법인의 대표자로서 직장 가입자가 되면 상대적으로 적은 건강보험료를 부담하게 된다.

8·2 대책 이후 부동산 잘 파는 방법 10가지

문재인 정권 내내 부동산 규제가 강화될 것이므로 매도하더라도 개발 호재나 절세를 잘 생각해서 현명하게 판단해야 한다. 부동산을 많이 보유하고 있다고 전부 돈이 되는 것은 아니다. 오히려 보유세와 양도세 중과의 영향으로 무거운 짐이 될 수도 있기 때문이다.

부동산을 적절한 타이밍에 좋은 가격에 잘 팔기 원하는 시장 참여자들은 우선 최근 발표된 정부 정책부터 차근차근 정리해보고 이것이 보유 부동산에 미치는 영향부터 생각해봐야 한다. 정책을 잘 숙지한 후 하루라도 빨리 보유해야 할 것과 처분해야 할 부동산을 판단해서 매도하는 것이 좋다.

2018년 3월 31일까지 매도 전쟁

8·2 부동산 대책 이후 다주택자들은 보유나 매도에 대한 고민이 깊어지고 있다. 당장 2018년 4월 1일부터 지역에 따라 양도소득세가 중과로 과세되기 때문이다. 3주택 이상일 경우 조정 대상 지역 내 보유자의 양도세가 가장 많이 늘어난다. 투기 지역으로 지정되면 양도세에 10%포인트의 가산세가 부과된다. 2018년 3월 31일까지 장기

보유 특별 공제가 적용되는 것을 감안하면 격차가 크다. 대출이 많은 주택, 세금이 많이 늘어나는 지역에 보유한 주택, 유동성이 부족한 갭투자자들을 중심으로 포트폴리오를 정리할 필요가 있다.

문재인 정권 동안에는 보유세가 급격하게 오르지 않을 전망이므로 월세가 충분히 나오는 아파트를 실수요 입장에서 장기 보유할 계획이 있다면 계속 가지고 가는 것도 좋다. 인천 송도와 청라, 안양 평촌 신도시 등은 8·2 부동산 규제를 피해갔지만 추격 매수를 하는 것은 바람직하지 않다. 다주택자들을 중심으로 서울 지역보다는 이들 지역을 먼저 매도할 수 있기 때문이다. 주택 임대사업에 대한 완화책이 계속 나오고 있는 만큼 임대사업자로 등록하는 것도 한 방법이 될 수 있다.

첫째, 미래 가치까지 고려해 처분할 부동산을 골라라

중장기적으로 보면 늘어나는 세금만 가지고 매도 여부를 결정하는 것은 바람직하지 않다. 보유 부동산에 대한 미래 투자 가치도 따져봐야 할 것이다.

우선 개발 계획도 없고 주거 환경을 비롯해 교육과 교통 환경이 떨어지는 지역, 월세 수익률이 낮은 지역은 우선적으로 매도를 고려해야 한다. 8·2 부동산 대책으로 이런 부동산을 계속 보유하는 것은 짐만 될 뿐이다. 수익형 부동산도 갈수록 임대수익이 떨어지거나 미래 투자 가치가 불투명하다고 판단되면 가급적 빠른 시일 내 처분하는 것이 바람직하다.

둘째, 대출을 끼고 매도해라

투기 지역이라면 LTV와 DTI 강화로 신규 주택 구입이 상당히 어려워졌다. 때문에 좋은 조건의 대출을 매수자가 승계할 수 있다면 매도자는 좀 더 빨리 매물을 처리할 수 있다. 기존에 대출이 있다면 대출을 상환하기보다는 그동안의 거래 관계를 감안해 대출 조건을 유리하게 만들어 매수자 승계 조건으로 매도하는 것이 좋다. 금리가 다른 금융 기관보다 싸고 중도 상환 수수료 등에서 유리한 조건을 가지고 있다면 남들보다 경쟁력 있게 매도할 수 있다.

셋째, 세법도 고려해서 매도 순서를 정해라

매매 차익이 적은 주택을 먼저 처분하고 매매 차익이 큰 주택은 1가구 비과세 혜택을 받는 것이 좋다. 또 투기 지역 내 주택 매도자에 대한 양도세 중과(10%포인트 가산)는 말 그대로 투기 지역 내 주택을 매도하는 3주택 이상 보유자에게만 적용된다. 3주택 이상 보유하고 있다고 해도 비투기 지역 내 주택을 매도할 때는 양도세 중과 대상이 아니다. 조정 대상 지역이 아닌 지역에 있는 집은 양도세 중과 대상이 아니기 때문에 일반 세율로 양도세를 내면 된다.

특히 오피스텔은 주거용으로 사용하면 주택에 포함되므로 세제 면에서 불리할 수도 있다. 따라서 양도 당시 사업용으로 신고하고 실제 주거용으로 사용하더라도 세입자의 전입신고와 소득 공제 여부를 잘 점검해 매도에 나서야 한다.

넷째, 가족 간 증여도 고려하라

세금을 감안하더라도 투자 가치가 탁월하다면 부부 간이나 자녀에게 증여하는 것도 좋은 방안이다.

• 부부 간 증여

부부 간 증여는 다주택자들이 양도세 부담을 덜기 위해 쓰는 방법이다. 예를 들어 1억 원에 매입한 주택을 6억 원에 팔면 5억 원의 차익에 대한 양도세를 내야 한다. 하지만 시가가 6억 원일 때 배우자에게 증여하면 증여세 없이 취득가액을 6억 원으로 높일 수 있다. 부부 간 증여는 6억 원까지 증여 재산 공제가 되기 때문이다. 증여한 지 5년이 지난 뒤 9억 원에 팔면 8억 원의 차익이 아니라 증여 당시 시가 차액인 3억 원에 대해서만 양도세를 내면 된다.

• 자녀 증여

독립 가구를 구성할 수 있는 자녀에게 부동산을 사전 증여하는 방법도 있다. 세대 분리가 가능한 자녀에게 증여해서 세대를 분리시

키면 다주택자 규제에서 벗어나 정부 규제에서 자유로울 수 있다. 세대 분리가 가능한 자녀는 30세 이상이거나 30세 미만이라고 해도 결혼했거나 또는 소득세법상 일정한 소득이 있는 경우가 해당된다.

단, 매도보다 증여가 나은 선택일 수는 있지만, 증여도 일반적으로 알려진 것과 달리 세 부담이 많다는 점에 유의해야 한다. 예를 들어 5억 원의 전세를 낀 시세 15억 원의 아파트를 자식에게 증여할 경우, 총 세금 부담(증여세+양도세)은 2억 5,482만 원가량이다. 이 아파트의 양도 차익이 5억 원인 경우 내야 하는 양도세(2억 4,626만 원)보다 오히려 많다. 다만 1억 5,000만 원의 전세를 낀 2억 5,000만 원 아파트라면 증여 시 세 부담이 924만 원으로 4,000만 원 양도 차익 때의 양도세(1,856만 원)에 비해 절반 수준이다.

다섯째, 교환을 이용하라

부동산 불황기 때 한때 유행하던 것이 바로 교환이다. 즉, 다주택자가 소유하고 있는 집을 처분하고 싶지만 집이 팔리지 않을 때 이를 상가나 토지 등 집이 아닌 다른 부동산 상품으로 바꿀 때 유용한 방식이다.

교환 매매는 현재 자신이 가진 부동산을 세금 등 기타 사정상 꼭 처분해야 할 때 활용하는 것이 좋다. 교환 매매는 장점도 있지만 단점도 분명히 있다는 것을 잊지 말자. 더불어 물건의 가격은 객관적인 제3자나 전문가에게 맡기는 것이 좋다. 교환 매매를 할 때는 감정 평가사를 통해 가격을 책정하는 것도 바람직한 방법이다.

또한 교환 물건에 근저당 등 분쟁 요소가 있는지도 살펴봐야 한다. 근저당권이 설정되어 있다면 채권자가 채무 인계를 허락해주는지, 근저당권을 해지할지 여부 등을 사전에 확인해야 한다. 세입자가 있는 주택이라면, 전·월세 보증금 반환 문제도 반드시 확인해야 한다. 또 거래 이후 물건에 하자가 발생할 때 책임도 계약서 등에 표시해야 한다. 매매 거래와는 달리 계약부터 잔금을 치르기까지 시간이 짧은 교환 매매의 특성상 물건 자체 하자가 나중에 발견되기도 하기 때문이다.

대리인과의 거래는 위험하다. 대리인과의 계약이 불법은 아니지만 위임장은 물론이고 인감 증명을 위조한 사기도 심심치 않게 발생하므로 반드시 실소유주와 직접 만나고 나서 거래를 진행해야 한다.

모든 교환 거래에 현장 답사는 필수다. 서류나 인터넷 등에만 의존해서는 정확한 정보를 수집할 수 없다. 거래 당사자들 간 주고받은 물건 정보를 현장 중개업소 여러 곳을 방문해 반복해서 확인해야 한다. 현장 답사를 하기 위해서는 충분한 시간을 확보하고 서두르지 않아야 한다. 상대방이 서두르는 것 같으면 계약일을 며칠 연기하는 등 여유를 가질 필요가 있다.

교환 매매에 자신이 없다면 경험 많은 부동산 중개업체나 전문가를 통해 상담과 자문을 받아야 한다. 교환 매매를 의뢰할 경우 법정 중개 수수료를 내야 하며 이는 일반 매매일 때와 같다.

여섯째, 능력 있는 중개업소나 컨설팅 업체를 선택하라

빠른 매도를 위해 매물 광고를 할 때 가장 신경 써야 할 부분이 믿을 만한 중개업소를 찾는 것이다. 아무리 신문이나 인터넷을 통해 매수 희망자를 여럿 찾아냈다고 해도 매수자가 찾아간 부동산 소재지 인근 중개업소에서 부정적인 매물로 소개한다면 부동산을 처분하기 쉽지 않다. 따라서 지역의 믿을 만한 중개업소를 내 편으로 만들어야 한다. 중개업자는 매수를 결정할 때 적극 매수자를 설득해 계약을 성사시키는 역할을 한다.

중개업소를 선정할 때는 여러 곳에 내놓으면 괜히 물건 가격만 떨어뜨리므로 두 곳 정도만 매물 정보를 공개하는 것이 바람직하다. 중개업소 간 공동 중개망이나 매수자 정보도 공유하기 때문에 일일이 여러 곳을 다니며 물건을 내놓기보다는 능력 있는 중개업소 한두 군데에 의뢰하는 것이 훨씬 효과적이다. 아파트와 달리 빌딩, 토지. 상가 등은 전문 중개업소를 이용하는 것도 매물을 빠르게 처분하는 지름길이다. 참고로 손님을 많이 확보하고 있는 유명 부동산 컨설팅 업체를 이용하는 것도 좋은 방법이다.

일곱째, 전속 중개 계약 제도를 활용하라

'전속 중개 계약'이란 부동산을 매도 또는 매수하려는 사람이 특정한 한곳의 중개업자나 컨설팅 업체에만 중개를 의뢰하는 것을 말한다. 부동산을 거래하는 사람 입장에서는 얼핏 손해 보는 제도처럼 보이지만 사실은 이익이 되는 경우가 많다. 여러 중개업소에 매물을 내놓으면 무질서하게 고객 정보가 누출될 뿐만 아니라 이를 책임지고 보호해줄 중개업소가 없기 때문에 자칫 범죄의 표적이 될 수 있다. 전속 중개는 중개 거래 질서를 바로잡고 책임 서비스를 통해 고객을 보호한다.

여러 중개업소를 힘들게 다닐 필요 없이 집에 편안히 앉아서 일정 기간 동안 이루어진 중개 활동 추진 상황을 통지받는다. 믿고 의뢰한 전속 고객이기 때문에 최대한 고객의 편에 서서 편의와 이익을 위해 중개 활동을 한다. 중개업자는 한곳에만 의뢰한 거래를 성사시키기 위해 홍보와 광고에 전념한다. 거의 확실하게 중개 수수료가 보장되기 때문에 더 적극적인 노력과 광고비를 투자하고 신속하게 거래를 성사시킬 확률을 높인다. 필자도 전속 중개로 의뢰가 들어오면 다른 물건보다 좀 더 신경을 쓰고 있다.

여덟째, 세입자가 비어 있는 상태에서 중개 수수료를 미리 협상하라

투자 수요가 거의 없는 지역, 즉 실수요자들이 많이 몰리는 지역의 아파트는 전세 만기 날짜가 많이 남은 세입자가 있는 상태에서 집을 내놓으면 집도 매도하기가 어려울뿐더러 제값도 받기 힘들다. 따라서 이왕 집을 팔려고 마음을 먹었다면 세입자가 없는 상태로 집 안을 깨끗이 정돈한 뒤 매도를 하는 것이 좋다. 장판이나 도배를 새로 하거나 집이 넓어 보이도록 거실이나 방 안의 불필요한 물건을 치우는 것도 좋다.

또한 8·2 부동산 대책 이후 경쟁 매물이 쌓이기 때문에 본인의 매도 물건에서 차별점이 발견되지 않으면 매도하기가 쉽지 않다. 급하게 팔기로 맘먹었다면 이미 정한 매도 가격을 한 번 더 낮추고 중개수수료도 듬뿍 드리겠다고 미리 중개업소 측에 말해두는 것이 효과적이다.

아홉째, 수익률을 높여서 매도하라

임대수익률을 중요시하는 도심권 소형 아파트라면 보증금을 낮추고 월세를 높여 매수자에게 임대수익률이 높은 점을 강조하는 것도 중요하다. 특히 상가라면 더욱 그렇다.

열째, 매수자의 감성을 잡아라

맛있는 빵을 굽고 향기로운 커피를 미리 준비해서 집을 보러 오는 손님과 부동산 관계자에게 함께 먹자고 권한다. 사양해도 몇 번 더

권해본다. 집을 보러 온 손님은 편안한 분위기에서 마음이 차분해지면서 보러 온 집이 따뜻한 온기 넘치는 스위트홈처럼 보일 것이다. 같이 빵을 먹고 차를 나누면서 이 집에 살면서 좋았던 추억, 예를 들어 남편 승진이 빨랐다거나 사업이 잘 풀렸다, 아이도 명문대에 갔다 등과 같은 이야기를 슬쩍 흘리면 매수자 입장에서는 집터가 좋구나 생각하게 되어 계약 확률이 조금 더 높아질 수 있다.

Q&A로 정복하는
8·2 대책과 부동산 투자 전략

8.2 부동산 대책 이후 새롭게 바뀐 부동산 법령과 이에 따른 투자 문의가 빗발치고 있다. 이에 일반 투자자들이 헷갈리거나 놓치기 쉬운 부분을 Q&A로 알기 쉽게 정리했다. 중요한 투자 가이드라인이므로 반드시 참고하도록 한다.

주택 가격 상승률이 물가 상승률보다 현저히 높은 지역으로, 투기가 성행하고 있거나 성행할 우려가 있는 지역이다. 구체적으로는 직전 2개월 청약 경쟁률이 5 대 1을 초과한 경우, 주택 분양 계획이 전월 대비 30% 이상 감소한 경우, 주택 사업 계획 승인이나 주택 건축 허가 실적이 전년 대비 급격히 감소한 경우, 주택 보급률 등이 전국 평균 이하이거나 공급이 청약 1순위 대비 현저히 적은 경우 등이다. 투기 과열 지구는 이런 정량적 요건을 충족하는 지역 중에서 주거정책심의위원회의 심의를 통해 집값 불안 정도, 주변 지역 확산 가능성 등을 종합적으로 평가해 지정했다.

투기 과열 지구 및 투기지역 지정 제도

구분	투기 과열 지구	투기지역
법적근거	주택법	소득세법
사례	2002년 9월 서울 강남3구(강남, 서초, 송파구) 지정 이후 경기 남양주, 화성 등 지정. 2008년 1월 지방 전역. 2011년 12월 강남 3구 끝으로 전국 모두 해제	2003년 4월 서울 강남구 처음 지정 후 서초 및 송파구 등 지정하고 전국으로 확산. 2008년 11월 강남 3구(강남, 서초, 송파구) 외에 투기 지역을 모두 해제, 2012년 5월 강남 3구 끝으로 전국 모두 해제
주요 지정 목적	청약 및 대출 규제 등을 통해 분양 시장 과열 방지	거래세 및 대출 규제 통해 기존 주택 시장 과열 방지
지정 기준	주택 가격 상승률이 물가 상승률보다 현저히 높은 지역 중 직전 2개월 청약 경쟁률 5대 1 초과 지역 등	주택 가격 상승률이 물가 상승률의 130%를 초과하는 지역 중 최근 2개월 주택 가격 상승률이 전국 상승률의 130%를 초과하는 지역 등
지정 효과	재건축 조합원 지위 양도 금지. 최장 5년 분양권 전매 제한. 재당첨 및 1순위 제한	1가구 3주택 이상인 경우 양도세 10%포인트 추가 과세. 주택담보대출비율(LTV)과 총부채상환비율(DTI) 40%로 규제

Q2 투기 지역 선정 기준은?

직전 1개월 전 해당 지역 주택 가격 상승률이 소비자 물가 상승률의 130%보다 높은 지역으로, 직전 2개월 해당 지역 주택 평균 가격 상승률이 전국 주택 가격 상승률의 130%보다 크거나, 직전 1년간 해당 지역 주택 가격 상승률이 직전 3년간 연평균 전국 주택 가격 상승률보다 큰 경우, 이런 정량적 요건을 갖추고, 해당 지역 부동산 가격 상승이 지속될 가능성이 있거나 다른 지역으로 확산 우려가 있다고 판단되는 경우다.

Q3 청약 조정 대상과 청약 조정 대상 선정 기준은?

주택 가격 상승률이 물가 상승률의 2배 이상이거나 청약 경쟁률이 5 대 1 이상인 지역 등이다. 청약 조정 대상 지역으로 지정되면 분양권 전매 제한 기간 강화(1년 6개월 또는 등기 이후부터 가능), 1순위 청약 자격 강화[세대주만 청약 가능(세대원은 2순위), 1주택까지만 1순위 청약 가능, 2주택 이상은 2순위, 모든 세대원 주택 합산], 재당첨 제한[과거 5년 이내에 다른 주택에 당첨된 사실이(본인 및 세대원 모두) 없어야 함] 등의 규제가 적용된다.

9·4 대책으로 분당과 대구 수성구도 투기 과열 지구로 추가 지정되었으며, 인천 연수구와 부평구, 안양 만안구·동안구, 성남 수정구·중원구, 고양 일산 동구·서구, 부산 전 지역이 집중 모니터링 지역으로 묶였다.

Q4 투기 과열 지구 지정 전 재건축 아파트를 구입했는데 조합원 지위 양도를 받으려면 잔금을 언제까지 치러야 하나?

등기 기간은 별도로 규제하지 않는다. 단 지구 지정일(8월 3일) 이전 매매 계약을 맺고 계약금을 지급했다는 사실을 소명해야 한다. 또 지구 지정일 이후 60일 이내 거래 신고를 마쳐야 한다.

Q5 투기 과열 지구 내 재건축 주택 소유자가 다른 주택을 매입해 2주택자가 된 경우, 양도세 면제를 받기 위해 재건축 주택을 팔면 매수자는 조합원이 될 수 있나?

될 수 없다. 조합원 지위 양도 예외 사유가 아니다. 매입한다면 현금 청산이 되므로 주의해야 한다.

Q6 2003년 투기 과열 지구 내 재건축 조합원 지위 양도 제한 규정이 처음 도입될 당시 기존 조합원이 1회 양도를 할 수 있게 허용하는 경과 규정이 있었다. 이 경과 규정은 지금도 유효하나?

2003년 재건축 조합원 지위 양도 제한 규정이 도입되던 당시의 경과 규정은 2003년 12월 31일 이전에 조합 인가를 받았고, 2003년 12월 31일 이전부터 주택 소유권을 갖고 있던 조합원에 한정하여 1회 조합원 지위 양도를 허용했다. 이 경과 규정은 현재에도 유효하지만, 경과 규정의 요건(2003년 12월 31일 이전 조합 설립 + 2003년 12월 31일 이전 취득)을 충족한 경우에만 적용받을 수 있다.

Q7 2013년 미분양 주택 등 일정 요건을 갖춘 주택을 구매하면 5년간의 양도세 면제 혜택과 함께 보유 주택 수에 추가되지 않았다. 당시 해당 주택을 샀

오르는 부동산 돈 되는 부동산 잘 팔리는 부동산

는데 8·2 대책으로 상황이 달라지나?

당장 달라지는 것은 없다. 2013년 '4·1 부동산 대책' 당시 부여된 혜택은 이번 대책과 관계없이 유효하다. 다만 조세특례제한법에 '부동산 가격이 급등하거나 급등할 우려가 있는 지역으로서 대통령령으로 정하는 지역에는 (관련 혜택을) 적용하지 않는다'는 단서 조항이 있어서 혼동하는 경우가 있다. 기획재정부는 '단서 조항에 나온 지역은 이번에 새로 지정된 투기 지역이나 조정 대상 지역을 말하는 것이 아니며 시행령에서 별도로 지정해야 하는 지역'이라고 설명했다. 시행령 개정이 없는 한 혜택은 계속 유효하다.

Q8 110가구로 비교적 적은 재건축 사업장에 2채의 주택을 가지고 있다. 이 때도 1채밖에 못 받나?

8·2 대책의 후속 조치로 도정법을 개정한다고 해도 소규모 재건축은 법 적용 대상에서 제외된다. 현재 마련된 빈집특례법 시행령에 따르면 소규모 재건축은 면적 1만m^2 미만이면서 200가구 미만일 때 가능하다. 한두 동짜리 저층 아파트나 오래된 빌라가 주요 대상이다.

Q9 투기 과열 지구 내 재건축 주택 소유자가 다른 주택을 매입해 2주택을 소유했을 경우, 일시적 2주택 양도세 면제를 위해 재건축 주택을 팔았다면, 이 때 매수자는 조합원이 될 수 있나?

2주택 소유자는 조합원 지위 양도가 허용되는 예외 사유가 아니므로, 조합원 지위 양도를 할 수 없다. 질병, 직장 이전 등 불가피하게 주택을 양도하는 경우나 사업 단계별로 일정 기간(2년 또는 3년) 이상 지연되는 경우를 예외로 보고 조합원 지위 양도를 허용한다.

Q10 근무·질병 치료·취학 등을 이유로 재건축 주택을 팔 수 있는데, 이때 증빙 서류 및 업무 처리 방법은?

근무, 생업상의 사정, 질병 치료, 취학, 결혼으로 세대원 전원이 해당 정비 사업 구역이 위치하지 않는 특별·광역시나 시·군으로 이전하는 경우에는 재건축 조합원 지위 양도가 가능하다. 서울 소재 재건축 구역 소유자라면 경기도 등으로 이전해야 한다. 이때 증빙 서류는 조합원 지위 양도 사유를 객관적으로 증명할 수 있는 서류(재직증명서, 진단서, 취학증명서, 가족관계증명서 등)으로, 구체적인 증빙 서류 및 예외 사유 해당 여부는 인허가권자(시장, 군수, 구청장)가 판단할 것이다.

Q11 신탁 방식 재건축 사업도 조합원 지위 양도가 제한되나?

현재는 투기 과열 지구 내 재건축 조합원 지위 양도 금지 규정은 조합이 필요 없는 신탁 방식 재건축 사업에는 적용되지 않는다. 단, 2018년 2월 9일 이후에는 신탁 방식의 주택 재건축 사업이라도 투기 과열 지구에서는 조합원 자격과 동일한 위탁자의 지위 양도가 제한된다.

Q12 다주택자에 대한 양도소득세 중과 시기는 투기 지역과 조정 대상 지역이 서로 다른가?

8월 3일부터 시행된 양도세 중과는 '투기 지역(서울 11개 구와 세종시)'을 대상으로 한다. 재건축·재개발 입주권을 포함한 3주택 이상 보유자가 투기 지역 내 주택을 매도할 경우 6~40%인 양도세율이 10%포인트 더 높아진다. 2018년 4월 1일부터 양도세가 중과되는 경우는 2주택 이상 보유자가 '조정 대상 지역(서울 등 전국 40곳)' 내 주택을 매도했을 경우다. 현재 조정 대상 지역 내 주택 매도는 양도세 중과 대상이 아니지만, 2018년 4월 1일부터는 대상에 포함되므로 주의한다. 2주택 보유자는 기본세율에 10%포인트, 3주택 이상 보유자는 20%포인트를 더한다.

Q13 **2주택 보유자로 한 채는 8천만 원에도 못 미치는 저렴한 주택이다. 이런 주택도 양도세 중과 대상이 되나?**

아니다. 정부 발표에 따르면, 기존에 양도세 중과 대상에서 제외됐던 2주택 보유자들의 일부 주택을 이번 제도 시행 이후에도 계속 제외된다. 중과 대상에서 제외되는 주택들은 ① 정비 구역 내 주택을 제외한 수도권의 1억 원 이하 주택과 지방의 3억 원 이하 주택, ② 장기 임대주택, ③ 상속 일로부터 5년이 경과하지 않은 주택, ④ 장기 사원용 주택, ⑤ 가정어린이집, ⑥ 결혼이나 노부모 봉양 등의 이유로 집을 합친 이후 5년이 경과하지 않은 주택 등이다. 근무상 형편이나 취학, 질병 요양 등의 사유로 1년 이상 거주하고, 관련 문제가 해소된 후 3년 내에 파는 주택도 중과 대상에서 제외된다.

Q14 **4채 중 1채는 투기 지역에, 3채는 비투기 지역에 있다. 비투기 지역 주택을 먼저 팔아도 양도세 중과 대상이 되나?**

아니다. 투기 지역 주택 매도자에 대한 양도세 중과(+10%포인트)는 투기 지역 내 주택을 매도하는 3주택 이상 보유자에게만 적용된다. 3주택 이상 보유자라도 비투기 지역 내 주택을 매도한다면 양도세 중과 대상이 아니다. 또 수도권이라도 군·읍·면 소재 기준 시가 3억 원 이하 주택은 주택 수 합산에서 제외된다.

Q15 3채 중 2채는 조정 대상 지역에 있고, 1채는 조정 대상 지역이 아닌 지방에 있다. 2018년 4월 1일 이후에 집을 팔아야 한다면 뭘 먼저 팔아야 하나?

먼저 양도 차익에 따른 양도세를 계산해보고 양도 차익이 같다면 지방에 있는 주택을 먼저 팔아야 한다. 조정 대상 지역 이외 지역에 있는 주택은 양도세 중과 대상이 아니므로 일반 세율로 양도세를 내면 된다. 반대로 조정 대상 지역 내 주택을 먼저 팔면 '양도세율+20%포인트'의 높은 세율에 따라 세금을 내야 한다.

Q16 조정 지역 내 오피스텔 1채가 있다. 양도세 중과 대상이 되나?

업무용으로 쓰면 중과 대상이 아니다. 단, 주거용 오피스텔을 포함해 2주택 이상 보유하면 양도세 중과 대상이다. 업무용 오피스텔이라도 실질적으로 전입신고가 되어 있고 주거용으로 사용되고 있다면 주택으로 본다.

Q17 기존에 양도세 면제를 받으려면 '2년 보유' 요건만 충족하면 됐지만 앞으로는 '2년 거주' 요건도 추가로 충족해야 한다고 들었다. 기존 주택 보유자들에게도 이 규정이 새로 적용되나?

아니다. 기존 주택 보유자들은 종전대로 2년 보유 요건만 충족하면 매도

오르는 부동산 돈 되는 부동산 잘 팔리는 부동산

시 양도세가 면제된다. '2년 거주' 요건은 서울, 과천, 세종, 분당 등 40개 조정 대상 지역에서 8월 3일 이후 주택을 취득한 사람들에게만 적용된다.

Q18 건설 중인 서울 재건축 아파트 입주권을 매입해 8월 2일 토지 등기를 마쳤다. 이때도 2년만 보유하면 1가구 1주택에 해당하나?

아니다. 기획재정부 설명에 따르면, 입주권은 주택이 완공되지 않은 상황에서 향후 지어질 주택에 들어갈 권리이므로, 주택 취득으로 인정받지 못한다. 때문에 주택이 완공된 이후 입주해 2년을 거주해야 해야 된다.

Q19 8월 2일에 집을 구매하기로 계약하고 계약금을 치렀다. 아직 잔금을 납부하지 않았는데 이 경우는 어떻게 되나?

주택 취득일은 잔금 지급일과 등기일 중 빠른 날이다. 원칙적으로는 잔금을 납부하지 않았다면 주택 취득으로 인정받지 못하므로, 서울, 과천, 세종시 같은 조정 지역은 2년 거주 요건을 충족시켜야 양도세 면제를 받을 수 있다. 그러나 정부 발표에 따르면, 주택 계약 후 잔금을 못 치른 이들에게는 양도소득세 비과세를 위한 2년 거주 요건을 적용하지 않기로 결론이 났다.

Q20 흑석동 아파트를 구입, 8월 1일에 잔금을 치렀다. 등기는 8월 5일 났는데 이때도 2년 거주 요건을 충족해야 하나?

아니다. 주택 취득일은 잔금 지급일과 등기일 중 빠른 날이다. 등기가 나지 않았어도 잔금을 치렀으므로 주택을 취득한 것으로 간주한다. 2년 보유 요건만 충족하면 매도 시 양도세는 면제된다.

Q21 **가락동에 있는 서울 재건축 아파트 입주권을 매입해 8월 2일 토지 등기를 마쳤다. 이때도 2년만 보유하면 1가구 1주택에 해당하나?**

아니다. 주택이 완공된 이후 입주해 2년 거주 요건을 충족해야 양도세 비과세 혜택이 주어진다. 입주권은 주택이 완공되지 않은 상황에서 향후 지어질 주택에 들어갈 권리라 주택 취득으로 인정받지 못한다.

Q22 **서울에 3년 2개월 전에 재건축 조합이 설립된 아파트 1채가 있다. 입주할 때까지 팔 수 없나?**

8월 3일부터 투기 과열 지구로 묶인 서울 전역(25개 구)과 경기도 과천, 추가 지정된 분당과 대구 수성구는 조합 설립 인가를 받은 재건축 단지 조합원이라도 입주 때까지 주택을 팔 수 없다. 하지만 재건축 추진 아파트를 2년 이상 소유한 사람에 한해 '조합 설립 인가 후 2년 안에 사업 시행 인가를 신청하지 못한 경우'라면 양도할 수 있다. 8·2 대책을 통해 이 조항의 기간(주택 보유 포함)이 각각 3년으로 늘어났기 때문에 팔 수 있다.

Q23 **4년 전 사업 승인(사업 시행 인가)을 받은 재건축 단지를 보유 중인데, 지난해 사업 계획을 변경했다. 아직 1년도 채 안 됐는데 양도할 수 없나?**

가능하다. 조합 설립 부분과 마찬가지로 아파트를 2년 이상 갖고 있는 사람에 한해서는 '사업 시행 인가 후 2년 안에 착공하지 못한 경우'에 해당하면 조합원 자격을 양도할 수 있다. 여기서 기산 시점은 '최초' 사업 시행 인가다. 최근 사업 계획이 바뀌었더라도 첫 인가를 받은 지 2년이 지났다면 팔 수 있다. 단, 사업 승인을 받은 단지는 착공 전까지 팔 수 있다. 착공 기준은 조합이 관할 구청에 착공계를 제출하는 시점이다. 25일에 제출했다면 24일까지 매도 계약은 물론 소유권 이전 등기까지 마쳐야 한다.

Q24 투기 과열 지구 지정 전에 재건축 아파트를 계약했다면 조합원이 될 수 있나?

투기 과열 지구 지정 이전에 재건축 주택의 매매 계약을 체결했다면 조합원 지위 양도가 가능하다. 투기 과열 지구 지정 후 60일 이내에 '부동산 거래신고 등에 관한 법률'에 따라 거래를 신고하고(거래 신고가 완료된 경우는 제외), 계약금 지급 등을 통해 계약 날짜가 확인되면 조합원 지위 양도를 받을 수 있도록 할 예정이다. 단, 계약일로부터 60일이 지난 후 거래 신고하는 경우에는 과태료를 납부해야 한다.

Q25 투기 과열 지구 내 재개발 사업 등의 조합원 분양권 전매가 제한되는 시점과 적용 대상은?

재개발 및 도시 환경 정비 사업의 조합원은 관리 처분 인가 이후 소유권 이전 등기(이전 고시)시까지 조합원 분양권을 양도할 수 없다. 적용 대상 조합은 도시정비법 개정 이후 최초로 사업 시행 인가를 신청하는 조합부터 적용될 예정으로, 현재 관리 처분 인가를 받은 재개발 구역이라면 입주권 양도가 제한되지 않는다.

Q26 지역 주택조합도 투기 과열 지구 영향을 받나?

그렇다. 투기 과열 지구 지정일 이후 조합원 자격 판정 기준(세대원 전원이 무주택인 세대주 등)이 '조합 설립 인가 신청일'에서 '조합 설립 인가 신청일로부터 1년 전'으로 바뀐다. 또 지구 지정일 이전 사업 계획 승인을 받았다면 조합원 지위 양도는 1회 허용된다. 지구 지정 이후 사업 계획을 신청하는 경우는 조합원 교체 및 신규 가입이 불가능하다.

Q27 지역 주택조합 사업 계획 승인 이후에 '입주자로 선정된 지위'는 전매가 전면 금지되나?

투기 과열 지구가 지정되지 않은 지역 주택조합은 조합 설립 인가 후에는 조합원 교체나 신규 가입이 제한된다. 그러나 사업 계획 승인 이후에는 양도, 증여 등으로 조합원 교체(입주자로 선정된 지위 전매)가 가능하다. 투기 과열 지구 지정 지역은 지정 이전에 사업 계획 승인(사업 계획 승인 신청 포함)을 받은 조합의 조합원 교체(입주자 지위 전매)는 1회 가능하다. 하지만 투기 과열 지구 지정 이후에 입주자 지위를 양도받은 자는 소유권 이전 등기일까지 전매(조합원 교체)할 수 없다. 투기 과열 지구 지정 이후 사업 계획 승인을 신청하는 지역 주택조합은 양도 등으로 인한 조합원 교체 및 신규 가입이 제한된다.

Q28 1순위 자격 요건이 어떻게 바뀌나?

8·2 부동산 대책에 따라 1순위 자격 요건은 입주자 저축 가입 후 2년, 납입 횟수 24회(국민주택에 한함) 이상으로 강화되었다. 예를 들어 서울에서

주택 공급 시 서울 거주자이나 서울에서 1년 이상의 거주 요건을 충족하지 못한다면 서울 지역 1순위가 아닌 수도권(기타) 1순위로 분류된다(주택 공급 순서: 서울 1순위 → 기타 1순위 → 서울 2순위 → 기타 2순위). 입주자 저축을 가입하고 1순위에 해당하지 않는 2순위 청약 요건을 갖춘 자는 해당 주택 건설 지역 거주 요건과 상관없이 기존과 동일하게 해당 주택 건설 지역 2순위로 청약 신청이 가능하다.

Q29 청약가점제 적용이 어떻게 변했나?

청약가점제는 1순위 청약자 내에서 경쟁이 있으면 무주택 기간(32점), 부양 가족수(35점), 청약통장 가입 기간(17점)을 기준으로 산정한 가점 점수가 높은 순으로 당첨자를 선정하는 제도다. 8·2 대책으로 투기 과열 지구로 지정된 서울, 과천, 세종시, 추가 지정된 분당, 대구 수성구에서는 분양하는 전용 면적 85㎡ 이하 주택에 대해 종전 75%에서 100%로, 청약 조정 지역에서는 40%에서 75%로 각각 가점제 비율이 늘어난다. 전용 면적

민영 주택 가점제 적용 비율

구분	85m² 이하		85m² 초과	
	현행	개선	현행	개선
수도권 공공택지	100%	100%	50% 이하에서 지자체장이 결정	
투기 과열 지구	75%	100%	50%	50%
조정 대상 지역	40%	75%	0%	30%
기타 지역	40% 이하에서 지자체장 결정		0%	0%
(국민주택은 공급물량의 100%를 순차제 방식으로 무주택세대에 우선적으로 공급 중)				

* 자료: 국토교통부

85㎡를 초과한 주택은 투기 과열 지구라면 종전대로 50%, 청약 조정 지역이라면 기존에는 가점제가 적용되지 않았으나 이번 대책으로 30% 가점제가 적용된다. 또 가점제로 당첨된 경우 5년간 재당첨이 제한된다.

Q30 청약 시장에서 무주택자들이 유리해지나?

청약가점제는 기존 추첨 방식과 달리 가구 구성원 수와 무주택 기간, 청약통장 가입 기간 등에 따른 점수를 합산, 당첨자를 결정하므로, 부양가족 수가 많고 무주택 기간이 긴 청약통장 소유자일수록 당첨 확률이 높아진다.

Q31 투기 과열지구 지정 이후 해당 주택 건설 지역에서 1년 이상의 거주 요건을 충족하지 못하면 청약 순위는 박탈되나?

아니다. 다만 1순위 청약 요건을 갖춘 자이나 1년 이상의 거주 요건을 충족하지 못하면 해당 주택 건설 지역 외의 기타 지역 1순위로 분류된다. 국민임대는 무주택 세대 구성원으로서 입주자 저축 가입 후 1년(지방 6개월) 경과 및 납입 횟수 12회(지방 6회) 이상인 자 중 과거 5년 이내에 당첨된 사실이 있는 세대에 속하지 않는 자가 1순위 청약 자격자가 된다. 민영 아파트는 무주택 또는 1주택만을 소유한 세대의 세대주로서 입주자 저축 가입 후 1년(지방 6개월) 경과 및 지역별 예치 기준 금액 이상 예치한 자 중 과거 5년 이내에 당첨된 사실이 있는 세대에 속하지 않는 자가 된다.

Q32 가점제 적용 주택 수 비율은 어떻게 되나?

투기 과열 지구라면 가점제 적용 주택 수 비율이 곧바로 40%에서 75%로 상향 적용된다. 주택 공급에 관한 규칙이 개정·시행되면 75%에서 100%로 가점제 적용 주택 수 비율이 상향 조정된다.

Q33 분양 중인 주택은 전매 제한이 어떻게 되나?

분양권 전매 제한 적용 시기는 분양 계약(주택 공급 계약) 체결일이 기준이다. 청약 신청을 하고 당첨자로 확정돼도 지구 지정일 이후 분양 계약을 맺으면 전매 제한 대상이다.

Q34 아파트 매매계약 증명은 어떻게 하나?

8월 2일 이전에 주택을 거래했다는 아파트 매매 계약서, 거래신고필증, 계약금 입금증 등을 내면 된다.

Q35 무주택자 기준은?

가이드라인에서 말하는 무주택자는 말 그대로 소득에 관계없이 집이 없는 가구다. 단, 가구주가 아니라 가구 구성원 전체가 무주택이어야 한다. 또 분양권 보유자는 1주택자로 간주한다.

Q36 이사를 위해 일시적 2주택자가 된 경우는 어떻게 되나?

일시적 2주택자도 무주택자로 간주한다. 예를 들어 서울 잠실동에 집을 갖고 있다가 서초동에 아파트를 사서 이사할 경우, '이사를 위한 주택 대출'이란 점만 입증하면 강화된 대출 규제를 받지 않는다. 다만, 기존 집은 2년 이내에 처분해야 한다.

Q37 아파트 집단 대출 중 중도금 대출을 아직 신청하지 못한 경우는 어떻게 되나?

무주택자라면 예외 대상이다. 예를 들어 7월 30일 투기 지역·투기 과열 지구 내 아파트 분양에 당첨됐는데 시공사와 은행 간 중도금 대출 협약이 늦어져 3일 이후 대출을 받았다면 종전대로 LTV를 분양가의 40%가 아니라 60%까지 인정받을 수 있다.

Q38 투기 지역에서 재건축 조합원 이주비 대출을 1건 받으면 나중에 추가 분담금을 낼 돈을 추가 대출하는 것이 불가능해지나?

그렇지 않다. 동일 물건이기 때문에 LTV 40% 한도 내에서는 받을 수 있다. 투기 지역 내 LTV 40%가 적용되면 재건축 이주에 차질이 올 수 있으므로 주택 시장이 안정되면 향후 한도가 늘어날 여지가 있다.

Q39 지난 7월 아파트 분양권을 샀는데 기존 분양권 소유자의 중도금 대출을 아직 인수하지 못했다. 8월 3일 이후 중도금 대출 인수를 위해 대출받을 때 LTV 한도는 어떻게 되나?

무주택자라면 강화된 규제를 적용하지 않는다. 8월 2일 이전에 분양권을 샀다면 8월 3일 이후 기존 분양자의 중도금 대출을 승계하기 위해 대출을 받더라도 LTV 60%(분양가 기준)를 인정받을 수 있다. 다만 정부가 정한 전매 제한 기준에 따라 '적법하게' 분양권을 샀을 때만 예외를 적용받을 수 있다. 분양권 매매 계약서, 거래신고필증 등을 통해 8월 2일 이전 거래가 있었다는 사실도 증명해야 한다.

8·2 대책 시행 대출 가이드라인

다음은 8·2 대책에서 투기 지역, 투기 과열 지구로 지정된 서울 전 지역, 세종시, 경기 과천시와 추가 지정된 분당, 대구 수성구의 주택 매매에 적용된다. 투기 지역, 투기 과열 지구로 지정된 곳에서는 6억 원이 넘는 주택 구입용 담보 대출을 받을 때 종전 60%와 50%인 담보 인정 비율(LTV)과 총부채 상환 비율(DTI) 한도가 40%로 낮아졌다.

주요 내용

규정은 8·2 대책 시행일(3일) 이전에 대출을 신청한 경우에만 종전 LTV와 DTI를 적용받을 수 있도록 예외로 인정한다. 또 '이에 준하는 차주'에 대해서도 일부 예외를 허용한다. 금융 당국이 내놓은 가이드라인은 '이에 준하는 차주'의 범위에 관한 내용이다. 예외 기준은 8월 2일까지 은행 등에 대출 신청 서류를 제출한 차주로, 40%로 강화된 LTV·DTI 대신 종전처럼 LTV 60%, DTI 50%를 적용받는다. 이에 더해 정부는 8월 2일까지 대출 신청을 못했지만 그 이전에 아파트 매매 계약을

8·2 부동산 대책 따라 LTV·DTI 어떻게 바뀌나

구분	투기 지역·투기 과열 지구		투기 지역·투기 과열 지구 외 청약 조정 지역		기타·수도권	
서민·실수요자	LTV	DTI	LTV	DTI	LTV	DTI
서민·실수요자	70% → 50%	60% → 50%	70% (변동없음)	60% (변동없음)	70% (변동없음)	60% (변동없음)
주담대 미보유자	60% → 40%	60% → 40%	70% (변동없음)	60% (변동없음)	70% (변동없음)	60% (변동없음)
주담대 1건 이상	60% → 30%	50% → 30%	60% → 50%	50% → 40%	70% → 60%	60% → 50%

* 자료: 금융위원회, 금융감독원

맺은 무주택자에게도 새 규제를 적용하지 않는다. 이 조건을 충족하면 LTV 60%, DTI 50%까지 대출이 가능하도록 허용한다.

새로운 DTI

현재 적용되고 있는 DTI는 대출 원리금 상환액을 연소득으로 나눠 계산한다. 이때 원리금에는 신규 주택 담보대출 원리금만 반영되어 있다. 여기에 기존 주택 담보대출 원금과 이자까지 포함시킨 것이 새로운 DTI다. 새로운 DTI가 적용되면 다주택자의 '갭투자'(전세를 끼고 집을 사 시세 차익을 얻는 것)가 상당히 어려워질 것으로 보인다. 새로운 DTI는 2018년부터 전국에 적용될 가능성도 크다. 2019년 전면 시행을 목표로 하는 DSR은 DTI보다 더 강력하다. 주택 담보대출 외에도 신용대출과 마이너스 통장, 자동차 담보대출 등 모든 금융권 대출의 원금과 이자를 합산해 매년 갚아야 할 빚의 정도를 평가하는 지표이기 때문이다.

Q40 **7월 중순 투기 지역 내 재개발 예정지의 입주권을 샀다. 기존 입주권 보유자가 이미 받은 이주비 대출을 승계하기 위한 신규 대출을 받아야 하는데 대출 한도가 어떻게 되나?**

분양권 전매 때와 같다. 무주택자가 8월 2일 이전에 입주권을 샀다면 8월 3일 이전에 이주비 승계 대출을 신청하면 LTV 60%를 적용받는다.

Q41 **8·2 대책 시행 이후 투기 지역 이외 지역에 대출 낀 아파트가 있는 경우에도 투기 지역 주택 담보대출을 받을 수 없나?**

지역에 관계없이 기존 주택 담보대출이 있으면 투기 지역에 있는 아파트는 신규 담보대출이 불가능하다. 기존 주택 대출이 1건인 수요자에 한해 새로 대출을 받은 뒤 2년 이내 기존 주택을 처분하면서 해당 대출을 상환하는 약정을 하면 신규 대출을 받을 수 있다. 다세대·다가구주택 등을 담보로 한 대출은 한도는 줄어들지만 원칙적으로 가능하다.

Q42 투기 지역 내에서 집을 사고팔아 이사하는 1주택자(일시적 2주택자)의 대출 한도도 줄어드나?

이사와 동시에 집을 팔아 기존 대출을 즉시 갚는다는 조건을 걸어야만 집값의 40%까지 대출을 받을 수 있다. 기존 집을 판다는 매매 계약서를 첨부해야 한다. 만약 기존 집을 처분하지 않을 계획이라면 대출 자체가 불가능하다. 2년 이내 기존 집을 판다고 약정하면 대출받을 수는 있지만 LTV 한도가 30%로 줄어든다.

Q43 주택 상인일 경우, 투기 지역 내에서 기존 주택 하나를 처분한다는 조건으로 대출을 받아 집을 사고 이사할 수 없나?

원칙적으로 불가능하다. 다만 기존 집들을 담보로 받은 대출을 모두 즉시 상환한다는 조건이라면 투기 지역 내에서 새로 주택 담보대출을 받을 수 있다.

Q44 투기 지역에서는 기존에 보유한 집을 담보로 추가(후순위) 대출을 받는 것도 불가능한가?

투기 지역 아파트 담보대출이 1건만 있으면 예외적으로 LTV 40% 이내로 추가 대출이 가능하다. 이와 달리 투기 지역 아파트 외에 조정 대상 지역 등에도 대출을 낀 아파트를 추가로 보유한 경우에는 투기 지역 아파트를 담보로 대출을 받을 수 없다. 투기 지역 밖의 아파트를 2년 이내 처분한다고 약정해야 대출이 가능하다.

Q45 투기 지역에 대출 없이 아파트를 보유한 사람이 아파트를 구입하기 위해 새로 대출받을 수 있나?

가능하다. 투기 지역 내에서 집을 사도 LTV와 DTI 40%까지 대출을 받을 수 있다.

Q46 독립한(세대 분리) 자녀가 부모가 소유한 투기 지역 아파트를 담보로 자기 명의로 대출을 받은 경우 추가 대출이 가능한가.

대출받은 사람이 기준이다. 2년 내 부모 집(담보)을 팔고 기존 대출을 갚는다는 조건을 걸어야만 아파트 담보 대출을 받을 수 있다.

Q47 젊은 직장인 등 실수요자의 주택 구입이 어려워지지는 않나?

투기 지역 내에서도 집값의 50%까지(LTV 제한 10% 완화) 대출받을 수 있는 '서민 실수요자'의 요건을 부부 합산 연소득 6,000만 원 이하에서 7,000만 원 이하(생애 첫 주택 구입은 연소득 8,000만 원 이하)로 완화했다.

Q48 이미 60% 중도금 대출을 받은 수요자는 입주할 때(잔금 대출 전환 시) 대출 규모가 줄어드나?

투기 지역에서도 기존 LTV가 적용돼 60% 이내에서 잔금 대출로 전환할 수 있다. 다른 은행으로 대출을 갈아탄다면 집값이 6억 원 이상인 경우 한도가 40%로 축소된다.

Q49 **분양을 받아 계약까지 했는데, 투기 지역으로 묶여 중도금 대출이 분양가의 40%까지만 나오는 경우, 무주택 세대는 예외적으로 60%를 적용받을 수 있다고 들었다. 1주택자는 어떡해야 60%를 받을 수 있나?**

대출 약정 후 2년 안에 기존 주택을 처분하고 기존 주택 담보대출을 상환하는 1주택자만 무주택자와 똑같이 취급한다. 다만 이 경우(중도금 대출)에는 새로 분양받은 아파트가 2년 안에 완공되지 않으므로, 분양 아파트라면 2년이 지나도 예외가 될 가능성이 크다.

Q50 **무주택 세대로 인정받아 중도금 대출을 60% 받아도 나중에 잔금 대출은 담보 인정 비율(LTV)이 40%밖에 안 되나?**

현재까지는 그렇다. 민간 분양은 잔금 규모가 분양가의 30%인데 잔금 대출 LTV가 40%인 만큼 보완책이 나올 것이다.

지은이 **박상언**

부동산 전문 자산관리업체 '유엔알 컨설팅'의 대표이사. 금융기관, 개발업체, 중개업, 분양대행업체, 부동산 정보업체 등에서 근무하면서 부동산에 대한 이론과 실무 경험을 쌓았다. KBS, MBC, MBN, SBS CNBC, MTN, 서울경제TV 등 경제 방송과 한국경제, 매일경제 등 각종 경제지에 부동산 관련 칼럼을 기고하고 있는 국내 최고의 부동산 컨설턴트로 많은 고정 팬을 확보하고 있다. 현재 국민연금, 우정사업본부, 삼성생명, SC제일은행, 지식경제부, 공인중개사협회 등 100여 기업체와 방송국에서 강연 및 방송을 하고 있다. '한국 HRD 명강사'에 선정될 만큼, 그의 강의는 쉽고 재미있는 것으로 정평이 나 기업체 세미나 섭외 1순위 강사로 꼽힌다. 서울과학기술대학교, 경기대학교 사회교육원 경영학과 교수, 서울디지털대학교 특임교수로 재직했으며 YTN 생생경제 자문위원으로 활동하면서 농협 FB 교재 등 PB 대상 부동산 투자 교재도 여러 권 집필했다. 저서로는 베스트셀러인『나는 연금형 부동산으로 평생 월급 받는다』『10년 후에도 살아남을 부동산에 투자하라』와『2015·2016 부동산 내비게이터』『대한민국 부동산 투자를 지배하는 100가지 법칙』등 10여 권 이상의 책이 있다.

(주)유엔알컨설팅 자산관리 문의 | 02-525-0597, www.youandr.co.kr

오르는 부동산
돈 되는 부동산
잘 팔리는 부동산

1판 1쇄 발행 | 2017년 10월 16일
1판 4쇄 발행 | 2017년 11월 10일

지은이 박상언
펴낸이 김기옥

기획1팀 모민원, 정경미
커뮤니케이션 플래너 박진모
경영지원 고광현, 임민진, 김주현
제작 김형식

디자인 제이알컴
인쇄·제본 민언프린텍

펴낸곳 한스미디어(한즈미디어(주))
주소 121-839 서울특별시 마포구 양화로 11길 13(서교동, 강원빌딩 5층)
전화 02-707-0337 | 팩스 02-707-0198 | 홈페이지 www.hansmedia.com
출판신고번호 제 313-2003-227호 | 신고일자 2003년 6월 25일

ISBN 979-11-6007-194-8 13320

자산관리 상담
90% 할인권

(주)유엔알컨설팅 www.youandr.co.kr
Tel 02-525-0597

자산관리 상담
90% 할인권

(주)유엔알컨설팅 www.youandr.co.kr
Tel 02-525-0597

자산관리 상담
90% 할인권

(주)유엔알컨설팅 www.youandr.co.kr
Tel 02-525-0597